Margaret Smith
Gewalt
und sexueller Mißbrauch in Sekten

Margaret Smith

Gewalt und sexueller Mißbrauch in Sekten

Wo es geschieht, wie es geschieht und wie man den Opfern helfen kann

Aus dem Amerikanischen von
Annette Charpentier

Kreuz

Die amerikanische Originalausgabe ist 1993 unter dem Titel
»Ritual Abuse. What It Is, Why It Happens, and How to Help« bei
Harper San Francisco erschienen.

Die Deutsche Bibliothek — CIP-Einheitsaufnahme

Smith, Margaret: Gewalt und sexueller Mißbrauch in religiosen
Sekten: wo es geschieht, wie es geschieht und wie man den
Opfern helfen kann / Margaret Smith. Aus dem Amerikan. von
Annette Charpentier. — Zürich: Kreuz-Verl., 1994
Einheitssacht.: Ritual abuse <dt.>
ISBN 3-268-00166-1

1 2 3 4 5   98 97 96 95 94

© Kreuz Verlag AG Zürich 1994
Heimatstraße 25, CH 8008 Zürich
»Ritual Abuse« © Margaret Smith 1993
Umschlaggestaltung: Jürgen Reichert, Stuttgart
Gesamtherstellung: Clausen & Bosse, Leck
ISBN 3 268 00166 1

Inhalt

Kapitel 3

Therapien für die Betroffenen 95

Kapitel 4

Körperlicher und seelischer Mißbrauch
von Kindern:
Gehirnwäsche und Programmierung 127

Kapitel 5

Die Täter 163

Vorwort

Ich kann es noch immer nicht glauben, auch wenn ich weiß, daß es stimmt:

Ritualisierter Kindesmißbrauch findet auch in Deutschland statt

Tieropferungen, Masken, Kapuzen, Geister, Blut, Folter, Pornoproduktion, schwarze Messen, Kindestötungen, Kannibalismus, magische Operationen...

Immer wieder berichten Mädchen und Jungen über sexuelle Gewalterfahrungen im Rahmen von ritualisierten Mißhandlungssituationen. Oft bietet die scheinbar so selbstverständliche Frage, ob in den Mißbrauch auch (noch) kleinere Kinder verwickelt waren, die erste Hilfestellung, die betroffenen Mädchen und Jungen den Mut gibt, über ihre Erlebnisse in der Hölle auf Erden zu sprechen. Das, was die Kinder und Jugendlichen zunächst an Erlebnissen andeuten und abhängig von der Belastbarkeit ihres Gegenübers nach und nach auszusprechen wagen, übersteigt das eigene Vorstellungsvermögen. Ritualisierter Mißbrauch ist allein schon als Gedanke schlichtweg unannehmbar, konfrontiert doch die Beschäftigung mit dieser bestialischen Form von Gewalt uns mit der Verwundbarkeit des Menschen bis in sein Innerstes und mit der Fähigkeit zum Bösen als Teil menschlicher Natur.

Nur allzu vertraut sind mir die verständlichen Zweifel an den Berichten der betroffenen Kinder: »Das kann doch gar nicht sein!« ...»Kein Mensch ist in der Lage, einem Kind solche Schmerzen zuzufügen.« ...»Wenn das wahr wäre, in so einer Welt möchte ich nicht leben.«

...»Vielleicht bringt das Mädchen/der Junge nur auf phänomengerechte Art und Weise andere Erlebnisqualitäten zum Ausdruck.«...»Nicht in Deutschland−vielleicht gibt es so etwas in der Dritten Welt!«...»Das ist ja wie Auschwitz, die Zeiten sind doch vorbei...« Mein Berufsalltag lehrt mich jedoch, ritualisierten Mißbrauch in einem noch nicht überschaubaren Ausmaß als Realität zu akzeptieren. Sah ich zunächst die Ursache fortwährender ritualisierter Mißbrauchshandlungen an mehreren Kindern durch verschiedene Männer und Frauen eines Verwandtschaftssystems noch in der Pathologie der Familienstruktur begründet, so mußte ich im Laufe der letzten drei Jahre erkennen, daß die Berichte betroffener Mädchen und Jungen unterschiedlichen Alters (ab 2 Jahre) aus unterschiedlichen Städten und Bundesländern bis in Detailangaben über Foltermethoden und sexuelle Rituale übereinstimmten. Die Opfer konnten sich nun wirklich nicht abgesprochen haben; ein Teil von ihnen konnte noch nicht einmal lesen. Auch eine Suggestion von meiner Seite war ausgeschlossen, hatte ich doch selbst zuvor noch nie etwas von Blutritualen, Kindes- und Tieropferungen gehört. Ein Jugendlicher, der sich selbst als Sektenaussteiger bezeichnete, brachte mich auf die Spur: Ritualisierte Formen der sexuellen Gewalt wurden häufig von einer satanistischen Ideologie geprägt. Nicht alle Täter und Täterinnen sind gläubige Satanisten, doch entsprechen ihre Handlungen oftmals zum Teil schon vor Jahrhunderten festgeschriebenen satanistischen Ritualen. Berichte von Erwachsenen, die als Kinder oder Jugendliche Opfer wurden und heute über ihre Gewalterfahrungen sprechen können, geben zudem Hinweise auf faschistische Logen als mögliche Tätergruppen − ein für mich logischer Gedanke, denn viele der von den heutigen Opfern beschriebenen Foltermethoden erinnern mich an die Berichte über Formen der Gewalt an den Juden in den Konzentrationslagern des Nationalsozialismus.

Ähnlich wie die Judenverfolgung von der Generation unserer Eltern und Großeltern, wird heutzutage ritualisierte Gewalt gegen Mädchen und Jungen (z. B. in Pornoproduktionen) nach wie vor geleugnet. Öffentlichkeit und Privatpersonen können nicht glauben, daß Mißbrauch in dieser Form und solchem Ausmaß vorkommt.

Obgleich ich im Herbst 1992 bereits auf einem Kongreß der Bundesministerin für Frauen und Jugend, Frau Dr. Angela Merkel, und auf einer Podiumsdiskussion – veranstaltet vom Frauenministerium Niedersachsen – Sonderkommissionen gegen organisierte Formen sexueller Gewalt gegen Kinder forderte und auf den internationalen Kinderhandel im Rahmen von Pornoproduktionen hinwies, gab es auf diese Forderungen weder eine Reaktion der politischen Instanzen noch des Bundeskriminalamtes. Selbst ein expliziter Hinweis auf Kindestötungen im Bereich von Pornoproduktionen noch im Februar 1993 in den Tagesthemen der ARD war für das BKA noch immer kein Anlaß, tätig zu werden.

Ritualisierter Mißbrauch als Ergebnis menschlichen Handelns bringt die Mitwissenden in einen Konflikt zwischen Opfer und Täterinnen und Tätern. Es ist moralisch unmöglich, in diesem Konflikt eine neutrale Stellung zu beziehen, denn jede Untätigkeit stärkt die Position der Täter. Diese können sich auf den allgemeinen Wunsch verlassen, das Böse nicht zu sehen, nicht zu hören und darüber nicht sprechen zu wollen. Auch ich ertappe mich immer wieder dabei, wie ich aus Selbstschutz die Existenz ritualisierten Mißbrauchs in Deutschland zu leugnen versuche, obwohl mir zahlreiche logische Beweise vorliegen und ich weiß, daß diese grausame Form der Gewalt keine Seltenheit und weiter verbreitet ist, als ich mir vorstellen möchte. Ich habe Verständnis dafür, daß auch andere diese schmerzhafte Realität zu verdrängen versuchen, doch wir alle wissen darum: Die Medien berichten immer wieder in Andeutungen oder offen über Formen satanischer Sexualmagie, über Snuffpornos (in denen Kinder und Frauen vergewaltigt und getötet werden), über Kinderhandel... Dieses Wissen nicht zu leugnen ist ein erster Schritt der Parteinahme für die Opfer ritualisierter Gewalt. Stellen wir uns unserer Verantwortung und tragen wir dazu bei, das Redeverbot über ritualisierten Mißbrauch aufzuweichen und im Privatbereich, in Fachkreisen und Politik das Recht der Opfer auf Schutz und Hilfe einzufordern.

Was ist ritualisierter Mißbrauch?

Ritualisierter Mißbrauch ist eine brutale Form körperlicher, seelischer und sexueller Mißhandlung an Kindern, Jugendlichen und Erwachsenen, die im Rahmen von Ritualen verübt wird. Fast immer handelt es sich dabei um einen wiederholten Mißbrauch über einen ausgedehnten Zeitraum. Oftmals finden die Rituale im Rahmen satanischer Messen (oder faschistischer Zirkel) statt. Die rituellen Elemente innerhalb der Gewalthandlungen haben das Ziel, die Opfer zum Schweigen zu bringen, sie mit Glaubensvorstellungen (Ideologien) zu indoktrinieren und ihre Glaubwürdigkeit gegenüber Dritten zu beeinträchtigen. Welcher Richter glaubt schon einem Kind, wenn dieses z. B. von Kindestötungen, Totenköpfen und Geistern spricht?

Viele der Opfer ritualisierten Mißbrauchs sind zu Beginn der Folterungen weniger als sechs Jahre alt. Mit Hilfe von Techniken zur Bewußtseinskontrolle (z. B. Hypnose, Drogen und speziellen Foltermethoden) werden sie in einen Zustand tiefster Furcht und Bewußtseinsverwirrung versetzt, so daß es für sie extrem schwierig ist, den Mißbrauch zu offenbaren.

Ritualisierter Mißbrauch gehört als integraler Bestandteil zum Leben mancher Familien, Verwandtschaftssysteme und Gruppierungen mit satanischem Glaubenshintergrund. Er kommt jedoch auch in Kindertagesstätten, medizinischen Einrichtungen, Ferienlagern, Nachbarschaften... ohne Wissen der Eltern der betroffenen Kinder vor. Ritualisierter Mißbrauch von und an Jugendlichen kann zudem in Jugendbanden stattfinden, die sich in Richtung eines (selbstentworfenen) Satanismus oder anderer Ritualismen und an Gewalt orientieren.

Meist sind die Täterinnen und Täter »ganz normale« Mitglieder unserer Gesellschaft, deren Identität als Mitglieder einer (satanischen) Sekte oder faschistischen Loge außerhalb dieser Gruppierung nicht bekannt ist. Viele der Erwachsenen sind von klein auf in der Gruppierung, andere werden erst im späteren Leben angeworben. Die sektenähnlichen Gruppierungen sind in der Regel stark hierarchisch strukturiert. Die Stellung des einzelnen innerhalb der Sekte schreibt dessen Rolle im Rahmen der Rituale fest.

Opfer satanischer Rituale beschreiben z. B. oftmals ein »Gebärritual« als Aufnahmeritual: Das Opfer wird in einen aufgerissenen Tierkadaver hineingelegt und im Rahmen eines Rituals in die Sekte »hineingeboren«.

Immer wieder sprechen Kinder und Jugendliche von satanischen Hochzeiten. Das Heiratsritual wird als eine Scheinheirat beschrieben, die der Sexualmagie zuzuordnen ist und die Verbundenheit zweier Sektenmitglieder zueinander (und zu Satan) festschreiben soll.

Eine besondere Bedeutung kommt nach Berichten betroffener Mädchen und Jungen oftmals dem (sechsten) Geburtstag eines Opfers zu, an dem bestimmte Rituale durchgeführt werden.

Ricarda S., eine Sektenaussteigerin, beschreibt in einem Roman ihre Stellung innerhalb der Sektenhierarchie als »Satanspriesterin«, die mit besonderen Rechten und Pflichten verbunden war. Ihre Erlebnisse machen nochmals deutlich, daß die ritualisierten Gewaltmethoden nicht nur die Befriedigung der sadistischen Bedürfnisse der Täter zum Ziel haben, sondern ebenso Unterwerfungsrituale darstellen, die das Opfer zu einem funktionierenden Mitglied der Gruppierung machen sollen, das den Anweisungen ihrer Führer Folge leistet. Als Zeichen für die Vernichtung der alten Identität und die Unterwerfung unter die Gruppenordnung muß z. B. auch bewertet werden, daß die Mitglieder der gewalttätigen Gruppierungen ihren Opfern fast immer neue Namen geben.

Ritualisierte Formen körperlicher Kindesmißhandlung

Opfer ritualisierten Mißbrauchs werden häufig regelrecht gefoltert. Dabei wenden die Täterinnen und Täter insbesondere bei Kindern, die ohne Wissen ihrer Eltern ritualisiert mißhandelt werden, kaum nachweisbare Formen der Gewalt an (z. B. Elektroschocks und Nadelstiche). Erwachsene berichten z. B. darüber, wie sie als Kinder so lange unter Wasser gedrückt wurden, bis sie keine Luft mehr bekamen. Auffallend ist die Funktion von Sektenmitgliedern mit medizinischer Ausbildung: Sie müssen gegebenenfalls ein Opfer wiederbeleben.

Schlafentzug und das Vorenthalten von Flüssigkeit und Nahrung muß ebenso den ritualisierten Formen körperlicher Gewalt zugeordnet werden. Wie sicher sich die Täter fühlen können, belegen die Aktivitäten eines Vereins, der den Jugendämtern die Organisation und Durchführung von Abenteuerreisen für sozial benachteiligte Kinder und Jugendliche anbietet und mit Erfolg verkauft: Den Kindern wird eine kaum zu bewältigende Aufgabe gestellt, sie werden unter Schlafentzug gesetzt und müssen zum Teil nachts ohne Nahrung und

Getränke in Wäldern Mutproben bestehen. Eltern und Sozialarbeiter berichteten über die katastrophalen psychischen Zustände von Mädchen und Jungen nach diesen Reisen.

Nachdem der Verein in Berlin und den alten Bundesländern unter Beschuß geraten ist, bietet er seine Dienste nun in den neuen Bundesländern an. Dabei leistet ihm ein bekannter deutscher Pädagogikprofessor und Experte gegen Kindesmißhandlung in der (Fach-)Öffentlichkeit »Flankenhilfe« und scheut sich nicht, den Mißhandlern im Rahmen von gemeinsam organisierten Veranstaltungen noch ein Podium zu schaffen.

Ritualisierte Formen psychischer Kindesmißhandlung

Rituale sexueller und anderer physischer Kindesmißhandlung werden stets begleitet von Formen psychischer Gewalt. (Mord-)Drohungen gegenüber ihnen selbst, den Eltern oder Dritten – das kennen alle betroffenen Mädchen und Jungen. So soll beispielsweise das elterliche Haus niedergebrannt werden, wenn das Kind nicht tut, was verlangt wird. Oftmals werden die Opfer auch gefesselt und in einem Schrank, Keller oder Sarg eingesperrt... mit der Ankündigung, sie müßten dort bis zu ihrem Tode verharren.

Ein großer Teil der kindlichen Opfer spricht von Schlangen, Ratten, bissigen Hunden und anderen Tieren, die in die Rituale mit einbezogen wurden und mit denen ihnen Angst gemacht wurde.

Mit Hilfe von Suggestion wird Kindern vielfach glaubhaft gemacht, die Täter und Geister könnten sie überall beobachten und vor allem töten, wenn sie gegenüber ihren Vertrauenspersonen über die Rituale sprechen. Die Wahrnehmung der Opfer wird durch die Verabreichung bewußtseinsverändernder Drogen und Hypnose noch zusätzlich verwirrt. So wird die Widerstandsfähigkeit der Betroffenen gebrochen und die Erinnerung an Details vernebelt.

Mit gezielten Methoden werden Kinder zum Schweigen gebracht. Erst die Lektüre englischsprachiger Literatur ließ mich z. B. die Aussagen von Mädchen und Jungen über »Operationen« verstehen: Einzelne Opfer ritualisierten Mißbrauchs beschreiben unter anderem die Vorstellung, ihnen sei eine Bombe einoperiert worden, die sofort explodiere, wenn sie sich Dritten gegenüber anvertrauten. In dem Moment müßten sie und ihr Gegenüber durch die Bombenexplosion sterben.

Andere Kinder sprechen davon, daß in ihnen nun ein Geist sei, der alles mitbekomme. Aus den Berichten ist zu entnehmen, daß während der »magischen Operationsrituale« die betroffenen Kinder unter Drogen oder Hypnose standen und nicht zuletzt die Tatsache, daß ihre Körper anschließend mit Blut verschmiert waren, von ihnen als Beweis bewertet wurde, sie seien de facto operiert worden.

Ritualisierte Formen sexuellen Kindesmißbrauchs

Erniedrigung, Sadismus und Brutalität kennzeichnen ritualisierte Formen sexueller Gewalt. Nicht selten quälen Männer wie Frauen Kinder in einem Ausmaß, das die Phantasie vieler Menschen übersteigt. Mädchen und Jungen werden gezwungen, selbst anderen Kindern und Kleinkindern sexuelle Gewalt zuzufügen; Vergewaltigungen werden häufig unter Verwendung von Gegenständen (z. B. Kruzifixen) durchgeführt; Sodomie gehört nach Aussagen betroffener Kinder zu den praktizierten Gewaltformen; oftmals finden neben »schwarzen Messen«

oder ähnlichen Ritualen innerhalb der festen Gruppierung zusätzlich »Veranstaltungen« für zahlende Gäste statt. Vielfach werden Töchter und Söhne von Gruppenmitgliedern zusätzlich auf den Kinderstrich und zu Pornoproduktionen verkauft.

Was versteht man unter Tier- und Menschenopferungen?

Verschiedene Sekten und faschistische Logen führen an bestimmten Kalendertagen (»Satanischer Kalender« oder zur Verfolgung eines bestimmten Zwecks Blutopfer durch (Töten mit Blutvergießen). Diese Rituale basieren zum Teil auf der Vorstellung, daß sowohl Menschen- als auch Tierblut eine heilende Lebenskraft beinhalten.

Kinder berichten immer wieder, daß sie selbst Tiere und sogar Babys töten (sie wurden zum Beispiel unter Drogen gesetzt, und ihnen wurde die Hand geführt) und anschließend deren Blut trinken und Fleisch verzehren mußten. Nach glaubhaften Aussagen von Betroffenen wurde der Mord auf Video festgehalten und sie selbst anschließend mit ihrer »eigenen« Tat erpreßt.

Es stellt sich die Frage, woher die menschlichen Opfer der Tötungsrituale kommen. Zweifler verweisen darauf, daß so viele Babys doch vermißt werden müßten. Die Aussagen von Sektenaussteigern und die Literatur geben Hinweise auf Formen der Opferbeschaffung:

— Ein Teil der menschlichen Tötungsopfer soll über den internationalen Kinderhandel aus der Dritten Welt und aus Ostblockländern beschafft werden.

— Nach Aleister Crowley, dem Lehrmeister der Neosatanisten, ist die höchste Opfergabe der männliche Embryo im fünften Monat. Eine Schwangerschaft ist bis zu diesem Zeitpunkt oft noch leicht gegenüber der Umwelt zu verheimlichen.

— Jugendliche Mädchen berichten von Vergewaltigungen im Rahmen von schwarzen Messen und von daraus resultierenden Schwangerschaften, die außerhalb des normalen Lebensumfeldes (so während eines angeblichen »Kuraufenthaltes«) ausgetragen wurden.

Erkenntnisse aus dem amerikanischen, skandinavischen, englischen und holländischen Raum bestätigen die Glaubwürdigkeit dieser Erfahrungsberichte.

»Aber dann müssen doch die sterblichen Überreste der Mordopfer zu finden sein«, mag mancher Zweifler einwenden. Ein Bericht aus der Schweiz überzeugte mich vom Gegenteil: Ein Schweizer Pornoproduzent kaufte Kinder in Rumänien, tötete sie auf bestialische Art und Weise im Rahmen seiner Produktionen und vernichtete die Überreste der Leichen nicht mehr nachweisbar in Salzsäurefässern.

Dazu kommen die Berichte vieler Opfer aus dem In- und Ausland, daß die Überreste der Tötungsopfer zum Teil an Kampfhunde verfüttert und auf Feuerstellen verbrannt werden.

Folgen ritualisierter Gewalt

Kein Mensch ist gegen traumatische Belastungen immun, deshalb haben individuelle Persönlichkeitsmerkmale des Opfers kaum Gewicht für das Ausmaß der psychischen Schädigung. Diese ist vielmehr vor allem abhängig von der Art der Gewaltanwendung. Judith Lewis Herman weist in ihrem Buch »Die Narben der Gewalt« nach, daß die Schädigung eines Menschen besonders groß ist, wenn das Opfer überraschend angegriffen, in die Enge gedrängt und bis zum Zusammenbruch gequält wurde. Als weitere Faktoren nennt die amerikanische Wissenschaftlerin und Therapeutin die physische Verwundung des Opfers, extreme Gewaltanwendungen und das Mitansehen des grausamen Todes anderer. Ritualisierte Formen der Gewalt gegen Kinder, Jugendliche und Erwachsene haben dementsprechend nicht nur massive physische, sondern auch psychische Folgen für die Opfer.

Die Art und das Ausmaß der Folgen ritualisierter Gewalt ist jedoch individuell verschieden. Kinder, die ohne Wissen ihrer Eltern rituell mißbraucht wurden (die beispielsweise vom jugendlichen Babysitter regelmäßig zu schwarzen Messen verschleppt wurden), haben größere Heilungschancen als Mädchen und Jungen, deren Familien seit Generationen in satanische Kreise eingebunden sind. Diese haben im Alltag keine Fluchtmöglichkeit, kennen keine auf Vertrauen und gegenseitige Liebe und Fürsorge basierende Beziehungen.

Bereits im 19. Jahrhundert stellte der Pariser Arzt Janet im Rahmen seiner Forschung fest, daß traumatische Erinnerungen getrennt vom übrigen Bewußtsein gespeichert werden. Im Sinne einer Überlebensstrategie lösen die Opfer die normalen Verbindungen zwischen Gedächtnis, Wissen und den allzu schmerzhaften und überwältigenden Gefühlen auf. Dieser intrapsychische Prozeß führt dazu, daß Betroffene die intensiven Gefühle der frühen Erfahrungen empfinden, ohne klare Erinnerungen zu haben, oder aber sich genauestens an jedes Detail erinnern können, ohne dabei die eigenen Gefühle zu spüren. Sogar Sinnesempfindungen (Riechen, Hören, Fühlen, Schmecken, Sehen) können komplett oder teilweise abgespalten werden.

Abspaltungsprozesse (Dissoziationen) kennt jeder Mensch. Wer hat sich noch nicht in eine andere Welt geträumt und so regeneriert (Tagträume und Meditationen)? Wer hat in einer Belastungssituation noch keinen »Filmriß« gehabt, wie die Schockreaktion bei einem Unfall? Die Fähigkeit des Menschen, aus Situationen quasi auszusteigen, stellt auch in Gewaltsituationen oftmals eine völlig gesunde Überlebensstrategie des Opfers dar, kann jedoch – vor allem bei anhaltender äußerer Bedrohung – posttraumatische Streßsymptome zur Folge haben, die individuell unterschiedlich geprägt sind. Das Opfer bleibt von den eigenen Gefühlen und Erinnerungen abgespalten und verliert dadurch den Kontakt zu sich selbst und zu anderen. Viele Kinder, die im Vorschulalter ritualisiert mißhandelt wurden, spalten ihre Erinnerungen ähnlich wie die Opfer innerfamilialen Mißbrauchs innerhalb von zwei bis drei Jahren ab (Amnesie). Bei einigen gelangen die im Gedächtnis gesondert gespeicherten Erinnerungen wieder im Wachzustand als plötzliche Erlebnisblitze oder im Schlaf als Alptraum – oft erst Jahre später – ins Bewußtsein. Andere Mädchen und Jungen entwickeln eine Multiple Persönlichkeit (MP-Syndrom). Sie spalten Gefühle, Wahrnehmungs- und/oder Gedanken- und Verhaltensmuster wie eigene »Persönlichkeiten« innerhalb einer Person ab. Mindestens zwei dieser Persönlichkeiten oder Persönlichkeitszustände übernehmen in wiederkehrenden Abständen die Kontrolle über das Verhalten der Person, ohne daß die verschiedenen Persönlichkeiten innerhalb der Person miteinander in Kontakt stehen müssen. Es scheint so, als ob in ein und derselben Person mehrere Personen lebten. So zeigt eine Multiple Persönlichkeit zum Beispiel das Verhalten eines verängstigten kleinen Mädchens, während sie im nächsten Augenblick den Habitus eines erwachsenen Mannes annimmt (in Stimme, Bewegungen, Schrift, Verhaltensmuster). Eine Multiple Persönlichkeit kann nur in den ersten Lebensjahren entstehen. Tätergruppen versuchen zum Teil über gezielte Foltermethoden die Entstehung von Multiplen Persönlichkeiten deshalb zu forcieren, weil zum einen Menschen mit Multiplen Persönlichkeiten in besonderem Maße Schmerzen abspalten können und von daher »geeignete« Opfer sind, zum anderen dieses Krankheitsbild fälschlicherweise häufig als paranoide Schizophrenie diagnostiziert wird, und die Betroffenen als nicht aussagefähig bei Gericht eingestuft werden. Aber bei MPS handelt es sich keinesfalls um Wahnvorstellungen. Selbst wenn den Betroffenen nicht alle Facetten ihrer Persönlichkeiten bewußt sind, sind ihre verschiedenen Erinnerungen sehr wohl glaubwürdig, es handelt sich dabei um Erinnerungen an verschiedene Realitäten (die Realität innerhalb der Sekte und außerhalb der Sekte im normalen Leben).

In der Überlebensstrategie des Menschen, nicht aushaltbare Erlebnisse abzuspalten, liegt auch die nahezu unvorstellbare Tatsache begründet, daß Opfer ritualisierter Mißhandlung parallel zu den Folterungen im alltäglichen Leben nahezu »normal funktionieren« können. Die Lehrerin eines Kindes bekommt vielleicht mit, daß ein Mädchen/Junge freitags (nach der wöchentlich stattfindenden schwarzen Messe am Donnerstagabend) regelmäßig müde ist, daß ein Kind Kratzspuren auf den Oberschenkeln hat, keinesfalls kann sie sich jedoch das Ausmaß der Gewalterlebnisse vorstellen. Das »paßt« nicht in die weitverbreitete Vorstellung, daß ein Mensch, der so etwas erlebt hat, konsequenterweise völlig handlungsunfähig sein muß.

Ebenso wie bei inner- und außerfamilialem sexuellen Mißbrauch an Mädchen und Jungen flüchten Opfer ritualisierten Mißbrauchs oftmals in die Welt der Drogen. Mit Tabletten, harten Drogen und Alkohol versuchen sie, die Erinnerungen zu unterdrücken und die damit verbundenen Angstzustände zu betäuben.

Die Vielfalt der körperlichen und psychosomatischen Folgen ritualisierter Gewalterfahrung braucht hier nicht im einzelnen aufgeführt zu werden.

Möglichkeiten der Strafverfolgungsbehörden

In der Praxis fällt auf, daß einzelne Hinweise auf satanische Rituale in vielen Fällen den Strafverfolgungsbehörden bzw. den Familien- und Vormundschaftsgerichten bekannt werden. Doch können diese die Indizien nicht richtig einordnen. Weder die Ermittlungsmethoden der Polizei noch die Qualifikation und die Verfahrensweise der im Auftrage der Gerichte tätigen psychologischen Gutachter werden dieser Problematik gerecht. So ist es bisher kaum Praxis, in Verfahren Sektenexpertinnen und -experten hinzuzuziehen. In diesem laienhaften Vorgehen liegt begründet, daß fast immer nur die Spitze des Eisberges bekannt wird. Wenn überhaupt, denn fast alle Sekten integrieren gezielt (Kinder-)Ärzte als Mitglieder, die gegebenenfalls »im Sinne der Prophylaxe die Krankengeschichte redefreudiger Kinder festschreiben«, so daß »dank der medizinischen Diagnose« die Berichte der Opfer satanischer Rituale als Ausdruck einer psychischen Störung abgetan werden. Erschreckend ist, daß selbst erfahrene Kindertherapeuten und -psychiater auf dieses ausgeklügelte System hereinfallen und mit ihrer Diagnose einer Psychiatrisierung der Opfer und dem Freibrief der Täter Vorschub leisten.

Gerade ländlich-konservative Gebiete eignen sich für Sekten zum systematischen Auf- und Ausbau einer Infrastruktur. Kennt doch jeder jeden, ist doch der einzelne leichter erpreßbar. Typisch ist, daß Sekten sich leicht in Orten ausweiten, in denen die örtliche Prominenz als Mitglieder zu gewinnen ist − vom Bürgermeister über den Lehrer bis hin zum Leiter der örtlichen Sitte. Die Drähte funktionieren perfekt, und will jemand nicht mehr so recht, dann wird ein wenig nachgeholfen... In Einzelfällen sind »eifrige Ordnungshüter« selbst Sektenmitglieder und haben vielfältige Möglichkeiten, Ermittlungsergebnisse zu manipulieren.

Im Gegensatz zu anderen Ländern, in denen es bereits Sonderkomissionen für die Ermittlung bei Mißbrauch in Institutionen und satanischen Ritualen gibt, verschläft unser Land diese Entwicklung und beläßt diese Aufgabe den örtlichen Dienststellen. Die Manipulationsmöglichkeiten für Sektenmitglieder sind demzufolge sicherlich nicht klein. Es muß noch nicht einmal sein, daß der örtliche Kriminalbeamte oder (Familien-)Richter selbst den Satanskult praktiziert; es reicht, wenn er selbst als Familienvater berechtigte Angst um das Leben seiner eigenen Kinder hat und verständlicherweise (un-)bewußt einzelne Informationen falsch einordnet oder ausblendet. Wie schwer die Sektenstrukturen zu durchschauen sind, spiegelt sich in der Tatsache wider, daß selbst Mädchen und Jungen, die in satanischen Ritualen über Jahre mißbraucht werden, oftmals ihre eigenen Eltern unter den Folterern nicht erkennen.

U., zehn Jahre alt, gab nicht auf. Verzweifelt schrie er: »Hört auf, ich mach' nicht mehr mit. Ich sag' das meinem Papa, der ist stark und hilft mir!« In dem Moment trat ein Kapuzenmann nach vorne und nahm seine Tarnung ab: Es war der Vater des Jungen.

Die Schelte gilt demnach weder der überlasteten und unzureichend ausgestatteten Polizei noch den Richterinnen und Richtern vor Ort, als vielmehr den Politikern, die im Jahre 1994 noch immer nicht für die Einrichtung von überregionalen Sonderkommissionen eintreten.

Was ist zu tun?

Nachdem sich in der letzten Zeit immer mehr Betroffene zu Wort melden und endlich die Kraft finden, ihre Erlebnisse öffentlich zu machen, darf es keinesfalls den Massenmedien überlassen werden, die Problematik der ritualisierten Gewalt gegen Kinder aufzudecken. Die Betroffenen haben ein Recht darauf, daß sie vor einer Sensationsberichterstattung geschützt werden und Hilfestellung bei der Bewältigung ihrer extrem schmerzhaften Erlebnisse bekommen. Spezielle Therapiekonzepte müssen entwickelt werden, die u. a. den von den Folterern angewandten Mechanismen der Bewußtseinskontrolle Rechnung tragen. Klassische Formen der Traumaverarbeitung sind nicht ohne weiteres auf ritualisierten Mißbrauch übertragbar, denn einem Kind, dem zum Beispiel unter Hypnose suggeriert wurde, daß es Selbstmord begehen müsse, sobald es die Erlebnisse Dritten gegenüber offenbare, diesem Kind bietet die klassische Traumaverarbeitung zunächst keine adäquate therapeutische Hilfe. Dieses Opfer braucht zunächst eine Therapeutin oder einen Therapeuten, die/der gemeinsam mit dem Kind in einem ersten Schritt die Mechanismen der Bewußtseinskontrolle aufspürt und entkräftet.

Bei der Entwicklung von speziellen Therapiekonzepten empfiehlt sich eine Kooperation mit Überlebenden aus Konzentrationslagern und in diesem Bereich erfahrene Therapeuten.

Dem gesellschaftlichen Verleugnungsprozeß gegenüber ritualisierter Gewalt kann nur Einhalt geboten werden durch eine Vernetzung all derer, die sich parteiisch auf die Seite der Opfer stellen. Mein besonderer Dank gilt in dieser Hinsicht der Frauenkommission der Stadt Los Angeles, die im Rahmen einer interdisziplinären Arbeitsgruppe ein ausgezeichnetes Glossar über ritualisierte Mißhandlungen erarbeitete und damit meinen Beobachtungen in der Beratungspraxis Worte gab. Wir müssen Sprache finden, um gemeinsam politische Veränderungen anzustreben. Gemäß der Strategie der kleinen Schritte muß die Einrichtung fest installierter Sonderkommissionen bei Bundes- und Landeskriminalämtern unser erstes Ziel sein. Gerade in der Aufdeckung der Gewalt durch der Mafia ähnliche Organisationen ist eine enge Kooperation zwischen Strafverfolgungsbehörden und Beratungsdiensten geboten.

Mit dem hier vorliegenden Buch hat Margaret Smith als Betroffene einen bewundernswerten Schritt geleistet, ihre Erfahrungen in Worte zu fassen und für andere Betroffene als auch professionelle Helferinnen und Helfer nutzbar zu machen. Ihr Buch erhebt keinesfalls den Anspruch eines klinischen Lehrbuchs, es beschreibt vielmehr auf eine äußerst sensible Art und Weise die Erlebnisperspektive und die Überlebenskraft der Opfer.

Ich möchte mich an dieser Stelle bei Margaret Smith bedanken, denn sie hat mir nicht nur geholfen, betroffene Mädchen und Jungen in meinem Beratungsalltag besser zu verstehen, sondern weiterhin meiner Wahrnehmung im Kontakt mit Opfern zu vertrauen. Auch wenn ich es noch immer nicht glauben mag, auch in Deutschland gibt es ritualisierte Kindesmißhandlung.

Köln, im April 1994
Ursula Enders

KAPITEL I

Was ist ritueller Mißbrauch?

Verrat ist wohl ein zu harmloses Wort, um die folgende Situation zu beschreiben: Ein Vater sagt, er liebe seine Tochter, und er müsse sie mit den Schrecken der Welt bekannt machen, damit sie zu einem stärkeren Menschen würde. Daraufhin beobachtet er sie bei Ritualen oder nimmt daran teil, in denen das Mädchen überzeugt ist, sterben zu müssen. Sie erleidet so starke Schmerzen, daß sie nicht mehr denken kann; ihre Gedanken wirbeln so schnell durcheinander, daß sie sich nicht mehr erinnern kann, wer sie ist und wie sie an diesen Ort gelangte.

Sie kann nichts mehr empfinden außer Schmerzen, nichts fühlen außer Verzweiflung. Sie versucht, um Hilfe zu rufen, aber merkt bald, daß niemand sie hört. Wie laut sie auch schreit, sie kann weder aufhalten noch verhindern, was geschieht. Was immer sie auch tut, die Schmerzen bleiben. Ihr eigener Vater gibt den Befehl, sie zu foltern, und sagt ihr, es sei zu ihrem Besten. Er behauptet, sie müsse Disziplin lernen, oder sie habe das alles wegen ihres schlechten Betragens verdient. Verrat ist ein zu harmloses Wort, um diese überwältigenden Schmerzen, die entsetzliche Einsamkeit und Isolierung zu beschreiben, die dieses Kind erlebt.

Und als wäre der Mißbrauch bei den Ritualen noch nicht genug, erlebt dieses Kind auch zu Hause tagtäglich Mißhandlungen. Wenn es versucht, über die Schmerzen zu sprechen, sagt man ihm, es sei verrückt. »Dir ist nichts Schlimmes geschehen«, sagt man in der Familie. Tag für Tag verstärkt sich das Gefühl, nicht mehr genau zu wissen, was wirklich ist und was nicht. Das Kind vertraut seinen eigenen Gefühlen nicht mehr, weil niemand anders sie anerkennt oder sein Leid hören will. Bald werden die Schmerzen zu groß. Es lernt, überhaupt nichts mehr zu empfinden. Dieses starke, einsame, verzweifelte Kind lernt, das Gefühl zu vergessen, das alle Menschen am Leben hält. Es fühlt sich wie tot. Es wünscht, es wäre tot. Denn es gibt keinen anderen Ausweg. Es lernt, alle Hoffnung aufzugeben.

Wenn dieses Kind älter wird, wird es auch stärker. Es lernt, alles, was man ihm aufträgt, äußerst pflichtbewußt zu erledigen. Es hat alles vergessen, was es jemals wollte. Der Schmerz lauert noch im Hintergrund, aber es ist leichter, einfach so zu tun, als sei er nicht vorhanden, statt sich den Schrecken zu stellen, die man an den tiefsten Stellen des Unbewußten vergraben hat. Seine Beziehungen werden von starken Emotionen überwältigt. Es will Hilfe, scheint aber nie das zu finden, was es braucht. Der Schmerz wird schlimmer. Es herrscht Einsamkeit. Wenn die Gefühle zurückkehren, wird es von Schmerzen, Panik und Verzweiflung überwältigt. Es ist überzeugt, sterben zu müssen. Doch wenn es sich umschaut, sieht es nichts, was die Ursache dafür sein könnte. Tief in sich weiß es, daß etwas sehr, sehr Schlimmes passiert ist, aber es kann sich nicht erinnern. Es denkt: :»Vielleicht bin ich verrückt.«

Gesetz 87-1167 des amerikanischen Bundesstaates Illinois vom 1. Januar 1993

Ritueller Mißbrauch von Kindern — Ausschlüsse — Strafen — Definition

a) Eine Person ist eines Verbrechens schuldig, wenn sie eine der folgenden Handlungen mit einem Kind oder in Gegenwart eines Kindes als Bestandteil einer Zeremonie, eines Rituals oder ähnlichen Brauchs ausführt:

1. entweder tatsächlich ein warmblütiges Tier oder einen Menschen foltert, verstümmelt oder opfert oder dies simuliert;

2. das Schlucken, Einspritzen oder andere Verabreichung einer narkotisierenden Droge, eines Halluzinogens oder Betäubungsmittels erzwingt, um die Empfindsamkeit, Wahrnehmung oder Erinnerung zu beeinträchtigen oder den Widerstand gegen eine kriminelle Handlung zu reduzieren;

3. das Schlucken oder äußere Anwendung von menschlichem oder tierischem Urin, Fäkalien, Fleisch, Blut, Knochen, Körperausscheidungen, nicht verschriebenen Drogen oder Chemikalien erzwingt;

4. ein Kind in einer gespielten, widerrechtlichen oder ungesetzlichen Hochzeitszeremonie mit einer Person, der Darstellung einer Macht oder Gottheit einbezieht, worauf sexueller Kontakt mit diesem Kind erfolgt;

5. ein lebendiges Kind in einen Sarg oder offenes Grab legt, in dem sich ein menschlicher Leichnam oder Überreste davon befinden;

6. ein Kind, seine Eltern, Familie, Haustiere oder Freunde mit dem Tod oder schweren Verletzungen bedroht, welches in dem Kind eine begründete Furcht hervorruft, daß diese Drohung auch ausgeführt wird;

7. ungesetzlicherweise einen menschlichen Leichnam seziert, verstümmelt oder verbrennt.

Was passiert in einer Kultgruppe?

Eine Kultgruppe zeichnet sich durch die gemeinsame, besessene Hingabe an eine Person oder eine Vorstellung aus. Die in diesem Buch beschriebenen Kultgruppen benutzen gewalttätige Taktiken, um Mitglieder zu rekrutieren, zu indoktrinieren und zu binden. Ritueller Mißbrauch wird definiert als die emotional, körperlich und sexuell mißbrauchenden Handlungen, die von gewalttätigen Kultgruppen vollzogen werden. Die meisten gewalttätigen Kultgruppen agieren ihren Glauben und ihre Praktiken nicht offen aus und neigen dazu, in abgeschiedener Umgebung zu leben, um eine Entdeckung zu vermeiden.

Oft sind Opfer von rituellem Mißbrauch Kinder, die außerhalb ihres Zuhause von Nichtangehörigen, etwa in der öffentlichen Umgebung einer Vorschule, mißbraucht werden. Andere Opfer sind Kinder und Teenager, die von den Eltern gezwungen werden, an gewalttätigen Ritualen teilzunehmen oder sie mitanzusehen. Erwachsene Opfer von rituellem Mißbrauch wurden oft selbst als Kinder zur Teilnahme an solchen Gruppen gezwungen. Andere erwachsene und halbwüchsige Opfer traten ahnungslos einer Gruppe oder Organisation bei, die sie langsam manipulierte oder erpreßte, um sie zu ständigen Mitgliedern zu machen. Jeder rituelle Mißbrauch, gleich, in welcher Form man zum Opfer wird, bedeutet ein starkes emotionales und körperliches Trauma.

Gewalttätige Kultgruppen opfern häufig Tiere und Menschen in ihren religiösen Zeremonien. Sie setzen Folter ein, um Opfer und andere unwillige Teilnehmer zum Schweigen zu bringen. Überlebende von rituellem Mißbrauch geben an, daß sie degradiert und gedemütigt und oft gezwungen wurden, selbst andere hilflose Opfer zu foltern, zu töten oder sexuell zu mißbrauchen. Der Sinn des rituellen Mißbrauchs ist gewöhnlich die Indoktrination. Die Kulte zielen darauf, den freien Willen der Opfer abzutöten, indem man deren Gefühl von Sicherheit und Vertrauen untergräbt und sie dazu zwingt, andere zu verletzen.

Wie reagieren die Opfer und ihre Umwelt?

In den letzten zehn Jahren ist eine Reihe von Personen wegen sexuellen Mißbrauchs verurteilt worden, bei dem die Opfer offensichtlich Anzeichen von ritueller Kindesmißhandlung aufwiesen. Diese Kinder beschrieben, sie seien von Erwachsenengruppen vergewaltigt worden, die Kostüme und Masken trugen. Sie wurden gezwungen, an religiösen Ritualen teilzunehmen, bei denen man Tiere und Menschen folterte oder tötete. In einem Fall legte die Anklage dem Gericht Fotos der Kinder vor, die von den Angeklagten mißhandelt wurden.[1] In einem anderen Fall fand die Polizei Kreuz- und Pentagrammzeichen an Tunnelwänden, Steinaltäre und Kerzen auf einem Friedhof, wo der Mißbrauch stattgefunden haben sollte. Die Angeklagten in diesem Fall bekannten sich schuldig der Vergehen Inzest, Grausamkeit und sexueller Belästigung.[2]

Eltern und Kindern, die von rituellem Mißbrauch berichten, begegnen viele Vorurteile. Einige meinen, diese Geschichten entstünden aus einer »Massenhysterie« heraus. Es heißt, daß die Eltern dieser Kinder, die von rituellem Mißbrauch berichten, oft überfromme Christen seien, die eine Hexenjagd auf vermeintliche Anhänger des Satans anstellten. Skeptiker meinen, die Eltern hätten Angst vor dem Teufel und benutzten ihr Wissen über schwarze Messen (ein historisch wohlbekanntes sexualisiertes Ritual, bei dem Tiere und Menschen geopfert werden), um ihre Kinder einer Gehirnwäsche zu unterziehen, damit diese behaupteten, sie seien von Anhängern des Satans mißbraucht worden.[3] 1992 untersuchte ich einige dieser Fälle, um die Wahrheit von Fiktion unterscheiden zu lernen, wenn Kinder behaupten, sie seien von Anhängern des Satans mißbraucht worden.[4] Die Studie wurde von der Organisation *Believe the Children* (»Den Kindern glauben«) durchgeführt, einer amerikanischen Interessengemeinschaft, die den Überlebenden von rituellem Mißbrauch und deren Familien Unterstützung und weiterführende Hilfe bietet.

Die erste Frage in dieser Studie lautete, ob die Eltern Angst vor Satanssekten gehabt hätten, ehe das Kind von dem rituellen Mißbrauch erzählte. Es stellte sich heraus, daß nur zwei der elf befragten Elternpaare dies bejahen konnten. Acht der Eltern berichteten, sie hätten vorher nichts über schwarze Messen gewußt. Die Eltern, die man beschuldigt hatte, übereifrige Christen zu sein, die sich auf einer modernen Hexenjagd befinden, berichteten, wie frustriert sie waren. Hier eine Mutter:

»Eltern wollen das nicht glauben, wenn es ihrem Kind passiert. Als meine Tochter sagte, der Hausmeister habe ihre Vagina berührt, meinte ich, vielleicht sei es nur ihr Bauch gewesen. Ich wollte das nicht glauben. Aber ich konnte es auch nicht ignorieren. Die Öffentlichkeit muß wissen, daß die Enthüllung für das Kind und die Eltern schrecklich ist. Manchmal, wenn ich bestimmte Einzelheiten erfahren hatte, mußte ich mich übergeben. Viele Nächte habe ich überhaupt nicht geschlafen, und ich habe viel geweint. Es wäre viel leichter gewesen, es nicht zu glauben – sie hätte dann das Trauma unterdrücken und sich mit der überwältigenden Schuld herumschlagen müssen, die ich ihr gegenüber empfand, mit der Empörung, dem Kummer darüber, daß ich die Beziehung zu meinem Kind, die ich glaubte gehabt zu haben, verloren hatte. Sie verlor ihre Unschuld und ihr Recht auf eine normale Kindheit, und ich verlor mein Vertrauen in die Welt und in unser Rechtssystem. Sie gab mir die Schuld daran, daß ich sie in die Vorschule geschickt hatte, wo sie mißbraucht wurde. So mußte ich ihre Wut, ihren

Schmerz und alle überwältigenden Gefühle ertragen, ohne sie persönlich zu nehmen. Das ist schwer, wenn man sich eigentlich nur die Liebe seines Kindes wünscht. Wir haben die Bindung neu geknüpft, die durch den Mißbrauch so gestört worden war, aber die Narben werden niemals verschwinden. Warum würden eine Mutter oder ein Vater sich selbst und das Kind solchen emotionalen Turbulenzen aussetzen? Was haben Kinder und Eltern davon, wenn sie falsche Anschuldigungen wegen rituellen Mißbrauchs machen? Wir wurden verspottet, geschnitten und allein gelassen. Es heißt doch: ›Kinder lügen, um Probleme zu vermeiden, nicht, um welche zu bekommen.‹ Und Anschuldigungen wegen rituellen Mißbrauchs bringen einem große Probleme ein. Warum sollte irgend jemand – ob Kind, Eltern oder Überlebender – etwas erfinden, das für die meisten Menschen absolut verabscheuenswert und inakzeptabel ist? Die Kinder beschreiben nicht nur, daß sie sahen, wie ein Mensch oder Tier getötet wurde, sondern daß sie an diesem Tötungsakt teilnehmen mußten. Indem sie das preisgeben, beschuldigen sie sich selbst und bekommen selbst Schwierigkeiten – zumindest aus ihrer eigenen Sicht. Sie haben kein anderes Motiv, dies zu tun, als die Wahrheit zu sagen.«

Eine andere Mutter in dieser Untersuchung sagte, ihr sechsjähriges Kind habe nie direkt den rituellen Mißbrauch beschrieben, aber sein Verhalten habe sie zu der Annahme verleitet, das Kind würde auf systematische, gewalttätige Weise mißbraucht. Sie wußte nichts über schwarze Messen, ehe ihr Kind den Mißbrauch ausagierte.

»Sie zeichnete plötzlich Hexen, Menschen mit Messern, Bilder, auf denen die Knochen im Halsbereich zu sehen waren. Sie verfiel auch oft in einen tranceähnlichen Zustand, und einmal zückte sie ein Messer gegen ihren Bruder. Ein anderes Mal legte sie ein Fleischmesser an ihre

Kehle und strich zärtlich über die Klinge. Zwei Tage später deutete sie mit einer Schere auf ihre Brust und fragte, wo ihr Herz sei. Zweieinhalb Jahre hat sie praktisch jedes Kuscheltier und jede Puppe, die sie besitzt, gefesselt und geknebelt. Auf den Zeichnungen waren auch Fesselungen zu erkennen.«

Alle acht Kinder in dieser Untersuchung, die ihren Eltern von dem rituellen Mißbrauch erzählten — und ihn nicht nur ausagierten —, waren jünger als fünf Jahre. Eine Großmutter notierte in allen Einzelheiten, was ihr Enkel, damals drei, und ihre Enkelin, zwei Jahre alt, zu ihr sagten, als sie zum erstenmal über den rituellen Mißbrauch sprachen:

»Der Junge sagte zu mir, seiner Großmutter: ›Mami hat meinen Penis mit den Zähnen geritzt. Es hat doll geblutet‹, wobei er auf seinen Bauch deutete. Wir hatten ein paar Monate zuvor bemerkt, daß er nach einem Besuch bei seiner Mutter eine Wunde am Penis hatte. Sie war inzwischen verheilt. Damals wäre es uns nie in den Sinn gekommen, daß sie es absichtlich getan haben könnte. Wir nahmen an, er habe sich irgendwie verletzt. Da sagte meine Enkelin: ›Sally [ihre Mutter] hat auf mich gekackt.‹«

Die Großmutter wurde in dem Fragebogen befragt, wie sie erkannt habe, daß die Kinder die Wahrheit sagten. Sie gab an:

»Die Angst, der Tonfall, das Anklammern, die Scham. Außerdem kenne ich sie, ich kenne die Täter. Die Kinder wirkten unendlich dankbar, daß ich ihnen glaubte.«

Nachdem die Kinder ihr von dem Mißbrauch berichtet hatten, telefonierte die Großmutter überall herum, um einen Therapeuten für sie zu finden. Beide Kinder sind nun in Therapie und reden über die Ereignisse. Im gleichen Fragebogen vermerkte die Therapeutin der Kinder auch ihre Erinnerung daran, wie die Kinder anfänglich über den Mißbrauch gesprochen hatten:

»Bei der ersten Erwähnung ging es um Mißbrauch durch die Mutter – Mama berührte die Brust, Vagina, Penis, machte über mir Pipi und Kacka, steckte mich in ein Kissen, setzte uns in die Badewanne und deckte sie zu, damit wir nicht herauskamen, fesselte uns mit Stricken...«

Die Therapeutin gab auch an, warum sie den Kindern glaubte:

»Sie verrieten sehr intensive Gefühle und Traumata, zeigten große Angst vor Rache, erlebten bei den Sitzungen blitzartige Erinnerungen und wurden körperlich und verbal mißhandelnd und gewalttätig. Rollten sich in Fötalstellung zusammen und verstummten. Ihre Angaben waren die ganze Zeit lang sehr genau.«

Die Therapeutin listete auch das Verhalten der beiden Kinder auf, das auf rituellen Mißbrauch hindeutete:

»Beschreibung und Zeichnungen von Gruppen von Personen mit verschiedenen Kostümen und unterschiedlichen Kultfunktionen; Angst, von den Kultanhängern getötet zu werden; plötzliche Erinnerung; plötzlicher Wechsel des Verhaltens und der Stimme, wenn die Ereignisse beschrieben werden; heftige Ausbrüche, etwa Zerbrechen von Spiegeln; Angst vor Eingesperrtsein; intensive Trennungsangst; Besessenheit mit Einsperren und Fesselungen bei sich selbst und anderen im Spiel; die Verabreichung von Drogen wird im Spiel simuliert; verschiedenartige rituelle Szenen werden im Sandkasten nachgebaut; Zeichnungen drehen sich um rituelle Handlungen und Blut; die Betroffenen scheinen mehrere oder fragmentierte Persönlichkeiten zu haben.«

Die Großmutter meldete die Verbrechen der Polizei, aber es wurde keine Anklage erhoben. Am Schluß des Fragebogens beschrieb die Großmutter ihre Frustration und Wut über ihre Unfähigkeit, die Kinder vor ihrer Mutter zu schützen:

»Kinder unter vier sind in diesem Land [die USA] Frei-

wild. Sie sind nicht ›rechtsfähig‹. Die Öffentlichkeit muß
darüber aufgeklärt werden. Jedesmal, wenn ein Verbrechen verübt wird, das okkult ist oder zu einem Kult gehört, sollte zumindest öffentlich bekanntgegeben werden, daß ein Kultangehöriger an diesem Verbrechen
beteiligt war und, falls dies zutrifft, daß es ritualistisch
war. Wenn die Medien und das Rechtswesen sich um
den Begriff ›satanisch‹ herumdrücken, okay. Aber ›ritualistisch‹, ›kultartig‹, ›mit okkultem Beigeschmack‹? Warum nicht? Das würde die Öffentlichkeit schon besser informieren. Und wenn etwas offen im Namen Satans oder
in einem Akt zur Verehrung Satans erfolgte, ob das die
Absicht des Täters war oder nicht oder ob es der offiziellen
Doktrin der satanischen Kirche entspricht oder nicht,
sollte es in den Zeitungsberichten darüber und in anderen Medien angegeben werden. Ein Verbrechen ist ein
Verbrechen!«

Die Praxis von rituellem Mißbrauch ist für viele Menschen ein sehr schwieriges Thema. Kinder werden gefoltert und Gehirnwäschen unterzogen, um ihre Loyalität
gegenüber der Gruppe zu sichern. Die Erinnerungen
Überlebender von rituellem Mißbrauch sind oft so deutlich und furchtbar, daß mancher fragt, ob diese Geschichten wirklich wahr seien. Doch diese Überlebenden
leiden unter überwältigenden Schmerzen und traumatischen Symptomen, wenn sie sich an die Mißhandlungen
erinnern: Sie erleben heftige Erinnerungsblitze, ihr Körper empfindet die gleichen Gefühle wie damals bei dem
Übergriff. Es ist der gleiche traumatische Erinnerungsprozeß, den Überlebende anderer Folter oder Kriegsteilnehmer bei der Erinnerung erleben. Ritueller Mißbrauch
geschieht tatsächlich und systematisch heute in unserem Land.

Wo kommt ritueller Mißbrauch vor?

Das Ziel von Kultgruppen, die Kinder rituell mißhandeln, ist, so viele Mitglieder wie möglich zu rekrutieren. Je mehr Personen sie in ihre Gruppen einbeziehen, desto leichter können sie ihr Tun rechtfertigen. Oft unterwandern Kultgruppen Schulen, Kirchen oder Tagesstätten – Orte, an denen sie leicht neue Mitglieder anwerben können. Die Kinder, die in solcher Umgebung mißbraucht werden, sind gewöhnlich jünger als fünf Jahre und unfähig, sich vor den Manipulationen des Kults zu schützen. Die Kultgruppen scheinen solche Opfer zu suchen, weil man sie leichter beeinflussen kann.

In den letzten fünf Jahren wurden in zwei Studien die Berichte über rituellen Mißbrauch in Tagesstätten verglichen. Den Studien lag der Verdacht zugrunde, daß Kinder aus verschiedenen Teilen des Landes auffallend ähnliche Einzelheiten eines rituellen Mißbrauchs schilderten. Da die Kinder keinen Kontakt untereinander hatten, konnte man daraus schließen, daß die Ähnlichkeiten darauf beruhten, daß gewisse sexualisierte Rituale weitverbreitet praktiziert werden, zu denen Tier- und Menschenopfer gehören.

1987 führte die Organisation *Believe the Children* eine Studie über Mehrfachopfer und Mehrfachtäter bei Kindesmißbrauch in Tagesstätten durch.[5] Eltern von Opfern und Experten, die mit Mißbrauchsopfern arbeiten, wurden gebeten, einen Fragebogen auszufüllen, in dem es um die Einzelheiten dieser Fälle ging.

94 % der Antwortenden verzeichneten, daß das Kind angab, von einer Gruppe Erwachsener mißbraucht worden zu sein. 78 % zufolge sei das Kind bei diesen Handlungen nackt fotografiert worden. 95 % sagten, das Kind habe angegeben, bei dem Mißbrauch habe man ihm Drogen verabreicht, und 58 % berichteten, man habe das Kind gezwungen, bei der Verstümmelung oder Tötung eines Tie-

res anwesend zu sein. In 64% der Fälle sei das Kind mit der Drohung zum Schweigen gebracht worden, man würde seine Eltern umbringen. Einigen Angaben zufolge hatten die Kinder Roben beschrieben (48%), Kerzen (36%) und Messer (36%).

Eine zweite Untersuchung, die die Therapeutin Pamela Hudson durchführte, bemerkte die Ähnlichkeiten in den wichtigen Einzelheiten der Mißbrauchsbeschuldigungen in neun Tagesstätten in fünf verschiedenen amerikanischen Bundesstaaten.[6] In diesen Fällen definierten entweder die Polizei oder die Eltern der Kinder den Mißbrauch als rituellen Kindesmißbrauch. Weder für Eltern noch für Experten gibt es eine Standarddefinition für rituellen Mißbrauch.

Die Organisation *Believe the Children* stellte Hudson die Namen der Eltern dieser neun Tagesstätten zur Verfügung, in denen ritueller Mißbrauch bekannt geworden war. Diese Eltern kontaktierten die Organisation, um Informationen und Hinweise zu bekommen, die es ihnen ermöglichen würden, den Kindern bei der Verarbeitung des Traumas der Mißhandlungen zu helfen. Die Eltern wurden per Telefon nach den Einzelheiten bei dem rituellen Mißbrauch befragt.

In allen diesen Tagesstätten fanden Mediziner bei Untersuchungen Hinweise auf sexuellen Mißbrauch. Alle Berichte gaben an, daß die Kinder bei diesem Mißbrauch gefilmt oder fotografiert worden seien. Die Eltern gaben an, den Kindern seien Drogen injiziert oder sie seien mit Nadeln gestochen worden. In fast allen Berichten (89%) aus diesen Tagesstätten gaben die Kinder an, sie seien gezwungen worden, zuzusehen, wie man Tiere folterte und tötete. Alle Eltern gaben an, die Täter hätten den Kindern gedroht, deren Eltern, Geschwister oder Haustiere umzubringen, falls sie etwas darüber verlauten ließen. In allen Tagesstätten gaben die Eltern an, daß die Kinder von Individuen in Masken und Roben mißbraucht wurden, die Kerzen trugen. Die Kinder seien auch aus dem Tageszentrum weggebracht worden, um in Kirchen, auf Friedhöfen oder in anderen Tagesstätten mißbraucht zu werden.

Die erste Untersuchung, die wir erwähnten, verglich individuelle Mißbrauchsfälle im ganzen Land. Es ergab sich eine bemerkenswerte Übereinstimmung in den Einzelheiten des Mißbrauchs. Die zweite Studie untersuchte die Mißbrauchsbeschuldigungen in Tagesstätten. Die Ergebnisse verdeutlichen, daß trotz der vagen Definition von rituellem Mißbrauch, die Eltern und Gesetzesvertretern zur Verfügung steht, bei den Mißbrauchsarten, die gegen diese Kinder in verschiedenen Umgebungen begangen wurden, auffallende Ähnlichkeiten noch in den Einzelheiten vorkamen.

Manche Leute halten diese Untersuchungen für nur begrenzt aussagekräftig, weil sie meinen, diese Kinder und Erwachsenen seien von Eltern, Kinderorganisationen oder Anwälten angehalten worden, einen Mißbrauch zu melden, der nie stattgefunden habe. Man spekuliert, die Eltern, Organisationen oder Anwälte wüßten über die Elemente der schwarzen Messe Bescheid und hätten Kinder beeinflußt, etwas zu glauben, was in Wirklichkeit nie geschehen sei.

Manche meinen auch, die Eltern von Kindern, die von rituellem Mißbrauch sprechen, seien paranoid oder verrückte Evangelisten, die unter jedem Baum den Teufel zu sehen vermeinen. Wie ich jedoch zuvor bereits anmerkte, war keiner der Eltern, die an dieser Untersuchung teilnahmen, eigenen Angaben zufolge Fundamentalchrist. Viele Eltern gingen nicht einmal regelmäßig zur Kirche. Und wieder hatte fast keiner von diesen Eltern Angst vor Satanssekten gehabt, ehe das Kind über den rituellen Mißbrauch sprach.

Kinderorganisationen und Anwälte haben eigentlich nichts davon, Kinder zu beeinflussen, von Mißhandlungen zu berichten, die niemals stattgefunden haben. Kinderorganisationen sind dazu da, um Kinder vor Gewalt zu schützen. Sie haben kein persönliches Interesse daran, für eigene Zwecke Kinder einer Gehirnwäsche zu unterziehen. Es ist im Gegenteil viel schwerer, Kinder zu beschützen, die von rituellem Mißbrauch berichten.

Anwälte machen Karriere, wenn sie viele Prozesse gewinnen. Die Beeinflussung von Kindern, falsche Anschuldigungen wegen rituellen Mißbrauchs zu erheben, verringert die Chancen, einen Prozeß zu gewinnen, und ist daher kontraproduktiv. Es ist ohnehin sehr schwer, ein Verfahren wegen rituellen Mißbrauchs zu gewinnen. Eine Reihe von Eltern rituell mißbrauchter Kinder berichten sogar, daß die Gesetzesvertreter versuchen, das rituelle Element des Mißbrauchs, das das Kind beschreibt, herunterzuspielen. Sie erkennen, daß sie, wenn sie einen Fall als rituellen Mißbrauch vor Gericht brächten, die Jury nur schwer von der Glaubwürdigkeit des Kindes überzeugen könnten. Indem sie die Anschuldigungen wegen rituellen Mißbrauchs ignorieren, erzielen Anwälte eine höhere Verurteilungsquote und dienen damit ihrer Karriere.

Lynda Driscoll und Cheryl Wright führten 1991 eine Untersuchung an der Universität von Utah über die Erfahrungen von erwachsenen Mißbrauchsopfern durch.[7] Die erwachsenen Überlebenden von rituellem Mißbrauch, die sich freiwillig zu dieser Untersuchung meldeten, waren wegen der erlittenen Kindheitstraumata zum Zeitpunkt der Untersuchung in Therapie. 37 Personen füllten den Fragebogen aus. 36 der überlebenden Opfer waren weiblich. Auch hier konnte man wieder viele Parallelen feststellen.

Wie die Kinder gaben 89 % der erwachsenen Überlebenden an, sie seien von einer Gruppe Erwachsener belästigt worden, und 57 %, sie seien während des Mißbrauchs fotografiert worden. 78 % gaben an, unter Drogen gesetzt worden zu sein. 84% waren gezwungen worden, an Menschenopfern teilzunehmen. 57% habe man gedroht, man würde die Eltern oder Verwandte umbringen, wenn man jemandem von dem Geschehenen erzählte. Den Angaben von 95% bzw. 60% zufolge hatten die Täter Roben und Masken getragen. 64% waren im Haus von Gruppenmitgliedern mißbraucht worden, 64% in Wäldern, 47% auf Friedhöfen, 47% in Kirchen und 43% im eigenen Zuhause.

Einige Leute meinen, daß Therapeuten, die Opfer von rituellem Mißbrauch behandeln, ihre Klienten überzeugen, sie hätten Dinge erlebt, die niemals wirklich geschahen. Andere meinen, daß die Überlebenden verblendet seien oder bloß Aufmerksamkeit erregen wollten.[8] Wenn man jemanden als seelisch krank bezeichnet oder schlichtweg als verrückt, bezweifelt man sogleich alles, was diese Person sagt. Mit dieser Taktik gelingt es, die meisten Opfer von rituellem Mißbrauch so zu beschämen, daß sie lieber schweigen.

Es ist unrealistisch, anzunehmen, daß manche Leute sich als Opfer von rituellem Mißbrauch bezeichnen, nur weil sie unter Langeweile oder mangelnder Aufmerksamkeit leiden. Frauen und Männer, die sich als Überlebende von Mißbrauch bezeichnen, werden überdies leicht selbst des Mißbrauchs bezichtigt. Therapeuten, Polizisten, Pfarrer oder auch Freunde glauben ihnen nicht, obwohl viele der Opfer angesehene Mitglieder der Gesellschaft sind. Sie durchleben das Geschehene in einem traumatischen Erinnerungsprozeß, zu dem alle emotionalen und körperlichen Gefühle gehören, die sie bei dem Mißbrauch erlebten.

Was unterscheidet rituellen Mißbrauch heute vom Hexenkult früherer Zeiten?

Eine andere verbreitete Taktik, Überlebende und ihre Vertreter zu diskreditieren, ist, das gegenwärtige Gerede über rituellen Mißbrauch mit den Hexenjagden des Mittelalters und der frühen Neuzeit zu vergleichen. Dieses Argument ist ein emotionaler Appell an die erwiesene Schuld der Gesellschaft für die Grausamkeiten, die während der Inquisition verübt wurden, als man unschuldige Opfer öffentlich demütigte und im Namen des christlichen Gottes umbrachte. Die Hexenjagd war eine der unmenschlichsten und ungerechtesten Phasen in der menschlichen Geschichte. Daher ist es so wichtig, die deutlichen Unterschiede zwischen den Hexenjagden der Vergangenheit und rituellem Mißbrauch heute zu begreifen.

Die Hexenverfolgung wurde durch die Veröffentlichung eines einzigen Buches angeregt, dem »Hexenhammer«, *Malleus Maleficarum*, von 1486. Die Autoren, christliche Mönche, beschreiben darin die Kennzeichen von »Hexen«. Ein Beispiel für »normales weibliches Hexenverhalten« gibt an, wie Hexen das Leben aus dem männlichen Organ fortzaubern, worauf es impotent oder kastriert wird. Die Strafen für Hexen waren unter anderem Baden in siedendem Wasser, die Zermalmung unter schweren Gewichten, man riß ihnen mit glühenden Zangen das Fleisch von der Brust und folterte die weiblichen Geschlechtsteile. Diese Strafen ähneln deutlich den Beschreibungen von rituellem Mißbrauch heute. Doch während der Hexenverfolgung wurden diese Strafen verübt, um Gottes Segen für die Gemeinschaft wiederherzustellen.

Salem in Massachusetts wurde gegen Ende des siebzehnten Jahrhunderts Schauplatz einer grausamen Hexenverfolgung. Dort ersann man fünf verschiedene »Beweise« für Hexenverhalten. Ein Beweis war, daß man die angeklagte Hexe zwang, das Vaterunser in aller Öffentlichkeit aufzusagen. Da Hexen angeblich das Vaterunser rückwärts aufsagten, bewies nur ein einziger Versprecher, daß es sich tatsächlich um eine Hexe handelte. Der zweite Beweis war das Zeugnis von Personen, die ihr eigenes Unglück den magischen Kräften der Angeklagten zuschrieben. Der dritte Beweis war das Vorhandensein von »Teufelszeichen«, Stigmata, bei der Angeklagten — Warzen, Leberflecken, Narben oder andere körperliche Makel. Der vierte war ein Schuldgeständnis, das man oft unter Folter erzwang. Und der letzte Beweis war ein Bericht von anderen, die behaupteten, sie hätten die Angeklagte geisterhaft herumschweben sehen.

Damals machte man Personen, die der Hexerei bezichtigt wurden — die meisten waren Frauen —, keinen ordentlichen Prozeß. In Europa wurden selbst Kinder, die man der Hexerei beschuldigte, den schrecklichsten Strafen unterzogen. Wenn eine Gemeinschaft befand, jemand sei eine Hexe, bedeutete das Folter oder Exekution. Manchmal lautete das Urteil Gefangenschaft am Pranger, wo jeder Passant sie quälen und verhöhnen konnte.[9]

Bei den Verbrechen, denen wir heute gegenüberstehen, handelt es sich eindeutig nicht um Hexenjagd. Das Rechtswesen und die übereifrigen Christen haben nicht die Freiheit, jeden zu verfolgen, den sie verfolgen wollen. Es gibt keine Kriterien, die Therapeuten, Eltern, Kinderorganisationen oder Anwälten helfen, festzulegen, wer »vom Teufel besessen« ist. Diejenigen, die heute des rituellen Mißbrauchs angeklagt werden, haben wenig Gemeinsamkeiten. Es sind keine ausweistragenden Mitglieder der Kirche Satans, sondern die verschiedensten Personen, die gleicher Taten bezichtigt werden. Wir haben einen Querschnitt von Menschen in der ganzen Welt, die über einen gemeinsamen rituellen Kontext reden, in dem Kinder mißbraucht werden.

Jedesmal wenn wir die Erinnerungen eines Überlebenden von rituellem Mißbrauch abtun, treffen wir eine eindeutige Entscheidung. Wenn eine Chance besteht, daß diese Erwachsenen und Kinder die Wahrheit sagen, dann haben wir diesen Opfern gegenüber die Verantwortung, sie ernst zu nehmen. Als Gesellschaft haben wir darüber hinaus die Verantwortung, die Opfer, Kinder wie Erwachsene, vor weiteren Schäden zu schützen.

Wer sind die Opfer?

Ein Großteil der Information in diesem Buch beruht auf der soziologischen Untersuchung von rituellem Mißbrauch. Die erwachsenen Überlebenden, die sich freiwillig dazu zur Verfügung stellten, haben dies in der Kindheit erlebt. Sie füllten einen ausführlichen Fragebogen aus. Alle Überlebenden sollten zum Zeitpunkt der Befragung in Therapie sein, um sicherzustellen, daß sie bei der Konfrontation mit einem so schwierigen Thema Unterstützung hatten.

Die Überlebenden von rituellem Mißbrauch sind keine gesellschaftlichen Außenseiter. Sie sind keine Freaks. Manch einer wird vielleicht überrascht feststellen, daß die meisten Überlebenden von rituellem Mißbrauch funktionierende Mitglieder unserer Gesellschaft sind. In den letzten zehn Jahren hat sich eine Reihe von Organisationen gebildet, die denjenigen Hilfe und Unterstützung bieten, deren Leben durch Mißbrauch in der Kindheit betroffen wurde. Mit diesen Organisationen haben wir Kontakt aufgenommen, um Teilnehmer für unsere Studie zu finden.

Tabelle 1.1

Ritueller Mißbrauch: Ein Vergleich der Aussagen von Opfern

	Indiv. Fälle	Tages- stätten	Erw. in Therapie
von Erw. sexuell mißbraucht	94%	100%	89%
nackt fotografiert	78%	100%	57%
unter Drogen gesetzt	59%	100%	78%
Verstümmelung oder Töten von Tieren/Menschen	58%	88%	84%
Drohungen gegen die Familie	64%	100%	57%
Roben, Kerzen, Messer beim Ritual	48%	100%	95%

Geschlecht, Herkunft und Beruf

Auf unsere Anzeigen meldeten sich fünfzig Frauen und zwei Männer und füllten den Fragebogen aus. Fünfzig Überlebende in dieser Untersuchung sind weiß, einer ist asiatischen Ursprungs, einer Afroamerikaner. Fast alle Befragten hatten zum Zeitpunkt der Befragung einen Beruf, sechs Teilnehmer beantworteten diese Frage nicht. Einer gab an: »Ich bin ein Mensch, der versucht zu leben. Das ist mein Beruf.« Die Überlebenden, die sich zu dieser Untersuchung meldeten, sind in vieler Hinsicht wie die meisten anderen Menschen. Sie gehen ihrem Beruf nach, haben Beziehungen und befassen sich mit den gleichen Alltagsproblemen wie alle anderen auch.

Wohnort

Die meisten der Befragten lebten in Kalifornien (40%), wahrscheinlich, weil in diesem Staat viel mehr Möglichkeiten für die Opfer von rituellem Mißbrauch angeboten werden als in anderen Staaten. In Kalifornien gibt es erheblich mehr Therapeuten, die für die Behandlung von Mißbrauchsopfern ausgebildet sind; außerdem gibt es Selbsthilfegruppen. Auch Krisenteams und Zentren mit entsprechend ausgebildetem Personal für den Umgang mit Opfern von Vergewaltigung und sexueller Belästigung sind dichter gestreut. Die Überlebenden von rituellem Mißbrauch, die in Kalifornien wohnen, suchen vermutlich eher nach Hilfe als Bewohner anderer Staaten, in denen es nicht so viele Möglichkeiten gibt.

Wirtschaftliche Verhältnisse

Um die Jahrhundertwende, als Kindesmißbrauch zuerst erkannt wurde, wurde er als »Mißhandlung von Kindern aufgrund von Armut« beschrieben. Der Staat identifizierte die Kinder als das Problem, nicht die Eltern, die sie mißbrauchten. Man schickte die Kinder in Besserungsheime, weil man annahm, sie stellten für die Gesellschaft insgesamt eine Bedrohung dar.[10] Heute ist man sich bewußt, daß Kindesmißbrauch in allen sozioökonomischen Schichten ein Problem darstellt.

Die Untersuchung ergab, daß ritueller Mißbrauch sich

Tabelle 1.2
Gesellschaftliche Schicht der Überlebenden

Oberklasse	4%	Arbeiterklasse	32%
Obere Mittelklasse	30%	Unterklasse	4%
Mittelklasse	30%		

nicht auf eine einzige gesellschaftliche Klasse beschränkt (s. Tabelle 1.2.). Die meisten Menschen können sich gut vorstellen, daß schwer mißbrauchte Personen aus unteren sozialen Schichten stammen, wollen aber nicht glauben, daß die Wohlhabenden, Mächtigen in unserer Gesellschaft – diejenigen, die oft viel Macht über das Leben anderer haben – ihre Kinder belästigen und schlagen. Noch erschreckender ist die Vorstellung, daß solche Personen einer Kultgruppe angehören.

Tabelle 1.3
Religionszugehörigkeit der Ursprungsfamilien der Überlebenden

Protestantisch	63%	Atheistisch	4%
Katholisch	19%	Evangelisten	2%
Keine	6%	Andere Christen	2%
Jüdisch	4%		

Religiöse Herkunft

Viele Leser werden auch überrascht darauf reagieren, daß fast alle Überlebenden in dieser Untersuchung in einer Familie erzogen wurden, die einer der Hauptreligionen angehörte. Viele Überlebende von Mißbrauch gaben an, ihre Eltern seien Leitfiguren in der religiösen Gemeinde am Heimatort gewesen. Einer schilderte seine Kindheit in Einzelheiten:

»... unsere Familie war streng religiös... Ich kann mit gutem Gewissen behaupten, daß ich zwischen meiner Geburt und meinem achtzehnten Lebensjahr nicht mehr als fünfmal den Gottesdienst am Sonntag versäumt habe. Wir beteten vor jeder Mahlzeit und hatten eine Art Gottesdienst am Abend. Wir Kinder waren alle getauft und wurden mit dreizehn konfirmiert. Meine Mutter [eine der Täterinnen] hat uns häufig gesagt, wie wichtig es für sie sei, ihren christlichen Glauben zu haben und daß die Hilfe Gottes in schlechten Zeiten die einzige Möglichkeit sei, es im Leben zu etwas zu bringen.«

Aleister Crowley, ein bekannter britischer Okkultist

um die Jahrhundertwende, deutete die Existenz von geheimen Sekten hinter den traditionellen Kirchen an. In seinem Buch *The Confessions of Aleister Crowley* beschreibt er seine Suche nach der »Wahrheit« durch den Okkultismus. Auf seiner Suche sei er immer wieder Leuten begegnet, die ihm sagten, »hinter der äußeren Kirche gebe es eine innere Kirche, die verborgenste aller Gemeinschaften, ein heimlicher Schutzbereich, der alle Mysterien über Gott und die Natur bewahre. Sie sei nach dem Sündenfall gebildet worden. Es sei die heimliche Versammlung der Erwählten.«

Davon angelockt, verbrachte Crowley mehrere Jahre auf der Suche nach diesem geheimen Bereich. Freunde führten ihn in eine Reihe geheimer Gesellschaften und Bruderschaften ein, die behaupteten, das verborgene Wissen über Gott zu besitzen.[11] Im Licht dieser Theorie über eine »geheime Kirche innerhalb der Kirche« überrascht es nicht, daß die Überlebenden in unserer Studie berichteten, ihre Eltern seien Mitglieder der Kirchen und religiösen Organisationen gewesen, die dem Wesen nach nicht okkult sind.

Alter der Befragten

Das Alter der Befragten zum Zeitpunkt der Untersuchung belief sich zwischen 24 und 55; Durchschnittsalter war 36. Die geringe Anzahl von Personen im Alter um zwanzig Jahre, die sich für diese Untersuchung meldeten, deutet vielleicht darauf hin, daß die Erinnerung an ein solches extremes Trauma in jüngeren Jahren sehr schwierig ist. Die meisten Überlebenden können sich erst an den Mißbrauch erinnern, wenn sie sich finanziell sicher genug fühlen; zwischen zwanzig und dreißig sind viele Kinder noch von ihren Eltern abhängig. Die Abhängigkeit von der Ursprungsfamilie ist oft noch größer, ehe die Kinder selbst eine Familie gründen. Es ist schwer, sich den Erinnerungen an Mißbrauch zu stellen, wenn der Überlebende nicht einen bestimmten Abstand von den Tätern erreicht hat.

Vielleicht drängt aber auch die Krise um die Lebensmitte Überlebende (wie auch andere) dazu, sich mit ihrer Vergangenheit auseinanderzusetzen. Zu diesem Zeitpunkt beginnt man sich zu fragen, was man mit seinem Leben bislang angefangen hat. Man fragt sich, was wirklich wichtig ist: »Habe ich gefunden, was ich gesucht habe?« Sie denken über ihre Kindheit nach und auch über den Mißbrauch, den sie vergessen hatten oder stets versuchten zu ignorieren.

Menschen im Alter zwischen fünfzig und sechzig neigen vermutlich viel eher dazu, Dinge zu akzeptieren, die sie meinen nicht ändern zu können. Die Phase, in der sie Kinder großzogen, ist vorbei. Was geschehen ist, ist geschehen. In dieser Phase scheint es leichter, die Vergangenheit ruhen zu lassen und zu akzeptieren, daß man vielleicht vieles verloren hat, das man vermutlich nie wiederbekommen kann.

Grenzen der Untersuchung

Die Ergebnisse dieser Untersuchung repräsentieren nicht die Erfahrungen aller Opfer von rituellem Mißbrauch. Eine Reihe von Einschränkungen macht es unmöglich, eine Verallgemeinerung aufzustellen. Zum einen konnten natürlich nur diejenigen den Fragebogen ausfüllen, die sich erinnerten. 97 % der Überlebenden in der Studie gaben an, zu irgendeinem Zeitpunkt ihres Lebens den rituellen Mißbrauch völlig verdrängt oder ausgeblendet zu haben. Das bedeutet, daß eine unbekannte Anzahl von Überlebenden sich gegenwärtig nicht ihrer Kindheitsgeschichte bewußt ist. Was wir über diese Menschen wissen, können wir aus den Informationen schließen, die uns diejenigen zur Verfügung stellten, die sich erinnern konnten. Diese Menschen können oft beschreiben, wie ihr Leben aussah, ehe sie sich an den rituellen Mißbrauch erinnerten. Vermutlich aber haben die sich erinnernden Überlebenden mehr traumatische Symptome als diejenigen, die sich an den Mißbrauch nicht erinnern können. Vermutlich drängten eben diese Symptome sie zur Therapie, so daß sie sich an den Mißbrauch erinnerten.

Zum anderen schränkte die Forderung, daß die Teilnehmer gleichzeitig zu dieser Untersuchung eine Therapie anfingen, den Kreis der Befragten ein. Mißbrauchte, die vielleicht aus finanziellen Gründen keine zufriedenstellende Therapie finden konnten, sind unterrepräsentiert. Überlebende, die sich an einen Pfarrer oder andere Personen um Unterstützung gewandt haben, sind ebenfalls hier nicht vertreten. Und schließlich sind, wie dieses Buch verdeutlicht, viele Überlebende es leid geworden, von sogenannten Experten erneut zum Opfer gemacht zu werden, und haben die Therapie überhaupt aufgegeben.

Kindesmißbrauch:
Eine unendliche Geschichte?

Warum liest und hört man heutzutage so viel über Mißhandlungen von Kindern? Ein Grund dafür ist, daß Disziplinierungsmethoden, die vor weniger als fünfzig Jahren noch als akzeptabel galten, heute zu Recht als Kindesmißhandlung bezeichnet werden. Anfang dieses Jahrhunderts wurden zum Beispiel Schulkinder regelmäßig schon wegen geringer Vergehen mit Linealen oder Rohrstöcken auf die Finger oder das Hinterteil geschlagen. Heute ist körperliche Mißhandlung von Kindern gesetzlich definiert als ein Angriff auf ein Kind, der eine körperliche Verletzung, ein Mal, hinterläßt. Bis vor dreißig Jahren gab es kein Gesetz, das Kinder vor Gewalt schützte.

Kinder wurden nicht nur in der Schule geschlagen. Die Kirche unterstützte im letzten Jahrhundert öffentlich die Züchtigung von Kindern. Man erklärte, Eltern müßten Kindern unter fünf Jahren den Trotz praktisch herausprügeln, sonst würden sie »verzogen«. Dieser Vorschlag der Kirche folgte dem alten Sprichwort: »Wer sein Kind liebt, spart mit der Rute nicht.« Körperliche Strafen, die Spuren hinterlassen, sind heute verboten – aber sie wurden vor nicht allzu langer Zeit in Schulen als Disziplinierungsmaßnahmen verabreicht und von den Kirchen befürwortet.

Der Kreislauf von Gewalt und Gegengewalt erzeugt wieder Kindesmißhandlung. Manchmal können diejenigen, die als Kinder mißhandelt wurden, den starken, fast unwiderstehlichen Impuls verspüren, die Mißhandlung bei den eigenen Kindern zu wiederholen. Bis diese Eltern erkennen, daß sie in einem Kreislauf gefangen sind, der durchbrochen werden muß – was heißt, sie müssen eine Methode finden, sich zu beherrschen, diesem Impuls nachzugeben –, agieren sie dieses Gefühl oft aus und verletzen ihre Kinder. Die Implikationen sind eindeutig: Wenn das Schlagen von Kindern einst als Disziplinierungsmethode akzeptabel war und die Bereitschaft, Kindern weh zu tun, von einer Generation zur anderen weitergereicht wurde, dann mißhandeln viele Eltern heutzutage wahrscheinlich ihre Kinder, ohne daß dies so definiert wird. Der Kreislauf aus Gewalt gegen Kinder – und die Tatsache, daß diese Gewalt bis vor etwa fünfzig Jahren gesellschaftlich akzeptabel war – verhindert, daß viele Menschen sich diesem Problem ehrlich stellen. Unsere Unfähigkeit, Kinder vor Gewalt zu schützen, ermöglicht die Existenz von Kultgruppen, die rituellen Mißbrauch betreiben.

Was sind die Folgen
des rituellen Mißbrauchs?

Man kann sich nur sehr schwer vorstellen, daß Menschen, die rituellen Mißbrauch erlitten haben, in unserer heutigen Gesellschaft leben und funktionieren können. Wo sind ihre Gefühle geblieben? Wie kann jemand, der soviel Leid ausgesetzt wurde, dies nicht fortwährend empfinden? Hier gibt es einen Prozeß, den man Dissoziation nennt – man flieht aus einer unerträglichen Situation, indem man sich seelisch und emotional ablöst. Wenn Kinder extremen Schmerzen ausgesetzt werden, versucht ihr Verstand verzweifelt, dem auszuweichen. Manchmal gelingt das, manchmal aber nicht. Wenn es gelingt, können Kinder den Mißbrauch und das dadurch hervorgerufene Leid vollständig vergessen.

Traumatische Amnesie ist bei Überlebenden von rituellem Mißbrauch sehr verbreitet. Wenn Kinder von anderen Menschen, die jede ihrer Bewegungen kontrollieren können (wie Eltern oder andere Hauptbezugspersonen), schwer mißbraucht werden, wird das Leid zu stark für sie, um es im Alltagsleben zuzulassen. Es wäre für ein Kind beispielsweise überfordernd, jeden Tag zur Schule zu gehen und daran zu denken, daß es in der Nacht zuvor rituell mißbraucht wurde. Daher lernt es, niemals an diesen Mißbrauch zu denken, außer wenn er tatsächlich geschieht. Ein Kind, das über einen längeren Zeitraum hinweg mißbraucht wird, entwickelt einen seelischen Ort, an dem es sich nur an den Mißbrauch erinnert, und eine andere Ebene, auf der es versucht, ein normales Leben in der Schule und mit Menschen außerhalb des Kults zu führen. Leider ist dieses Kind, wenn es lernt, den Mißbrauch zu vergessen, den Tätern auf Gedeih und Verderb ausgeliefert. Was dem Kind Leben und Verstand rettet, die Amnesie, ist oft die stärkste Kraft, die es später bei der Gruppe hält. Indem es sich von der Realität des Mißbrauchs in dem Kult ablöst, kann es das Leid abblocken. Indem es vergißt, wird es aber auch unfähig, Entscheidungen zu treffen, die im späteren Leben verhindern würden, daß es erneut zum Opfer wird.

Amnesie oder ein schweres Trauma als Kriegsfolge ist weithin bekannt. Kriegsteilnehmer erleiden oft eine Amnesie hinsichtlich ihrer traumatischsten Erlebnisse. Findet dennoch eine Erinnerung statt, so geschieht dies gewöhnlich als Rückblende. Die Betroffenen glauben dann tatsächlich, sie befänden sich wieder genau in dem Moment, in dem das Trauma geschah. Bei diesen Rückblenden erleben sie alle körperlichen Gefühle und Empfindungen wie damals zum Zeitpunkt des Traumas.

In den letzten zehn Jahren sind Experten die gleichen Traumasymptome bei Menschen aufgefallen, die als Kinder mißbraucht wurden. Oft wurden diese jedoch nicht identifiziert – nicht einmal von dem Betroffenen. Man hielt die Beschwerden für Überempfindlichkeit, Hypochondrie oder sogar Schizophrenie. Der körperliche und sexuelle Übergriff auf ein Kind durch ein Elternteil oder eine andere Hauptbezugsperson kann durchaus mit dem Trauma, das Soldaten im Kampf erleben, verglichen werden. Doch in vieler Hinsicht kann ein gewalttätiger Angriff auf ein Kind durch ein Elternteil mehr Leid hervorrufen.

Zum einen sind Kinder von Erwachsenen absolut abhängig, um all ihre körperlichen Bedürfnisse erfüllt zu bekommen. Der Feind, der erwachsene Mißbraucher, ist die gleiche Person, die das Kind am Leben hält, indem sie es nährt und kleidet. Soldaten im Krieg haben gewöhnlich gegenüber dem Feind keine ambivalenten Gefühle. Sie brauchen nicht mit ihm zu leben oder ihn jeden Tag anzulächeln. Zum anderen fällt es dem Verstand eines Kindes schwer, die Wahrheit von Lügen zu unterscheiden. Kinder können sich nicht vor den Manipulationen schützen, die die Täter anwenden, um sie zu kontrollieren. Der Verstand eines Erwachsenen hingegen kann rationalisieren, selbständig denken und Lügen aussortieren. Überdies kennen Kinder, die von ihren Eltern mißbraucht werden, oft keine andere Welt als die kalte, gewalttätige Umgebung, in der sie aufwachsen. Der Verstand eines erwachsenen Soldaten ist sich immer seiner eigenen Identität und der Vergangenheit vor dem Trauma des Kampfes bewußt. Und schließlich sind Kinder die verletzlichsten Wesen auf dieser Welt. Sie werden von jedem verbalen und körperlichen Hieb getroffen, während die meisten Erwachsenen gelernt haben, sich seelisch vor Angriffen zu schützen.

Das Problem des rituellen Mißbrauchs ist, wie dieses Buch verdeutlichen wird, sehr komplex. Ich will niemandem die Wahrheit ersparen, und daher ist es vielleicht sehr schmerzlich zu lesen. Manchmal wird die Lage eines Überlebenden vielleicht völlig hoffnungslos erscheinen, aber das ist nicht wirklich der Fall. Im Bewußtwerden liegt Hoffnung, ebenso wie in dem Wissen und der Unterstützung von anderen. Ich möchte, daß dieses Buch all denjenigen unter uns als Bestätigung und als Hilfsquelle dient, die rituellen Mißbrauch mitmachen mußten, und daß es unserem Schmerz Trost und Verständnis ermöglicht.

Anmerkungen

1 »Sensational Cases Across the Country. Cases from the Bay Area and the West«. San Francisco Examiner (28.9.1989, A 9).
2 »Vortex of Evil«. New Statesman and Society (5.10.1990).
3 Arthur Lyons: Satan Wants You. New York 1988, S. 146—153.
4 Margaret Smith: »Children abused in Violent Rituals. Fact or Fiction?« Woodland, CA: Reaching Out, 1992, S. 3—16.
5 Believe the Children: Multi-victim, Multi-perpetrator. Ritualized Abuse Survey, Vorabdruck Juni 1987. Unveröff. Ms.

6 Pamela Hudson: Ritual Child Abuse: Discovery, Diagnosis and Treatment. Saratoga, S. 26–28.

7 Lynda N. Driscoll/Cheryl Wright: »Survivors of Childhood Ritual Abuse: Multi-generational Satanic Cult Involvement«. Treating Abuse Today (23.4.1991, S. 5–13).

8 J. Johnson/S. Padilla: »Satanism: Skeptics Abound«. Los Angeles Times (23.4.1991, A 20).

9 Stephen Pfohl: Images of Deviance and Social Control. New York 1985, S. 24–40.

10 Ders.: »The Discovery of Child Abuse«. Social Problems 24:3 (Febr. 1977, S. 310–323).

11 Aleister Crowley: The Confessions of Aleister Crowley. Hrsg. v. John Symonds/Kenneth Grant. London 1979, S. 16.

KAPITEL 2

Die Multiple Persönlichkeitsstörung

Es fühlt sich für mich die Tatsache, mehrere Persönlichkeiten zu haben, keineswegs so an, als lebten ganz viele Personen in meinem Körper. Eher ist es so, daß ich in verschiedenen Stimmen und Dialekten mit mir selbst rede und denke.

Einige der Stimmen, die in meinem Kopf reden, klingen wie die von Kindern. Wenn ich ihnen erlaube, mit anderen zu reden, dann tun sie das nicht, um jemanden zu beeindrucken oder um aufzufallen. Ich muß manchmal so reden, um das auszudrücken, was ich sagen will. Mit meiner erwachsenen Stimme kann ich das nicht, es würden nicht die gleichen Gedanken und Gefühle herauskommen. Wenn ich draußen manchmal wirkliche Kinder höre, fällt mir auf, daß meine Kinderstimmen ganz genau so klingen. Ich mache die gleichen Grammatikfehler. Ich benutze den gleichen Tonfall für die gleichen Gefühle. Und ich lasse die Stimmen nicht bewußt so klingen. Die Worte kommen einfach so aus meinem Mund.

Dann gibt es noch die tiefen, rauhen, eindringlichen Stimmen, die die gemeinsten Dinge sagen, die man sich vorstellen kann. Wenn die reden, werde ich innerlich ganz hart. Ich fühle mich kalt und berechnend. Die Leute sind meist entsetzt über das, was diese Stimmen sagen, aber ich habe keine Angst vor ihnen und schäme mich auch nicht. Mir gefällt es, wenn sie reden, denn sie drücken Gefühle aus, die ich kaum äußern kann. Wenn sie reden, stimme ich vollständig mit ihnen überein, aber ich habe auch noch andere Perspektiven. Ich weiß auch, wie es ist, die kleine Kinderstimme zu sein, ganz verletzt und empfindlich.

Die verschiedenen Stimmen fangen an, wild durcheinander zu reden, wenn ich über den rituellen Mißbrauch rede. Gewöhnlich spreche ich ganz normal – ein Tonfall, eine Erwachsenenstimme –, aber wenn ich über die Kultsachen spreche, kommen die anderen Stimmen und reden für mich. Ich denke nicht darüber nach, was sie sagen. Es kommt einfach so aus meinem Mund. Manchmal kontrolliere ich die Stimmen darauf, ob das, was sie sagen, auch wahr ist. Ich vergleiche sie mit der Vergangenheit, an die ich mich erinnere. Es scheint immer genau zu passen. Die Stimmen widersprechen einander nur selten. Zum Beispiel schilderte eine Persönlichkeit einmal eine bestimmte Mißbrauchshandlung, und ich vergaß diese Erinnerung schon nach zwei Tagen. Zwei Jahre später begann eine neue Persönlichkeit über die gleiche Erinnerung zu sprechen, die ich verdrängt hatte. Beide Persönlichkeiten erinnerten sich an die gleichen Einzelheiten. Ich bestätigte dies, indem ich in meinen alten Tagebüchern nachlas. Die beiden Persönlichkeiten hatten unterschiedliche Gefühle und Perspektiven darüber, was geschehen war, aber die beschriebene Situation war die gleiche.

Diese vielen Persönlichkeiten zu verbergen ist einfach. Ich brauche nur zu glauben, daß sie nicht da sind, und muß nicht über die Kultsachen reden. Ehe ich über den rituellen Mißbrauch Bescheid wußte, wirkte ich vermutlich sehr launisch. Mein Tonfall änderte sich nie so, daß andere Leute die Umstellungen bemerkt hätten. Ich habe die Stimmen nie absichtlich vor anderen versteckt. Die traumatisierten Stimmen sprachen einfach nie, weil sie wußten, es war nicht akzeptabel, wie ein Baby oder ein Mörder zu reden. Sie mußten schweigen, wenn ich wollte, daß andere mich mögen.

Solch eine Multiple Persönlichkeitsstörung (MPD — multiple personality disorder) zu haben ist nicht lustig. Es ist aber keine Schauspielerei, die man betreibt, um andere zu beeindrucken. Glauben Sie mir, Überlebende bekommen keine positive Aufmerksamkeit dafür, daß sie diese Störung haben, und wer es nur spielt, wird auf Ablehnung stoßen. Wenn ich meine Persönlichkeiten reden lasse, ist das der einzige Weg, meine eigene, persönliche Wahrheit zu erfahren. Wenn ich diese Typen nicht reden lasse — und wenn ich nicht auf das höre, was sie sagen —, dann ist mein Leben hohl und leer. Dann würde ich mein Leben nur für die Gesellschaft leben, meine eigene Wahrheit opfern, damit mich niemand von oben herab behandelt und mich als Freak bezeichnet, den man zu der Überzeugung manipuliert hat, eine Störung zu haben, die heute seltener ist als die Pest.

Wenn meine Persönlichkeiten endlich reden, fühlt sich das sehr natürlich an. Danach fühle ich mich mehr in mir selbst ruhend, echter, wirklich so, wie ich bin. Irgendwie fühle ich mich komisch, wenn ich sie »Persönlichkeiten« nenne. Eigentlich sind sie bloß ich. All diese Stimmen, über die ich rede wie über andere Menschen, sind ich. Sie sind in Ordnung — und ich bin auch in Ordnung. Vielleicht kann ich eines Tages alle Stimmen mit einer einzigen ausdrücken — vielleicht brauche ich aber immer mehrere Stimmen, um zu sagen, was ich meine — aber ich glaube, man sollte diese Stimmen nicht zum Schweigen bringen, nur weil man nicht an diese Störung glaubt.

Die meisten Menschen, ob sie eine Multiple Persönlichkeitsstörung haben oder nicht, erleben manchmal Phasen, in denen es besser ist, nichts zu fühlen. Jedesmal, wenn wir versuchen, einen Anspruch aus unserer Umgebung zu erfüllen, der unserer emotionalen Erfahrung zuwiderläuft, müssen wir uns von diesen widersprüchlichen Emotionen distanzieren. Man bringt uns bei, sich den Regeln der Familie und der Gesellschaft anzupassen, ganz gleich, wie wir diese Regeln finden. Man sagt uns als Kindern, daß wir den kleinen Bruder nicht schlagen dürfen, auch wenn wir wütend auf ihn sind. Man sagt uns, wir sollen uns gesellschaftlich konform verhalten. Wenn wir uns nicht anpassen, werden wir bestraft – mit einem kleinen Klaps oder auch einem Schlag. Noch schlimmer ist es, wenn man Kindern sagt, sie seien irgendwie schlecht und nicht liebenswert. Die Macht, Kinder zu beschämen, ihnen zu vermitteln, daß sie nicht wirklich zu einem gehören oder innerlich fehlerhaft sind, das ist das stärkste Instrument von Erwachsenen, um Kinder zur Anpassung zu zwingen.

Im späteren Leben werden unsere Gefühle oft von der Autorität der Person kontrolliert, die uns Geld gibt – ein Vorgesetzter oder ein Partner. Eine Frau beispielsweise, die finanziell von ihrem Mann abhängig ist, denkt vielleicht manchmal, sie müsse ihre wütenden oder vorwurfsvollen Gefühle ihm gegenüber verbergen. Sie hat vielleicht Angst, daß, wenn sie ausdrückte, was sie wirklich fühlt, er sie verlassen würde und sie sich selbst und die Kinder nicht ernähren könnte.

Am Arbeitsplatz werden unsere Gefühle wiederum von dem Bedürfnis nach finanzieller Sicherheit kontrolliert. Zu Hause kann fast jeder zumindest einen Teil von dem, was er fühlt, ausdrücken. Wir streiten uns mit dem Partner und schreien frustriert die Kinder an, wie es am Arbeitsplatz unmöglich wäre. Wenn einen der Chef wütend macht, beißt man sich auf die Zunge. Man lernt, die Gefühle im Zaum zu halten, um eine professionelle Atmosphäre aufrechtzuerhalten. Wenn wir einmal aus der Haut fahren, riskieren wir, die Stelle zu verlieren.

Wenn sie all diese inakzeptablen Gefühle unterdrük-
ken, fühlen sich manche Menschen stark eingeschränkt.
Man wird schließlich unsicher, ob man überhaupt noch
etwas fühlt. Jeder sagt einem, was man denken und fühlen soll, und schließlich kann man nicht mehr auseinan-
derhalten, was man wirklich empfindet und was einem
nur jemand gesagt hat. Wenn man nicht akzeptierte Gefühle hat, benutzt man bestimmte Techniken, die helfen,
sie unter Kontrolle zu halten. Manche rauchen oder trinken. Andere stopfen Eis in sich hinein. Wiederum andere
suchen nach dem perfekten Liebespartner, der alle Ungerechtigkeiten erträglich erscheinen lassen wird. Diese betäubenden Techniken helfen, das Unbehagen aufgrund
der überfordernden Gefühle zu lindern. Wir können die
leidigen Gefühle besänftigen, die andere nur selten anzuerkennen oder zu verstehen scheinen. Doch wir können
nicht ändern, was diesen Schmerz ursprünglich aus-
löste.

Die meisten lernen auch, körperliche Schmerzen nicht
mehr zu empfinden. Kinder weinen ungehemmt, wenn
sie sich das Knie aufstoßen. Erwachsene schleppen sich
noch mit einer dicken Erkältung zur Arbeit, ohne eine
einzige Träne zu vergießen. Wenn man sich in die Arbeit
stürzt, fühlt man sich vermutlich deutlich besser. Aber
wenn wir nach Hause kommen, spüren wir plötzlich wieder die Schmerzen, die wir bei der Arbeit nicht wahrnah-
men. Wenn wir allein sind, wenn wir nicht abgelenkt werden, sind wir uns unserer körperlichen und emotionalen
Schmerzen am stärksten bewußt.

Dissoziation ist der psychologische Begriff für diesen
Prozeß, sich von körperlichem und emotionalem Unbehagen abzulösen. Der Terminus wird vornehmlich eingesetzt, um die Reaktion des Verstandes auf ein Trauma zu
beschreiben. Menschen, die vergewaltigt wurden, dissoziieren manchmal, um das Erlebnis zu überleben. Sexuelle Angriffe und körperliche Folterungen gehören zu

den vernichtendsten Formen von Gewalt gegen den Körper. Menschen, die sexuell angegriffen oder gefoltert wurden, sind häufig so von Angst, Ekel und Schmerz überwältigt, daß sie die Einzelheiten der Erfahrung vollständig ausblenden. Einige Frauen, die vergewaltigt wurden, berichteten, sie hätten über ihren Körpern geschwebt und zugesehen, wie die Vergewaltigung stattfand. Mystiker und Parapsychologen bezeichnen dies als eine außerkörperliche Erfahrung, als »Seele im Exil«. Der Geist fühlt sich im Körper nicht mehr sicher, so daß er ihn verläßt.

Kinder, die sexuell angegriffen werden, erleben sehr wahrscheinlich eine traumatische Dissoziation. Sie sind von Erwachsenen zum bloßen Überleben völlig abhängig, so daß sie sich nicht erlauben können, die überwältigende Hilflosigkeit und die Schmerzen zu fühlen, die auf den Mißbrauch folgen. Sie können körperlich nicht entkommen, aber oft fliehen sie seelisch. Der Prozeß der traumatischen Dissoziation, den mißbrauchte Kinder erleben, ist vermutlich weniger eine bewußte Entscheidung als eine biologische Reaktion, die Schmerzen zu erleichtern.

Wenn eine traumatische Dissoziation stattfindet, löst sich der Verstand oft von allem Schmerz und aller Verwirrung. Bald gibt es keinen festen Boden mehr, von dem aus er arbeiten kann. Der Schwindel und die Übelkeit werden zu stark. Plötzlich sind alle Gefühle verschwunden. Es bleibt nichts übrig, als eine benommene Leere. Bei rituellem Mißbrauch können Kinder von ihren Gefühlen so überwältigt werden, daß es klickt und sie sich nicht mehr erinnern können, wer sie sind und wie sie an diesen Ort gekommen sind. Die Gefühle verschwinden und hinterlassen eine seelische Leerstelle − keine Worte, keine Gedanken mehr. Ein Kind in diesem Zustand glaubt alles, was man ihm sagt.

Bei rituellem Mißbrauch bringen die Täter Kinder un-

unterbrochen in diesen verwirrten Zustand und erzä
ihnen dann Lügen. Der Täter sagt zum Beispiel, die
der wollten eigentlich, daß man ihnen weh tut. Sie sagen
den Kindern, sie seien schlecht und sie gehörten zu
schlechten Leuten. Sie seien innerlich schmutzig und
böse und jeder sehe diesen Schmutz. Sie versuchen, die
Kinder von anderen Menschen zu isolieren. Sie unterziehen sie einer Gehirnwäsche, um sie zu gewalttätigen
Handlungen zu zwingen. Wenn man die Kinder zu solchen Handlungen gezwungen hat, wird dies als Beweis
angeführt: »Siehst du, du gehörst zu uns«, sagen sie. Die
Manipulation der Kinder zu der Überzeugung, sie hätten
die freie Wahl gehabt, wenn dies in Wirklichkeit nicht der
Fall war, ist eine verbreitete Taktik, die Kulte, die Kinder
rituell mißbrauchen, anwenden.

Bei der Dissoziation können die Kinder oft nicht denken. Ihr Verstand ist unfähig, mit dem Täter zu streiten
oder ihm zu widersprechen. Wenn sich der Mißbrauch
über einen längeren Zeitraum fortsetzt, entwickeln die
Kinder schließlich einen Bewältigungsmechanismus,
der ihnen hilft, mit der Situation fertig zu werden. In ihrem Kopf entwickeln sich andere Stimmen, die sich als
von ihm getrennt identifizieren. Ein Junge beispielsweise, der rituell mißbraucht wird, findet in sich eine
Stimme, die ihn tröstet. Die Stimme kommt, wenn er sich
an der »leeren Stelle« befindet, und sagt ihm, die Täter
würden lügen. Sie sagen vielleicht, er sei in Wirklichkeit
ein gutes Kind. Vielleicht aber entdeckt er auch eine
Stimme in sich, die all die niederen Dinge wiederholt, die
die Täter zu ihm sagen. Indem das Kind diese Stimme in
sich hineinbringt, erlangt es Kontrolle darüber. Die innere Welt ist in solchen Augenblicken die einzige, die in
dieser verlorenen Verwirrung existiert. Die Stimmen, die
bei dem Trauma auftauchen, verschwinden nie wieder.
Sie sind stets da — auch wenn das Trauma vorbei ist —,
ganz gleich, ob man ihnen zuhört oder nicht.

Kinder hören vielleicht mehrere Stimmen, die ihnen helfen, den Schmerz zu lindern. Personen ohne Persönlichkeitsspaltung erleben oft etwas Ähnliches, wenn sie sich daran erinnern, etwas zu tun, was sie eigentlich nicht tun wollen. Jemand wacht vielleicht auf und fühlt sich nicht wohl und will nicht zur Arbeit gehen. Da erinnert ihn ein Gedanke daran, daß er in der nächsten Woche kein Geld haben wird, wenn er nicht sofort aufsteht. Die Stimmen von mißbrauchten Kindern sind stärker als diese milden Botschaften, die jeder von Zeit zu Zeit empfängt. Die Stimmen bei Menschen mit MPS sind stärker entwickelt, damit sie den chronischen Schmerz des Mißbrauchs lindern.

Ein mißbrauchtes Kind sucht verzweifelt nach einer Stimme in sich, um den Schmerz zu besänftigen. Wenn die Stimmen sich entwickeln, werden immer mehr »Persönlichkeiten« geboren; ob sie schließlich zu einer vollständigen Persönlichkeit werden, hängt von der Häufigkeit des Mißbrauchs und anderen äußeren Einflüssen ab. Wenn der rituelle Mißbrauch nur ein- oder zweimal stattgefunden hat, werden die Stimmen vielleicht nur zum Bestandteil einer Erinnerung. Wenn der Mißbrauch über längere Zeit stattfand, nehmen die Stimmen ein Eigenleben an.

Nehmen wir zum Beispiel einen Jungen, der Stimmen hörte, als der Mißbrauch stattfand. Später werden die Stimmen vielleicht mit diesem Kind verschmelzen, wenn die Situation es erfordert. Die Täter bei rituellem Mißbrauch sagen Kindern oft, sie sollten das verraten, was sie lieben. Sie schaffen Situationen, in denen die Kinder vor eine Entscheidung gestellt werden. Man sagt: »Tu dieser geliebten Person weh, sonst wird euch beiden weh getan.« Wenn sich die Kinder nicht den Forderungen der Kultgruppe fügen, werden sie und andere potentielle Opfer gefoltert. In dieser Zwangslage könnte unser Junge tatsächlich seine Schmerzen und die der geliebten Person verringern, wenn er sich schon der ersten Forderung des Täters fügte. Trotz der Logik hinter diesen Handlungen ist die Verletzung eines anderen ein extrem schrecklicher Akt. Die Mißbraucher-Stimme in seinem Kopf kann dann auftauchen und zum Kind werden, während dieses den gewalttätigen Akt ausführt. Um den Schmerz zu verringern, identifiziert der Junge die Handlungen nicht als die seinen, weil die »Stimme« sie ausführte. Die Stimme ist zu einer anderen Persönlichkeit geworden. Es ist so leichter für das Kind zu vergessen, was die Stimme tun mußte. Die Erinnerung würde sonst für ihn schrecklich. Das Kind lernt zu vergessen, was geschah, als die Stimme mit ihm verschmolz. Die Zeit, die in seiner Erinnerung nur Leerstellen hinterläßt, nennen Psychologen »verlorene Zeit«.

Die Persönlichkeiten, die sich während des Mißbrauchs entwickeln, verschwinden nicht, wenn das ursprüngliche Trauma nachläßt. Sie tauchen im späteren Leben wieder auf, wenn man einer Situation ausgesetzt wird, die dem ursprünglichen Erlebnis ähnelt. Eine Überlebende, die sich einmal heftig mit ihrem Mann über das Thema Vergewaltigung stritt, fühlte sich beispielsweise extrem hilflos und panisch. Sie verstummte schnell, weil sie wußte, daß sie hysterisch zu weinen anfangen würde, wenn sie die Unterhaltung fortsetzte. Ein anderer Überlebender, der vor der Entscheidung steht, ein Haustier einschläfern lassen zu müssen, wird vielleicht ebenfalls in Panik geraten, da er sich für dessen Tod verantwortlich fühlt. Er ist verzweifelt und schuldbewußt. Solche Situationen rufen die Persönlichkeiten in ihm in den Vordergrund, die geliebte Personen verletzen mußten. Eine Überlebende, die sich von ihrem Freund trennt, ist vielleicht extrem verzweifelt, denn der Bruch erinnert sie daran, wie sie sich in ihrer Kindheit von den Tätern und anderen, die sie nicht beschützten, verlassen fühlte. Sie empfindet den Bruch als Beweis dafür, daß sie niemals geliebt und beschützt werden wird. All diese scheinbar irrationalen Gedanken und Gefühle sind andere Persönlichkeiten, die wieder auftauchen, wenn man an das ursprüngliche Trauma erinnert wird. Überlebende, die diese Persönlichkeiten abblocken können, ehe sie von ihnen kontrolliert werden, »verlieren« keine Zeit.

Kinder, die in Kultgruppen großwerden, müssen ständig die unterschiedlichsten Persönlichkeiten entwickeln, um die Befehle der Täter zu erfüllen. Die meisten Kulte zielen bewußt auf die Entwicklung solcher Persönlichkeiten ab, um sie dann durch bestimmte Stichworte erscheinen zu lassen. Überlebende berichten zum Beispiel oft, daß man bestimmte Worte nannte oder ihnen bestimmte Bilder zeigte, wenn sie gefoltert wurden, die die Gruppe später benutzte, um den Persönlichkeitswechsel auszulösen. Wenn einem Opfer solch ein Auslöser gezeigt wird und die Persönlichkeit daraufhin wechselt, hat der Kult die Macht, das Verhalten dieses Opfers zu kontrollieren. Bei den meisten Überlebenden von rituellem Mißbrauch tauchen die anderen Persönlichkeiten, die der Aktivitäten des Kults bewußt sind, ausschließlich bei rituellem Mißbrauch auf. Einige Überlebende sind sich vielleicht ihrer eigenen Beteiligung an der Kultgruppe überhaupt nicht bewußt. Ihre Persönlichkeiten sind gänzlich in der Gewalt der Täter. Kultgruppen programmieren diese Persönlichkeiten so, daß sie im Alltagsleben der Opfer nicht auftauchen. Dies verhindert, daß die Überlebenden anderen Menschen von dem Mißbrauch berichten. In diesen Fällen »verlieren« die Opfer in ihrem Leben außerhalb der Kultgruppe keinerlei Zeit.

Persönlichkeitsanteile, die aus dem Kult entstehen

Alternative Persönlichkeiten werden entwickelt, um die widersprüchlichen Gefühle zu mildern, die Überlebende von rituellem Mißbrauch empfinden. Kinder können ihre Eltern nicht lieben oder sich bei ihnen sicher fühlen, wenn sie wissen, daß sie von ihnen zu Ritualen mitgenommen und gefoltert werden. Daher geht die Persönlichkeit an ihrer Stelle zu dem Ritual. Jede Persönlichkeit enthält einen Teil der kindlichen Erfahrung. Jede entwickelt ein Eigenleben mit anderer Sprache und Kleidung. Die verschiedenen Persönlichkeiten sind dazu da, sich gegenseitig vor der schmerzlichen Realität zu beschützen, die sie alle durchleben müssen. Überlebende, die diese abgelösten Stimmen und Realitäten entwickelt haben, können sich von den überwältigenden Gefühlen distanzieren, die sie noch nicht ausdrücken können.

Es scheinen sich im allgemeinen drei Typen von Persönlichkeiten zu entwickeln, wenn es darum geht, langanhaltenden Mißbrauch zu bewältigen. Der erste Typ entsteht beim Trauma des Mißbrauchs selbst. Der zweite entwickelt sich im Laufe der Zeit, um die Ansprüche des alltäglichen Lebens außerhalb des Kults zu erfüllen. Der letzte Typ taucht in Gedanken des Kindes auf, um ihm zu helfen, das Kult- und das Alltagsleben voneinander getrennt zu halten.

Verschiedene Typen von »Persönlichkeiten«

Wir wollen nun die verschiedenen Persönlichkeitstypen, die sich in den verschiedenen Kontexten entwickeln, beschreiben; man muß diese Deutung jedoch mit Vorsicht betrachten. Erstens handelt es sich nicht um eine erschöpfende Liste von Persönlichkeiten, die Opfer erleben. Die meisten Überlebenden entwickeln besondere Namen für ihre Persönlichkeiten, und es kann durchaus mehr Typen im »System« eines bestimmten Individuums geben als die hier dargestellten.

Zum anderen kann sich eine Persönlichkeit, die entwickelt wurde, um mit einem bestimmten Aspekt des Traumas fertig zu werden, ebenfalls spalten. Eine Persönlichkeit beispielsweise, die geboren wurde, um zu töten, kann zunehmend schlimmeren Situationen ausgesetzt werden, mit denen sie allein nicht fertig wird. Zuerst wird die Persönlichkeit gebeten, ein Tier zu töten, dann ein Haustier, dann ein anderes Kind. Jedesmal muß sie etwas Schlimmeres begehen als zuvor, was bedeutet, daß vielleicht jedesmal eine neue Persönlichkeit geboren werden muß. Wenn das der Fall ist, entwickelt der Überlebende Untersysteme von Persönlichkeiten innerhalb einer bestimmten Einzelpersönlichkeit.

Ferner ist zu bedenken, daß das Alter der Persönlichkeiten entsprechend der individuellen Mißbrauchserfahrung wechselt. Gewöhnlich hängt es davon ab, wann der Betroffene zuerst traumatisiert wurde, aber es gibt hier keine festen Regeln. Einige Persönlichkeiten sind Kinder. Wenn sie in frühem Alter zum Schweigen gebracht wurde, könnte eine Persönlichkeit im Kindesalter verharren, bis sie oder er im späteren Leben des Überlebenden wieder auftaucht. Andere Persönlichkeiten wachsen wiederum mit dem Kind heran – diese können niemals zum Verstummen gebracht werden. So kann es sein, daß eine Persönlichkeit geboren wurde, als das Kind drei war, und heute zu einer sechsunddreißigjährigen Hohenpriesterin gewachsen ist. Diese Persönlichkeit spricht sowohl mit einer Kinderstimme als auch mit einer Erwachsenenstimme.

Und schließlich sind diese Persönlichkeiten nicht voneinander getrennt. Es sind keine wirklichen Personen, die in den Überlebenden leben, sondern verschiedene Arten, wie ein Mensch die Welt wahrnimmt und sich mit ihr auseinandersetzt. Manchmal wirken diese Persönlichkeiten so unterschiedlich, daß sie einzelne Personen sein könnten, aber jede Persönlichkeit drückt nur einen Teil der Erfahrung des Individuums aus. Es sind alles veränderte Zustände eines einzigen traumatisierten Individuums.

Persönlichkeiten, denen man schließlich erlaubt, miteinander zu reden und einander zuzuhören, nehmen so an einem Prozeß teil, den man Kommunikation nennt. Indem sie ihre Gedanken, Gefühle und Vorstellungen mitteilen, können sich diese Persönlichkeiten schließlich kennenlernen und Gemeinsamkeiten entdecken. Wenn sie mehr übereinander erfahren, verschwimmen allmählich die Grenzen zwischen ihnen. Sie benutzen vielleicht nicht mehr verschiedene Namen, um einander zu begrüßen, weil sie sich sonst zu getrennt fühlen. Sie bezeichnen sich vielleicht bald als »Teile« der gleichen Person. Vielleicht aber benutzen sie so lange ihren Namen, bis sie miteinander verschmelzen. Die Verwendung der Namen sorgt dafür, daß jeder einzelne erkannt und angehört wird. Im Laufe der Zeit lernen die Persönlichkeiten, sich mit einer integrierten Stimme zu äußern, die die Bedürfnisse und Wünsche aller Persönlichkeiten ausdrückt. Wir werden diesen Prozeß der Kommunikation und Integration ausführlicher betrachten, wenn wir die verschiedenen Persönlichkeitstypen analysiert haben.

Verzweiflung, Schmerz und Panik

Verzweiflung, Schmerz und Panik sind die Originalstimmen des Kindes. Sie spiegeln alle Angst und allen Schmerz, den das Kind im Moment des Mißbrauchs empfindet. Es sind die Gefühle, die für den Überlebenden von rituellem Mißbrauch zu überwältigend waren, um zugelassen zu werden. Als das Kind diesen Schmerz fühlte, kam ihm niemand zu Hilfe. Niemand hörte es. Selbst als Erwachsener fühlt sich der Überlebende oft so, als würde ihn niemand hören.

Ein Grund dafür ist, daß viele Menschen den Überlebenden von rituellem Mißbrauch nicht glauben, denn man befaßt sich lieber mit Beweisen und Belegen des Mißbrauchs als mit den Gefühlen der Opfer. Viele Leute halten die Betroffenen für verrückt, andere machen sie selbst für ihr Leid verantwortlich. Opfer von rituellem Mißbrauch werden so sehr leicht erneut zu Opfern. Die traurige Wahrheit lautet, daß ein Überlebender heutzutage sehr vorsichtig sein muß, wenn er die alten Wunden öffnet.

Doch wenn ein Überlebender hartnäckig Hilfe sucht und sich gleichzeitig seiner selbst annimmt, indem er nicht zuläßt, wieder zum Opfer gemacht zu werden, findet er schließlich Menschen, die bereit sind, sich die Wahrheit anzuhören. Der Prozeß, die ursprüngliche Verzweiflung und den Schmerz wieder hervorzuholen, sollte nicht auf die leichte Schulter genommen werden. Er ist äußerst qualvoll und kann in vieler Hinsicht gefährlich sein. In den folgenden Kapiteln wird dies ausführlicher beschrieben. Jetzt möchte ich lediglich darauf hinweisen, daß diejenigen, die den Schmerz ertragen, reich belohnt werden. Die Persönlichkeiten fühlen sich am Ende unsäglich erleichtert, weil sie nicht mehr jemanden spielen müssen, der sie nicht sind. Alle bekommen ihre Freiheit.

Verleugnung

Die erste Reaktion eines Kindes auf den Mißbrauch ist Verleugnung. »Das würde Papa nie mit mir machen. Papa hat mich lieb. Das passiert eigentlich gar nicht.« Wenn der Schmerz stärker wird, klingen diese Gedanken vielleicht wie Stimmen in einem Tunnel. Die Stimme beginnt vielleicht wie ein Echo im Kopf des Kindes und klingt schon gar nicht wie seine eigene. Es hört seine Gedanken nicht mehr als von ihm selbst kommend. Sie werden zur Stimme einer anderen Person, die in seinem Kopf lebt.

Körper und Seele fallen auseinander

Bei schwerem körperlichen Trauma gibt es einen Punkt, an dem Körper und Seele auseinanderfallen. Der Verstand vergißt alles, was er vor dem Trauma gewußt hat. Man kann nicht mehr denken. Die Sicht ist verschwommen, wenn nicht sogar völlig ausgeblendet. Körperliche Empfindungen versiegen. Dies ist eine der erschreckendsten Erfahrungen, die man haben kann. Es fühlt sich an, als würde man sterben. Bei Menschen mit Multipler Persönlichkeit stirbt tatsächlich etwas: Eine Persönlichkeit stirbt, während eine andere geboren wird.

Das Gefühl in diesem Moment ist so, als wäre alles in der Welt in ein schwarzes Loch gesaugt worden. Das ist das Ende. An diesem Punkt stirbt eine Persönlichkeit, ein echter Teil des Betroffenen, und man wird nie wieder von ihr hören. Glücklicherweise ist der Tod einer Persönlichkeit keine dauerhafte körperliche Realität, sondern der emotionale Tod eines Teils des Überlebenden. Das Leben fließt in die toten Persönlichkeiten zurück, wenn die anderen Persönlichkeiten ihre eigene, individuelle Wahrheit erkennen. Wenn die lebendigen Persönlichkeiten ihre Gefühle vor jemandem ausdrücken, der ihnen wirklich zuhört, werden die toten Persönlichkeiten wiederbelebt. Sie finden ihre Stimme wieder, und der Überlebende findet seine persönliche Wahrheit wieder.

Der Körper erinnert sich

Wenn der Verstand sich vom Körper löst, bleiben die körperlichen Empfindungen zwar bestehen, doch es gibt keinen Verstand mehr, der diese Gefühle beschreiben könnte. Der Körper des Opfers wird zu »dem Körper« und ist nicht mehr »mein Körper«. Der Verstand des Überlebenden kann den Schmerz, den der Körper aushalten muß, nicht mehr als seinen Schmerz bezeichnen.

Die Trennung von Verstand und Körper ist für den Überlebenden eines rituellen Mißbrauchs von höchster Bedeutung. Der Körper schreit: »Hört auf! Hört auf! Hört auf!« Aber es gibt keine greifbare Methode, wirklich Einhalt zu gebieten. Indem das Kind den Verstand in hundert verschiedene Stimmen aufspaltet und dem Körper lediglich zugesteht, unidentifizierte Körpergefühle zu empfinden, kann es die Schmerzen tatsächlich abblokken.

Wenn das Trauma vorbei ist, kehren diese Gefühle als »Körpererinnerungen« zurück. Bestimmte Vorfälle erinnern den Körper an das ursprüngliche Trauma, und er spürt den Schmerz ebenso intensiv, als würde er in genau dem Moment gequält. Eine Überlebende empfindet beispielsweise unerklärliche Schmerzen im Arm, als würde jemand mit einer Nadel hineinstechen, oder etwa einen scharfen Schmerz im After. Wenn diese Körpererinnerungen auftauchen, bleibt der Verstand vom Körper getrennt. Die Körpergefühle erscheinen daher als von den Gedanken an Schmerzen völlig abgelöst.

Die Körpererinnerungen sind die Ursache für all die Verwirrung im Kopf. Der Körper erinnert sich ganz genau an das Geschehene. Der Verstand aber muß seine Identität wechseln, um zu überleben. Von diesen Körpererinnerungen ausgehend können Überlebende sich mit dem ursprünglichen Schmerz wieder in Kontakt bringen, der zur emotionalen Wahrheit der Erfahrung selbst führt.

Der verinnerlichte Täter

Wenn die Schmerzen stärker werden, kann das Kind vielleicht nur noch die Stimmen der Täter vernehmen. Die Worte werden zu Messern, die in seinen Körper schneiden. Je schwindliger ihm von den Schmerzen wird, um so hohler ertönen die Stimmen. Je verschwommener alles erscheint, um so mehr vergißt es, daß die Stimmen von außen kommen. Statt dessen hört es sie in seinem Kopf. Es fühlt, wie die Stimmen fühlen. Aber es kann sie nicht identifizieren. Es spürt den bitteren Ekel und die Wut auf diejenigen, die die Stimmen ausdrücken. Wenn der Mißbrauch fortgesetzt wird, kann es die Grausamkeit der Stimmen in sich selbst entdecken. Ohne daran zu denken oder zu wissen, was es bedeutet, sagt es schließlich genau die gleichen Dinge wie die Täter. Das Kind fühlt sich stark und mächtig, wenn es solche wütenden Stimmen benutzen kann.

Obwohl es weiß, daß die wütenden Stimmen in dem Moment gegen es selbst gerichtet sind, existiert es nicht mehr als das Kind, das verletzt wird. Es gibt nur die Stimmen, die dem Kind das Gefühl geben, mächtig und kontrollierend zu sein. Es lacht vielleicht mit den Tätern, wenn es verletzt wird. Es ist kein verletzliches Kind mehr. Es ist stark. Es ist einer von ihnen.

Eine Persönlichkeit, die sich mit den Tätern identifiziert, nennt man einen verinnerlichten Täter. Die haßerfüllten Stimmen wirken hypnotisierend auf das Kind, und wenn es mit den Tätern übereinstimmt, braucht es sich gegen nichts mehr zu wehren. Diese Persönlichkeit bietet ihm während des traumatischen Erlebnisses Schmerzfreiheit. Sie bietet ihm die tröstende Betäubung, mit der der Schmerz nicht mehr empfunden wird. Später, wenn diese Persönlichkeit die anderen kennenlernt und mit ihnen spricht, erkennt sie, daß sie auch Opfer war und nur entwickelt wurde, um dem Kind diese Macht zu

verleihen. Dieses richtet nun seine Wut auf diejenigen,
die es verletzten, statt gegen sich selbst.

Die Beschützer

Beschützer-Persönlichkeiten kümmern sich um das
Kind, und zwar um jeden Preis. Sie töten, verstümmeln
und foltern, damit das Kind in Sicherheit ist. Sie spüren
die Wut und den Zorn des verinnerlichten Täters, aber sie
wissen, daß die Kultgruppe für den Schmerz verantwortlich ist. Beschützer sind der letztendliche Ausdruck von
Selbstliebe und so der Leitkraft hinter der Fähigkeit des
Kindes, zu überleben. Der Beschützer liefert die Kraft, die
das Kind braucht. Wenn das Kind glaubt, zusammenbre-
chen zu müssen, sagt der Beschützer: »Er ist ein Idiot.
Du hast recht. Und du hast immer recht gehabt. Eines
Tages kriegen wir ihn. Warte nur. Eines Tages.« Der Beschützer nimmt sich des Kindes an und gleicht die ungeheure Grausamkeit der Täter aus, um die Angriffe wirksam abzuwehren. Dadurch kann sich das Kind sicher
und stark fühlen. Für den erwachsenen Überlebenden
sind die Beschützer-Persönlichkeiten überaus wichtig,
um gegen die Täter und die gleichgültige Gesellschaft an-
kämpfen zu können.

Wenn sich die verschiedenen Persönlichkeiten kennenlernen und miteinander reden, lernt jede einzelne mehr
über die Gesamtsituation. Der Beschützer erhält mehr
Informationen darüber, was er für die Sicherheit des Kindes tun kann. Wenn die Situation es erfordert, lernt der
Beschützer, daß man als Erwachsener Wege kennt, die
aus dem Kult herausführen. Der Beschützer kann entscheiden, daß Gewalt gegen andere auf lange Sicht für
das Kind noch mehr Schmerzen bedeutet. Beschützer
sind im allgemeinen zu denen gerecht, die auch gerecht
zu ihnen sind, aber grundsätzlich tun sie, was das Beste

für das Kind ist, ohne Rücksicht auf andere. Sie sind die Selbstliebe, die normalerweise von einem Gefühl der Gerechtigkeit geleitet wird. Sie sind die Kraft des Überlebenden.

Die Mörder

Die verinnerlichten Täter lernen zunächst, ihre Wut und Feindseligkeit gegen das Kind zu richten. Im Laufe der Zeit verlangt der Kult von dem Kind, diese Wut gegen andere unschuldige Opfer zu richten, aber diese Aufgabe ist möglicherweise sogar für den verinnerlichten Täter zu schwer. Ursprünglich äußert das Kind die Wut gegen sich selbst und braucht sich nicht um die Schuldgefühle zu kümmern, wenn es jemand anderem weh tut. Wenn der Kult verlangt, andere zu verletzen, tritt vielleicht der Beschützer dazwischen und hilft dem verinnerlichten Täter, eine neue Persönlichkeit zu entwickeln. Diese neue Persönlichkeit verkörpert all die durch den Mißbrauch aufgestaute Wut und lernt durch den Kult, diese Wut gegen andere unschuldige Opfer zu richten, ohne Reue zu empfinden. Diese Persönlichkeit ist fähig, zu töten, zu foltern und zu verstümmeln, ohne sich deshalb schuldig zu fühlen. Sie ist kalt und berechnend und fügt vielleicht impulsiv anderen aus reiner Lust an deren Leid Schaden zu.

Für den Überlebenden und dessen Helfer ist es oft schwer, dieser Persönlichkeit gegenüberzutreten. Es ist leichter, Selbsthaß zu akzeptieren, als die Regung, ein unschuldiges Opfer quälen zu wollen. Außerdem können diese Mörderpersönlichkeiten dem Kult komplizierte Rechtfertigungen für ihre Taten entleihen. Man darf dabei jedoch nicht vergessen, daß die Rechtfertigungen die unermeßliche Schuld überdecken sollen, die das Kind empfand, als man es zu gewalttätigen Handlungen zwang. Das Kind blockte den Schmerz ab, indem es sein Mitleid, seine Schuld und seinen Kummer betäubte.

Es ist überaus wichtig, daß man die Gefühle und Gedanken dieser Persönlichkeiten anhört. Das erste Ziel von rituellem Mißbrauch ist Gedankenkontrolle und Indoktrination. Je mehr Menschen in die Lügen einbezogen sind, um so besser können die Kultgruppen ihr Tun rechtfertigen. Persönlichkeiten, die in die Rituale hineingeboren wurden, müssen die Wertvorstellungen und Haltungen der Gruppe verinnerlichen. Dazu haben die Überlebenden oft die Kultlehren in die eigenen Vorstellungen und Werte einbezogen. Es ist wichtig, keine Persönlichkeit abzuwehren, die kultähnliche Thesen äußert. Die stärksten Taktiken zur Gehirnwäsche zielen auf die innersten Überzeugungen des Überlebenden ab und machen es sehr schwer, sie von der persönlichen Wahrheit des Opfers zu unterscheiden. Die Werte und Einstellungen der Gruppe werden vermutlich mit dem Glaubenssystem des Überlebenden eng verknüpft. Mit der Zeit können die Überlebenden jedoch das, was sie wirklich glauben von dem trennen, was man ihnen als Kindern über die Welt beibrachte.

Nach diesen gewalttätigen Impulsen zu handeln ist nicht im besten Interesse des Gesamtsystems. Man schränkt sie am besten durch Beschützer ein, und zwar mit Worten, die von anderen Persönlichkeiten gehört werden können. Diese Art der Kommunikation schützt die Persönlichkeiten; man zeigt ihnen so eine sichere, gewaltfreie Methode, ihre Wut auszudrücken. Wenn sie Worte für ihre Wut finden, können diese Persönlichkeiten entdecken, welche Umstände in ihrem Leben sie so unglücklich machen. Wenn sie völlig ignoriert werden, schaltet der Überlebende seinen inneren Radar ab, der ihm sagt, warum er von einem anderen Menschen verletzt wird. Wenn er auf diese Persönlichkeiten hört, erlaubt er es sich, Änderungen zu seinem Schutz vorzunehmen.

Diese Persönlichkeiten glauben vielleicht, daß, wären sie als Kinder so stark gewesen, man sie niemals verletzt hätte. Sie leiden unter dem Schuldgefühl, zu schwach gewesen zu sein, um sich selbst zu schützen. Sie vergessen, wie klein sie waren und wieviel Macht Erwachsene über Kinder haben. Ganz gleich, wie hart und stark sie innerlich geworden sind, waren sie doch früher zu klein, um zu fliehen und mußten sich daher anpassen.

Einer der verwirrendsten Aspekte des Mißbrauchs ist für Kinder die Frage, wer die Schuld daran trägt. Wenn die Kinder wissen, daß die Erwachsenen, die sie mißbrauchen, gleichzeitig von anderen mißbraucht werden, wissen sie nicht mehr, wer Opfer ist und wer Täter. Wenn sie wissen, daß ihre Eltern als Kinder ebenfalls mißbraucht wurden und das ganze Leben lang im Kult gefangen blieben, wer trägt dann die Schuld? Wer ist verantwortlich? Die Kinder geben sich am Ende selbst die Schuld, weil das die Verwirrung beendet. Auch wenn es verschiedene Typen von Erwachsenen im Kult gibt – solche, die freiwillig dort sind, und andere, die gezwungen werden –, sind die Kinder niemals für das Geschehene verantwortlich. Manchmal beruht das Leid teilweise auf der Erkenntnis, wie hilflos alle geworden sind.

Mißbrauch und Vergewaltigung von Kindern

Das wichtigste Charakteristikum für rituellen Mißbrauch ist die Verknüpfung von Gewalt und Sexualität. In den Kulten werden die Genitalien von Kindern immer wieder gestreichelt, bis sie auf diese intime, mißbrauchende Berührung reagieren. Manchmal hat die sexuelle Stimulierung tatsächlich einen betäubenden Effekt und verringert die physischen und psychischen Schmerzen.

Rituell mißbrauchte Kinder sind von Menschen umgeben, die andere belästigen, foltern und vergewaltigen. Man bombardiert sie ständig mit Erklärungen dafür, warum es in Ordnung ist, anderen weh zu tun. Man sagt dem Kind vielleicht, die einzige Methode, einem Menschen oder einem anderen Lebewesen wirklich nahe zu sein, sei, mit ihm sexuell zu verkehren. Als Erwachsene ziehen diese sexualisierten Personen den sexuellen Kontakt zu Kindern vor, weil sie sich von ihnen weniger bedroht fühlen als von Erwachsenen.

Diese Persönlichkeiten haben nie gelernt, daß sexuelle Belästigung und Vergewaltigung falsch sind. Sie lernten nie, daß sexueller Mißbrauch eines der größten Verbrechen am kindlichen Vertrauen ist und ein Kind für den Rest seines Lebens nachteilig beeinflußt. Als sie belästigt wurden, griff niemand ein. Es war in den Augen der Täter nicht falsch. Diese Persönlichkeiten wuchsen in einer Umgebung auf, in der alle Kinder sexuell belästigt wurden. Nun haben sie jedoch keinen anderen Bezugspunkt als die Kultumgebung und daher kein anderes Wertsystem zum Vergleich. Genau wie Persönlichkeiten, die jahrelang von einem Tag zum anderen leben, ohne sich an den rituellen Mißbrauch zu erinnern, haben diese Persönlichkeiten keine Ahnung davon, daß sie außerhalb des Kults ein anderes Leben führen. Sie haben vielleicht eine Amnesie, die alles betrifft, was sich tagtäglich außerhalb der Kultgruppe abspielt.

Andere Persönlichkeiten innerhalb des Systems schämen sich vielleicht zutiefst wegen der Teile in ihnen, die gern Kinder verletzen und sexuell belästigen. Wenn die Erinnerung dieser Persönlichkeiten auftaucht, fühlen sich Überlebende so schuldig für deren Gefühle, daß sie selbstmordgefährdet werden oder einen Mord begehen. Man muß jedoch im Auge behalten, daß die Existenz dieser Persönlichkeiten für den Überlebenden des rituellen Mißbrauchs lebensnotwendig war, sie mußten geboren werden. Nur wenn die Überlebenden die Wahrheit über die Erfahrungen dieser Persönlichkeiten anhören, finden sie Erleichterung. Das Reden über die Gefühle der Persönlichkeiten auf offene und ehrliche Weise gibt ihnen einen neuen Verbündeten außerhalb des Kults. Wenn man ihnen nicht zuhört, werden diese Persönlichkeiten zu den einzigen Menschen zurückgehen, die sie zu akzeptieren scheinen – zu der Kultgruppe.

Die Intellektuellen

Intellektuelle Persönlichkeiten finden Worte, die den Schmerz unterbinden. Sie haben Bezeichnungen parat und sortieren alles in sinnvolle Kategorien ein. Diese Persönlichkeiten sind sehr intelligent. Sie überlegen für den Rest des Systems, welchen Weg man einschlagen soll, und sind die Persönlichkeiten, die in einer traumatischen Situation einen »kühlen Kopf« behalten und entscheiden können, was man als nächstes tun sollte.

Kinder, die mißbraucht werden, planen in Gedanken, wie sie entkommen könnten. Ihr Kopf wird zu einem wunderbaren Spielplatz aller möglichen Ideen über ihre Zukunft. Dieser intellektuelle Teil existiert nur im Verstand. Er hat keinen Kontakt zu dem Schmerz und der Wut der verinnerlichten Täter oder den Beschützern. Die intellektuelle Persönlichkeit ist sich vielleicht gedanklich bewußt, wie sich der Mißbrauch anfühlt, hat aber keine emotionale Verbindung zum ursprünglichen Trauma. Daher erfüllen einige ihrer Entscheidungen nicht die Bedürfnisse aller Persönlichkeiten.

Schutzengel, Helfer, Tröster

Es können sich auch Stimmen im Kopf des Kindes entwickeln, die den Schmerz lindern. Wenn der Mißbrauch
fortgesetzt wird, kann das Kind sich vom Körper befreien
und ihn hinter sich lassen. Dann ist der Schmerz verschwunden. Das Kind schwebt über allem, was unten
geschieht. Eine Stimme sagt vielleicht: »Du bist jetzt in
Sicherheit. Ich tue dir nicht weh. Du kannst mit mir kommen und spielen, wenn du willst. Dort drüben ist eine
Wiese, auf der kleine Kinder mit den Blumen spielen können und nicht verletzt werden.«

All dies kann sich im Kopf des Kindes abspielen. Die
innere Welt ist ein Schutz vor der Brutalität der Außenwelt. Während des traumatischen Erlebnisses suchen die
Kinder nach einem Gott oder etwas, das größer ist als sie
selbst, um den Schmerz auszublenden. Sie wollen etwas
Sanftes und Liebevolles, das sie tröstet. Sie wollen nicht
mehr verletzt werden. Sie wollen es irgendwo schön haben, wo sie auch anderen nicht weh zu tun brauchen.

Der Wunsch nach etwas Gutem wird vielleicht durch die
»Schutzengel«-Stimmen symbolisiert, die sagen: »Ich
liebe dich, wenn alle anderen ringsum verletzend und ge-
mein sind.« Diese Stimmen können eine magische, mystische Eigenschaft annehmen, die dem Kind hilft, sich
mächtiger zu fühlen als der Kult. Die Vorstellung von
etwas Gutem und Reinem bewahrt viele Überlebende davor, völlig zusammenzubrechen und die Lügen des Kults
zu glauben. Sie erinnern sich daran, was sie wirklich vom
Leben wollten, und das ist durch diese hellen Persönlichkeiten symbolisiert. Auch wenn die Beschützer und die
verinnerlichten Täter schrecklich bitter und wütend sein
können, erinnern diese hellen Persönlichkeiten die Betroffenen daran, daß sie als Kinder nur geliebt werden
wollten.

Diese Persönlichkeiten stehen in extremem Widerspruch zu der Gewalt des Kults. Sie bringen das Kind aus dem Kult fort an einen schönen, sicheren Ort. Sie wurden in der Welt akzeptiert, während die dunkleren Persönlichkeiten sich vermutlich schämten und gedemütigt wurden. Das Kind lernte wahrscheinlich, daß die Menschen seine hellen Persönlichkeiten lieber mochten als die wütenden. Das Kind möchte geliebt und verstanden werden und schätzte deshalb seine hellen Persönlichkeiten mehr als die dunklen. Wütende Persönlichkeiten, die nicht erwünscht sind oder nicht angehört werden, lehnen diese hellen Persönlichkeiten unter Umständen heftig ab. Zugleich haben die hellen Persönlichkeiten ein starkes Interesse, die dunklen Persönlichkeiten geheimzuhalten. Sie erlauben den wütenden Persönlichkeiten vielleicht zu sprechen, wenn sie lernen, »gut und gerecht« zu sein.

Die Vorherrschaft der hellen Persönlichkeiten bringt auch Gefahren mit sich, denn sie haben oft einen hohen Anspruch an die anderen Persönlichkeiten, den diese nur schwer einlösen können. Außerdem decken die hellen Persönlichkeiten nicht das gesamte Spektrum der Gefühle ab, die ein rituell mißbrauchtes Kind erlebt.

Weil sie sich ihrer dunkleren Persönlichkeiten schämen, werden Überlebende oft kritisch und sehen in allen anderen außer in sich selbst »Böses«. Die Vorherrschaft der hellen Persönlichkeiten gibt dem Überlebenden das Gefühl, leer und hohl zu sein. Es macht sie auch Leuten gegenüber anfällig, die sich grausam und boshaft verhalten. Unter Umständen leben sie zeitweilig in einer Phantasiewelt, in der Menschen einander nicht weh tun. Ohne beschützerähnliche Persönlichkeiten sind Überlebende manipulierenden und unzuverlässigen Menschen ausgeliefert. Ohne Persönlichkeiten, die wütend sind, können sie sich nicht wirklich stark fühlen. In einigen Fällen entfremden Überlebende ihre dunkleren Persönlichkeiten derart, daß sich diese an den Kult wenden, um dort Trost und Unterstützung zu finden.

Rollenverteilung
innerhalb der Kultgruppe

Die Kulte teilen den Kindern häufig bestimmte Rollen zu. Manchmal handelt es sich nur um zeitweilige Rollen für ein bestimmtes Ritual, aber andere Betroffene werden von Kindheit an auf bestimmte Erwachsenenrollen programmiert, beispielsweise auf die Rolle des Hohenpriesters oder der Hohenpriesterin.

Die Übernahme einer bestimmten Rolle innerhalb der Gruppe ähnelt dem Schauspiel auf der Bühne. Oft sind diese Rollen so angelegt, daß der Spieler sich in ihnen stark und von magischer Kraft fühlt, und das trotz der zahlreichen Versuche der Kultgruppe, ihn zu entmündigen. Die totale Identifikation mit seiner Rolle ist vermutlich die Methode, wie Betroffene spirituellen Kontakt zu höheren Wesen, als sie selbst es sind, aufnehmen. Aus diesem Grund wollen einige Überlebende ihre Rolle nicht aufgeben und den Kult nicht verlassen. Nur wenn sie entschieden haben, daß die aus der Rolle gewonnenen Annehmlichkeiten geringer sind als der ihnen durch den Kult zugefügte Schmerz, finden sie den Mut, die Gruppe zu verlassen.

Persönlichkeitsanteile,
die außerhalb des Kults entstehen

Einige Persönlichkeiten werden außerhalb der Kulterfahrung geboren, um dem rituell mißbrauchten Kind zu helfen, in der Außenwelt zu funktionieren. Trotz des tiefgreifenden Leids des Kindes lernen diese Alltagspersönlichkeiten, den intensiven Kummer und die Wut nicht zu empfinden. Trauer und Wut, die das Kind außerhalb des Kults ausdrückt, würden es fremd erscheinen lassen, und andere Kinder und Erwachsene würden sich von ihm abwenden. Wenn das Kind seine Verletzlichkeit spürt, läuft es Gefahr, von anderen verspottet zu werden. Es muß trotz allem, was im Verborgenen geschieht, mit den anderen Kindern lachen und lernt, niemals an den Mißbrauch zu denken. Bald muß dieses Kind die Wahrheit über seine Vergangenheit aufgeben; es muß vergessen. Die Alltagspersönlichkeiten helfen dem Kind, den Mißbrauch zu vergessen. Sie haben gelernt, auf gesellschaftlich akzeptierte Weise mit Menschen außerhalb der Kultgruppe umzugehen. Sie haben die Regeln und Werte der nichtkultbestimmten Welt trotz der widersprüchlichen Lehren des Kults verinnerlicht.

Rituell mißbrauchte Kinder möchten den Mißbrauch geheimhalten und ein Zusammengehörigkeitsgefühl mit anderen Kindern und Erwachsenen entwickeln. Kinder wollen gemocht werden, und die Kultgruppe redet ihnen ein, daß niemand sie jemals mögen würde, wenn man herausfände, was sie innerhalb des Kults tun mußten. Diese Persönlichkeiten lernen, niemals an den Mißbrauch zu denken. Wenn die Kinder ein bestimmtes Alter erreicht haben, haben diese Persönlichkeiten die Erlebnisse des rituellen Mißbrauchs völlig vergessen.

So entsteht auch eine vollkommene Trennung zwischen den verschiedenen Persönlichkeiten, die mit Zuhause, Kult und Schule befaßt sind. Das Kind ist in der Lage, diese unterschiedlichen Beziehungen zur Welt zu bewältigen, indem es vergißt. Im Kult erinnert es sich nicht an sein Leben in der Schule oder Familie. In der Schule erinnert es sich nicht an den rituellen Mißbrauch und nur an solche Dinge, die ihm das Gefühl geben, wie andere Kinder zu sein. Es vergißt die körperlichen und sexuellen Übergriffe. Beim Heranwachsen vergißt das Kind vielleicht alles, was im Zusammenhang mit dem Mißbrauch in seiner Kindheit steht.

Die Persönlichkeiten, die sich außerhalb des Traumas an nichts erinnern, entwickeln sich im Laufe der Zeit, um die Erwartungen und Anforderungen der Eltern, Lehrer und Altersgenossen zu erfüllen. Sie sind von den Gefühlen und Erinnerungen an den Mißbrauch stark distanziert. Sie können Mutter und Vater anlächeln, obwohl sie in der Nacht zuvor von ihnen gequält worden sind. Sie können sogar morgens zur Schule gehen, obwohl sie in der Nacht zuvor in der erniedrigendsten Weise rituell mißbraucht wurden. Je mehr Zeit vergeht, desto besser können diese Persönlichkeiten vergessen und die Emotionen verdrängen, die der Mißbrauch mit sich bringt.

Die meisten Alltagspersönlichkeiten haben zur Aufgabe, den rituellen Mißbrauch geheimzuhalten. Sie spüren den Schmerz des Mißbrauchs nicht mehr, sie haben überlebt. Vielleicht haben sie gelernt, in einer Welt zu funktionieren, die ihre Stärke und ihre Fähigkeit, Schmerzen auszuhalten, schätzt. Die Anpassung an unsere Gesellschaft nahm ihnen die Fähigkeit, ihren Schmerz über den rituellen Mißbrauch frei zu äußern. Sie wollen die Schwäche, die Wut und den Haß, den sie spüren, nicht akzeptieren, denn wenn sie das täten, dann hätten sie keinen Raum mehr, keinen Ort, an dem sie sich sicher und liebevoll fühlen könnten.

Die Alltagspersönlichkeiten fürchten, daß sie verrückt würden oder gänzlich verschwänden, wenn sie ihre tiefsten Gefühle zuließen. In gewisser Weise würden sie tatsächlich verschwinden – und eine andere Persönlichkeit würde auftauchen. Da die Erinnerung an den Mißbrauch oft den Erinnerungen und Gefühlen dieser Alltagspersönlichkeiten widerspricht, halten sie sich vielleicht für verrückt, wenn sie sich an das Geschehene erinnern.

Die Aufgaben der Persönlichkeiten, die nach dem traumatischen Erlebnis geboren werden, bestehen darin, das Kind sicher vor dem Schmerz weiterer Opfersituationen zu bewahren. Da die Alltagspersönlichkeiten sich der Existenz anderer Persönlichkeiten gewöhnlich nicht bewußt sind, empfinden sie überwältigende Gefühle, die nicht zu ihrem gegenwärtigen Leben zu passen scheinen. Dabei handelt es sich um andere Persönlichkeiten, die nach und nach in unterschiedlichem Maße auftauchen. Manchmal ist es zunächst bloß ein Gedanke, manchmal übernimmt die neue Persönlichkeit vollständig das Verhalten des Überlebenden. Wenn der Persönlichkeitswechsel unvermittelt erfolgt, »verliert« der Überlebende vielleicht Zeit. Betroffene können oft verhindern, daß durch das Trauma entstandene Persönlichkeiten vollends auftauchen und ihr Verhalten bestimmen, indem sie sich unbewußt auf die Persönlichkeiten berufen, die sich bereits im Verstand entwickelt haben.

Persönlichkeitsanteile, die ausschließlich in Gedanken existieren

Persönlichkeiten, die nur in Gedanken existieren, symbolisieren die chaotischen und schmerzlichen Erfahrungen des Überlebenden oder das unaussprechliche Leid, das ihm durch den rituellen Mißbrauch zugefügt wurde. Überlebende bezeichnen diese Persönlichkeiten oft als »Teufel« oder »Dämonen«, von denen sie verfolgt werden.

Andere seelische Persönlichkeiten symbolisieren die Liebe, die der Überlebende stets von anderen brauchte. Das Kind entwickelt manchmal eine komplizierte Phantasiewelt im Kopf, die auf dem Traum von wahrer Liebe beruht. In dieser Phantasiewelt kann es symbolisch innere Kämpfe ausfechten und die Liebe finden, die es so verzweifelt sucht. Es hat unter Kontrolle, was in dieser Welt passiert. In der tatsächlichen Welt – als Kind und oft auch als Erwachsener – fühlt es sich schrecklich hilflos.

Andere Persönlichkeiten, die sich im Kopf des Überlebenden entwickeln, sprechen niemals zu Menschen »draußen«; sie unterhalten sich nur mit den anderen

Persönlichkeiten ihres Systems. Das ist für sie ein starker Schutzmechanismus, denn sie können von niemandem manipuliert werden, wenn niemand weiß, wer sie sind. Sie helfen dem Überlebenden, den Schmerz zu bewältigen, und erklären ihm vielleicht Dinge, die andere Persönlichkeiten nicht verstehen. Sie besorgen allen Persönlichkeiten die benötigten Informationen über bestimmte Situationen von den anderen Persönlichkeiten.

Einige Persönlichkeiten handeln als Vermittler oder Boten und treffen Entscheidungen darüber, wieviel Informationen an die anderen Persönlichkeiten weitergegeben werden. Sie sorgen für die Trennung der Kulterinnerungen von den Alltagserfahrungen. Diese Persönlichkeiten entwickeln sich, um zwei Grundbedürfnisse des Betroffenen zu erfüllen: Überleben und Zusammengehörigkeitsgefühl. Hauptbedürfnis ist das körperliche Überleben. Die Alltagspersönlichkeiten müssen emotional distanziert genug bleiben, um zu funktionieren und sich an die Gesellschaft anzupassen, so daß sie genügend Geld für Essen und Wohnung verdienen können. Die Anpassung verlangt von diesen Persönlichkeiten, daß sie die Gefühle und Bedürfnisse der durch das Trauma entstandenen Persönlichkeiten in Schach halten. Die Persönlichkeiten im Kopf ermöglichen diesen Prozeß, indem sie etwa die Entscheidungen treffen, welche Persönlichkeit zur Arbeit geht.

Es ist also kein Wunder, daß Überlebende, wenn sie sich an den Mißbrauch erinnern und das System der Persönlichkeitsspaltung zusammenbricht, nicht mehr arbeiten können. Es ist zu schwer, sich an brutale Vergewaltigungen mit allen damit verbundenen Emotionen und Körpergefühlen zu erinnern und gleichzeitig die Kollegen anzulächeln. Leider müssen die meisten Überlebenden weiterarbeiten, während sie sich mit den Erinnerungen auseinandersetzen. Das macht die Heilung sehr schwer und schmerzhaft.

Darüber hinaus erfüllt die Abtrennung der Kulterinnerungen von der Alltagserfahrung das Bedürfnis des Überlebenden nach Zusammengehörigkeit, denn das Schlimmste auf der Welt ist wohl das Gefühl, niemand halte zu einem. Überlebende tun fast alles, um sich nicht alleingelassen fühlen zu müssen. Für die meisten Überlebenden von rituellem Mißbrauch bedeutet das Bewußtsein ihrer Vergangenheit auch die Erkenntnis, daß sie damals allein standen. Etwas in ihnen ist davon überzeugt, daß sie niemals in einer Gesellschaft verstanden werden, die das Problem des Kindesmißbrauchs verniedlicht, und sie wissen, daß der Kult nicht aufhören wird, sie zu verletzen. Daher geben sie auf und ignorieren die Realität ihrer Zwangslage. Sie tun alles, damit andere Leute sie mögen. Was sie als Opfer von rituellem Mißbrauch wollen oder brauchen, nimmt den zweiten Rang hinter den Bedürfnissen aller anderen ein. Im schlimmsten Fall bringt das Bedürfnis nach Zusammengehörigkeit Alltagspersönlichkeiten in Situationen, die an den rituellen Mißbrauch erinnern. Sie treten vielleicht einem Kult bei, der Kinder rituell mißbraucht, bleiben sich jedoch der eigenen Mißbrauchserfahrung unbewußt. Wenn das geschieht, haben die Überlebenden aufgegeben, was sie als Kinder brauchten, Liebe und Schutz, um das wichtige Gefühl zu bekommen, zu anderen Menschen zu gehören.

Die Persönlichkeiten im Kopf versuchen ständig, den Opfern dabei zu helfen, diese zwei Grundbedürfnisse zu erfüllen. Sie versuchen, die Vorteile und die Nachteile abzuwägen. Sie entscheiden, was in einer Situation für einen Überlebenden am besten ist. Leider bleiben, gleich, wie diese Entscheidungen ausfallen, die Bedürfnisse von einigen in diesem System unberücksichtigt. Persönlichkeiten, die arbeiten, um das gesamte System finanziell zu unterstützen, müssen diejenigen Persönlichkeiten ignorieren, die von Kopf bis Fuß von den Körpererinnerungen an die Folter schmerzen. Persönlichkeiten, die wütend auf den Kult und die Gesellschaft sind, müssen zum Schweigen gebracht werden, wenn der Überlebende sich zugehörig fühlen will. Persönlichkeiten müssen einander ignorieren und sich manchmal sogar gegeneinander wenden, um diese Grundbedürfnisse zu befriedigen. Das ist für die Überlebenden von rituellem Mißbrauch eine sehr schmerzliche Erfahrung – eine Realität, die langsam gemildert und möglicherweise verändert werden kann, wenn die Persönlichkeiten lernen, miteinander zu kommunizieren.

Kommunikation und Kooperation

Kommunikation spielt sich zwischen den Persönlichkeiten auch dann schon ab, wenn den Überlebenden noch gar nicht bewußt ist, daß sie eine gespaltene Persönlichkeit haben. Persönlichkeiten träumen voneinander. Sie reden miteinander, wenn der Betroffene einschläft. Manchmal reden sie miteinander, wenn er sich emotional überwältigt fühlt. Eine Überlebende, die etwa nach einem Streit mit dem Chef nach Hause fährt, denkt: »Dieser miese Kerl! Ich bringe ihn um. Das geht zu weit!« Je mehr sie die gewalttätigen Gedanken zuläßt, um so weniger fühlt sie sich unter Kontrolle. Sie hat das Gefühl, wenn sie diese Gedanken weiterhin zuläßt, wird sie den Verstand verlieren und verschwinden. Sie weiß, daß sie sich nicht wird beherrschen können. Dann taucht eine neue Stimme auf, die diese gewalttätigen Gedanken abblockt: »Du mußt verständnisvoller sein«, sagt diese neue Stimme. »Entspann dich mal.« Während die erste Stimme rauh und wütend klingt, ist die zweite weich und süß. Diese beiden verschiedenen Gedanken tauchen innerhalb von zehn Sekunden auf.

Das erste Anzeichen, daß es sich hier um Persönlichkeiten handelt, die miteinander reden, ist der Gebrauch des Wortes »du« von einer von beiden. Multiple Persönlichkeiten reden oft miteinander, indem sie sich selbst mit »du« anreden. Sie bezeichnen das Gesamtsystem als »Wir«. Gewöhnlich ist Überlebenden von der Reflexion, die in der Therapie stattfindet, nicht bewußt, wie sie mit sich selbst reden. Wenn sie sich der anderen Persönlichkeiten bewußt geworden sind, können sie im Rückblick auf ihr Leben erkennen, wie oft sie sich selbst als »sie«, »er«, »du« oder »wir« bezeichnet haben.

Wenn die Persönlichkeiten einander kennenlernen und miteinander reden, können sie die zwei Grundbedürfnisse, den Wunsch nach Überleben und Zusammengehörigkeit, besser erfüllen. Manchmal wollen die Persönlichkeiten nicht, daß ihre Bedürfnisse befriedigt werden, aber immerhin dürfen sie jetzt sprechen. Ihre Gefühle und Gedanken werden angehört, auch wenn die Überlebenden nicht sofort alle Veränderungen vornehmen können, die ihre Bedürfnisse erfüllen. Überlebende können ihr Bestes tun, um dafür zu sorgen, daß die benachteiligte Persönlichkeit andere wichtige Bedürfnisse befriedigt bekommt. Wenn alle Persönlichkeiten sich selbst und nicht mehr anderen verpflichtet sind, braucht niemand mehr zum Schweigen gebracht zu werden.

Wenn die Persönlichkeiten erst anerkannt wurden und man ihnen erlaubt zu reden, sitzen sie nicht mehr in der Zeitfalle fest, in der sie alles als Erinnerungen an den rituellen Mißbrauch wahrnehmen. Die Überlebenden erkennen, daß ihr gegenwärtiges Leben nur noch halb so brutal verläuft wie damals, als sie noch Kinder waren. Und wenn ein Überlebender immer noch gequält wird, dann hilft ihm die Kommunikation zu erkennen, daß es Auswege aus der gegenwärtigen Situation gibt. Wenn er aus dem anfänglichen stummen Zustand aufwacht, kann er erkennen, daß er in der Gegenwart Entscheidungen treffen kann. Er kann sich aussuchen, wen er als

Freund haben will und wie er von anderen behandelt werden will. Er kann alle Vorsichtsmaßnahmen ergreifen, um nicht wieder zum Opfer zu werden.

Einer der schlimmsten Aspekte des rituellen Mißbrauchs ist, daß die Überlebenden gezwungen werden, ihre Identität aufzusplittern. Multiple Persönlichkeiten werden gezwungen, sich von sich selbst zu distanzieren. Sie sind in der schrecklichsten Weise einsam, nämlich mit sich selbst. Im Verlauf des Heilungsprozesses entwikkeln die Überlebenden eine Methode, sich selbst so zu behandeln, wie sie es sich ihr ganzes Leben lang gewünscht haben. Sie können Gerechtigkeit finden und bedingungslose Liebe zu ihren anderen Persönlichkeiten, wenn sie von ihrer Unschuld und ihrem Schmerz erfahren. Sie können so abhängig sein, wie sie wollen, wenn sie nur bei sich sind. Einige Persönlichkeiten können ihre Wut ausdrücken, andere das Leid anhören. Mit der Zeit gelangen die verschiedenen Persönlichkeiten zu tiefem gegenseitigem Respekt.

Alle Persönlichkeiten wollen gehört werden. Sie halten alle ein kleines Stückchen persönliche Wahrheit des Überlebenden. Alle Persönlichkeiten zusammen machen die Realität des Überlebenden aus. Alle Persönlichkeiten hören aufeinander und finden Gemeinsamkeiten. Manchmal drücken Persönlichkeiten äußerst widersprüchliche Gedanken und Gefühle aus als Folge der unmöglichen Anforderungen der Gesellschaft, die sie erfüllen mußten, während sie gleichzeitig schreckliche körperliche und seelische Schmerzen erlitten. Jede Persönlichkeit hat ihren Platz, um dem Gesamtsystem zu helfen, seine Grundbedürfnisse zu erfüllen, jede verdient großen Respekt.

Eine Persönlichkeit kann nie die Gesamterfahrung des Kindes zeigen. Persönlichkeiten, die im Kult geboren wurden, fühlen sich hilflos und hoffnungslos; Trösterpersönlichkeiten spüren nicht den Schmerz der Vergangenheit. Die Kommunikation jedoch erlaubt jeder Persönlichkeit, das System als Ganzes zu sehen, andere Perspektiven einzunehmen und sich vollständiger zu fühlen.

Integration

Die Integration ermöglicht dem Überlebenden, die Bedürfnisse der Persönlichkeiten erfolgreich zu befriedigen. Nun dauert es nicht mehr zwei Stunden, um herauszufinden, was das System insgesamt in einer bestimmten Situation braucht, denn die Integration erlaubt dem Überlebenden zu wissen, was alle Persönlichkeiten denken, fühlen und brauchen, ohne sie fragen zu müssen. Langfristig ermöglicht wirksame Kommunikation unter den Persönlichkeiten den Prozeß der Integration. Persönlichkeiten, die in der Alltagswelt geboren wurden, integrieren sich durch den Prozeß, wenn sie neue Persönlichkeiten kennenlernen und mit ihnen sprechen. Sie lernen, jede einzelne Persönlichkeit und das System insgesamt zu respektieren. Die Persönlichkeiten, die im Trauma geboren wurden, gehen zu ihrem traumatischen Geburtsmoment zurück und finden dort, was sie in dem Moment verloren, als sie eine neue Identität entwickeln mußten. Wenn sie das Trauma innerhalb eines sicheren und therapeutischen Prozesses wieder erleben, können sie sich heilen. Die Persönlichkeiten, die im Kopf geboren wurden, brauchen nicht mehr alles voneinander getrennt zu halten und können langsam die Integration zulassen.

Menschen, die schwer traumatisiert wurden, leben in Reaktion auf dieses Trauma, bis sie fähig zur Heilung sind. Der Heilungsprozeß ist lang und schmerzhaft, besonders bei rituellem Mißbrauch. Schon die Suche nach jemandem, der imstande ist, die Wahrheit über die traumatischen Erlebnisse anzuhören, stellt eine schwierige Herausforderung dar. Die Betroffenen erleben dabei zahllose neue Opfersituationen. Wenn sie jemanden gefunden haben, brauchen sie jahrelange Unterstützung, bis das Trauma sie nicht mehr täglich beeinträchtigt.

Integration heißt jedoch nicht, von der Multiplen Persönlichkeit geheilt zu werden, denn diese ist nicht die Ursache des Leids. Das Leid ist durch das Trauma verursacht, das das Opfer in der Kultgruppe durchlebte, und durch Entfremdung und Einsamkeit in einer Welt, die seinen Schmerz nicht hören konnte oder wollte. Die Multiple Persönlichkeit bewahrte den Überlebenden vor Selbstmord und Psychiatrie. Die Krankheit half dem Überlebenden, die Anforderungen der Welt zu erfüllen, und half ihm, sich vor weiteren Opfersituationen zu schützen. Somit ist nicht die Multiple Persönlichkeit Verursacherin des Schmerzes, unter dem die Überlebenden leiden, sondern allein die Kultgruppe, die sie traumatisierte, und die Welt, die sie ignorierte und verspottete.

Ritueller Mißbrauch ist ein allumfassendes Trauma. Für viele Überlebende ist der Mißbrauch ebenso schlimm wie für ein Kind, das mitansehen mußte, wie seine gesamte Familie ermordet wurde, und später bestreitet alle Welt, daß dieser Mord geschah. Man kommt niemals über ein solches Trauma »einfach hinweg«, sondern lernt, die gemachten Erfahrungen anzuerkennen. Es dauert vielleicht Jahre des Kennenlernens und der Kommunikation der verschiedenen Persönlichkeiten, bis sie integriert werden. Überlebende entdecken vielleicht für den Rest ihres Lebens immer wieder neue Stimmen in ihrem Kopf.

Die Opfer haben aber eine Chance: Sie können sich ihre Rechte nehmen. Sie haben das Recht, den Schmerz zu erleben, den sie erfuhren. Sie haben das Recht, nie wieder mit einem anderen Menschen sprechen zu wollen. Sie haben das Recht, niemals zu einem »guten, produktiven Bürger« zu werden in einer Welt, von der sie so bitter verraten wurden. Sie haben auch das Recht und die Verantwortung, die Rechte anderer zu respektieren. Kurz, sie haben ein Recht auf die Gefühle, die dem Mißbrauch entstammen. Sie können toben und leiden über das, was geschah. Sie können Maßnahmen ergreifen, um ihr Leben genau so einzurichten, wie sie es wollen. Vielleicht entscheiden sie sich sogar, wieder zu lieben und zu vertrauen. Sie können lernen, denjenigen zu vertrauen, die sich als vertrauenswürdig erweisen. Sie werden sich nicht die Scham anderer zu eigen machen. Sie nehmen nur ihre eigenen Werte und Meinungen ernst. Sie werden selbst zu ihren besten Freunden.

KAPITEL 3

Therapien für die Betroffenen

Mein erster Therapeut brachte mir bei, mich an die Regeln zu halten. Er lehrte mich, was ich sagen konnte und was nicht. Er half mir erkennen, daß ich nicht auch nur halb so schlecht war, wie die Leute behauptet hatten. Am hoffnungslosesten Punkt meines Lebens war er derjenige, der mich davor bewahrte, daß ich mich umbrachte.

Mein nächster Therapeut wußte nicht viel über psychologische Theorien. Er ging von einer einzigen Annahme aus: Ich würde mich die ganze Zeit schlecht fühlen, weil ich die Menschen in meiner Umgebung nicht kontrollieren könnte. Irgendwie hatte er recht. Ich war unglücklich, weil ich andere Leute nicht kontrollieren konnte. Ich konnte nicht verhindern, daß andere Menschen mich schlecht behandelten. Ich beschloß, die Therapie aufzugeben.

Als ich den Entschluß faßte, mich meiner Vergangenheit zu stellen, begann ich wieder eine Therapie, in der Hoffnung, irgend jemand würde die Antworten kennen, um mein Leid zu lindern. Ich hatte keine deutlichen Erinnerungen an den rituellen Mißbrauch, aber ich hatte immer gewußt, daß etwas sehr, sehr Schreckliches in meiner Kindheit geschehen war. In der Schule erlebte ich Rückblenden, in denen ich von Panik überwältigt war. Ich weiß noch, wie ich schrie: »Oh, mein Gott! Bringt mich hier raus! Helft mir! Ich sterbe!« Manchmal wachte ich mitten in der Nacht vor Angst gelähmt auf.

Außerdem bin ich seit meinem fünften Lebensjahr von Gedanken an Sex besessen. Ich dachte immer, ich gäbe mich so sexuell fixiert, weil ich schmutzig sei und innerlich ganz schlecht. Ganz gewiß wurde ich von meinen Eltern und Lehrern auch so behandelt. Als Erwachsene blickte ich auf die Dinge zurück, die ich als kleines Kind tat, und erkannte etwas: Ich wußte mehr, als ein fünfjähriges Kind über Sex hätte wissen sollen. Ich wußte über oralen Sex und Geschlechtsverkehr Bescheid. Mein Vokabular enthielt drastische Begriffe für Genitalien und sexuelle Handlungen. Wo hatte ich diese Dinge gelernt? Diese Erkenntnis löste eine neue Phase von Therapeutenbesuchen aus.

Meine nächste Therapeutin interessierte sich nicht für meine Befürchtung, als Kind sexuell mißbraucht worden zu sein. Sie sagte mir, ich würde Männer hassen. Sie sagte mir sogar, ich hätte gern Sex, weil ich dann das Gefühl hätte, einen Penis zu haben. Das war das Letzte. Ich wußte, daß Penisneid ganz bestimmt nicht mein Problem war. Mein Problem war, daß ich unglücklich war und den Grund dafür herausfinden wollte.

Dann fand ich ein Buch, *The Courage to Heal* (»Der Mut zum Heilen«), einen Leitfaden zur Heilung von Opfern sexuellen Mißbrauchs. Es war, als läse ich meine eigene Lebensgeschichte. Ich kannte niemand anderen in der Welt, der sich so einsam und verletzt fühlte wie ich. Nun erkannte ich, daß ich nicht allein war. Dann tauchten die Erinnerungen an den Inzest und den rituellen Mißbrauch auf. Ich erlebte Rückblenden über regelmäßigen Mißbrauch. Mein Leben brach zusammen. Ich konnte die Gefühle nicht mehr im Zaum halten. Meine gesamte Vergangenheit stürzte über mir zusammen.

Meine damalige Therapeutin war über sexuellen Mißbrauch gut informiert. Sie war nett und eine großartige Therapeutin für Inzest, aber sie konnte mit dem rituellen Mißbrauch nicht fertig werden. Die Intensität meiner Gefühle war ihr unangenehm, und sie war unzuverlässig. Wenn ich sie zum Beispiel an einem Freitag wegen einer Notsituation anrief, hörte ich erst am folgenden Montag von ihr. Das war in dieser kritischen Phase für mich nicht akzeptabel. Ich beschloß, jemand anderen zu suchen.

Als nächstes fand ich eine Frau, die viel über rituellen Mißbrauch und Multiple Persönlichkeit wußte. Sie schien meine Gefühle bewältigen zu können. Sie glaubte fast alles, was ich ihr sagte, aber sie konnte bestimmte Einzelheiten des Mißbrauchs nicht glauben, die ihr Weltbild zu stören schienen. Sie sah mich als das Problem an. Ich vertraute ihr viel meiner Vergangenheit an, aber sie hörte auf, mir zu glauben, als ich sie am meisten brauchte. Ich bin sicher, daß sie immer noch überzeugt ist, ich hätte bestimmte Einzelheiten des Mißbrauchs erfunden. Ich beendete die Therapie.

Schließlich fand ich die Frau, die ich heute noch aufsuche. Als ich sie kennenlernte, fühlte ich mich von ihr bedroht. Sie war übertrieben nett – zu nett für mich. Sie hatte eine weiche, freundliche Stimme. Ich hatte den Eindruck, mit ihr wäre etwas nicht in Ordnung und sie würde selbst ihre Wut unterdrücken.

Ich war anfangs sehr vorsichtig mit ihr und wartete darauf, daß sie etwas Beleidigendes sagte. Ich wartete auf eine kleine, schneidende Nebenbemerkung, wenn ich mich verletzlich fühlte. Fast alle Therapeuten, die ich zuvor aufgesucht hatte, machten solche Bemerkungen. Ich glaubte, alle Menschen hätten das Bedürfnis, andere, die schwach sind, zu verletzen. Etwas anderes habe ich in der Kultgruppe und in der restlichen Welt kaum erlebt. Aber diese Frau sollte meine Meinung ändern.

Auch wenn sie wütend ist, wählt sie ihre Worte mit Bedacht, damit sie mich nicht verletzt. Sie sagt ständig, ihre Verpflichtung an mich innerhalb der Therapie sei, meine Gefühle anzuhören. Wenn sie dabei Gefühle bei sich aufkommen spürt, ist es ihre Verantwortung, herauszufinden, woher sie rühren. Sie macht mir ihre eigenen unbehaglichen Gefühle nicht zum Vorwurf. Sie findet mich nicht beschämend. Ich glaube sogar, wenn sie etwas Gemeines dächte, würde sie das bewältigen, ohne mich zu verletzen. So lebt sie auch ihr Leben. Sie ist ein wirklich liebevoller Mensch, der an das Kind in jedem glaubt, das Kind, das Liebe will.

Ich habe weiß Gott viele Therapeuten kennengelernt. Ich habe mich mit einer Menge Blödsinn abgefunden. Fast jeder, den ich in meinem Leben kennengelernt habe, wollte mich kontrollieren. Aber diese Frau läßt mich einfach so sein, wie ich bin. Ich verbringe die Sitzungen bei ihr damit, daß ich genau das sage, was ich sagen will. Sie hat keine Tagesordnung und keinen Plan. Meine Persönlichkeiten tauchen auf, wenn sie etwas sagen wollen, und sie verurteilt nichts. Ich rede, und sie hört zu und läßt mich merken, daß sie mich versteht. Und wenn sie etwas nicht versteht, bittet sie mich, es zu erklären. Am wichtigsten ist, daß sie so ehrlich ist.

Ich glaube, ihr liegt tatsächlich an mir. Nicht, weil ich sie bezahle, sondern, weil sie das Beste in mir hervorgebracht hat, das ich erbringen kann. Das bedeutet nicht, daß ich nur Gutes sage. Ich sage ihr vielmehr alles Schlimme, das ich denke und tue, und sie hört die Gefühle hinter den Handlungen und akzeptiert sie und unterstützt mich. Sie gibt mir immer das Gefühl, gehört zu werden.

Die Suche nach einem guten Therapeuten ist wie die Suche nach einem besten Freund. Lassen Sie sich auf niemanden ein, der behauptet, Experte zu sein. Lassen Sie sich auf keinen Therapeuten ein, der meint, Sie müßten lernen, Menschen zu vertrauen. Wenn ein Therapeut Ihnen Unbehagen einflößt, sollten Sie ihn wechseln. Lassen Sie sich von niemandem sagen, es seien »Themen innerhalb des Prozesses«, die einem ungute Gefühle über die Therapie geben, und daß man bleiben müsse, bis man die Dinge aus der Perspektive des Therapeuten sieht. Lassen Sie sich von keinem Therapeuten sagen, daß Ihr Unbehagen nicht gerechtfertigt sei. Vertrauen Sie auf Ihre Gefühle! Wenn Sie das nicht tun, wie können Ihre Gefühle jemals gehört werden? Und wenn sie niemals gehört werden, wie wollen Sie jemals Glück finden?

Viele Menschen suchen nach dieser besonderen Person, die sich all ihre Geheimnisse anhört, ohne darüber zu richten. Man kann nicht immer alle Gedanken und Gefühle mit dem Partner oder Freunden austauschen. Jeder ist von den Erwartungen der Gesellschaft beeinflußt, bestimmte Gefühle zu verleugnen, und oft wird man den kompliziertesten Gefühlen nicht zuhören oder sie nur verurteilen. In der Therapie finden viele die Sicherheit, die es ihnen ermöglicht, die versteckten Gedanken mitzuteilen, die sonst niemand kennt.

Wirksame Therapie ermöglicht dem Mißbrauchsopfer, endlich gehört zu werden. Sie bietet den Überlebenden eine Chance, sich auf ihre Bedürfnisse und Wünsche zu konzentrieren, ohne sich über die Reaktion anderer zu sorgen. Eine Therapie ist eine einzigartige Beziehung, weil die Klienten nicht die halbe Sitzung damit verbringen müssen, die häuslichen Probleme des Therapeuten zu bereden. Sie konzentrieren sich ausschließlich auf ihre eigenen Gefühle und Gedanken.

Eine Therapie ist eine Beziehung, in die sich ein Überlebender mit Vorsicht begeben sollte. Für Überlebende von rituellem Mißbrauch ist es in der Therapie fast immer das erste Mal, daß ein anderer Mensch sich verpflichtet, sich die Einzelheiten des Mißbrauchs anzuhören. Manchmal erzählen die Überlebenden die Wahrheit über ihre Erfahrungen und werden verurteilt, oder man glaubt ihnen nicht. Leider werden sie oft von Therapeuten und anderen Experten erneut zu Opfern gemacht. Das macht es sehr schwer für sie, weiterhin Hilfe zu suchen. Doch wenn sie hartnäckig bleiben, können sie einen Therapeuten finden, der über rituellen Mißbrauch Bescheid weiß. Einige Überlebende finden sogar Therapeuten, die bereit sind, die ganze Wahrheit über die Mißbrauchserfahrungen anzuhören und auch zu glauben.

Die meisten Überlebenden von rituellem Mißbrauch entwickeln eine Multiple Persönlichkeit als Folge des Traumas. Der im folgenden beschriebene Therapieprozeß umreißt die Rahmenbedingungen für eine Therapie von Überlebenden rituellen Mißbrauchs mit Multipler Persönlichkeit.

Vertrauen gewinnen

Im ersten Stadium der Therapie bauen Therapeut und Klient gemeinsam eine Grundlage des Vertrauens auf. Wenn der Klient sich seiner Persönlichkeitsspaltung nicht bewußt ist, unterrichtet der Therapeut ihn über diese mögliche Erkrankung und gibt ihm Gelegenheit, diese neue Information zu verarbeiten.

Colin Ross, ein bekannter Experte auf dem Gebiet der Multiplen Persönlichkeit, spricht von der Bedeutung, Vertrauen zu dem Klienten herzustellen:

»Der Therapeut entwickelt Vertrauen, indem er vertrauenswürdig ist... Es ist wichtig, im Auge zu behalten, daß der Patient mehrfach erlebte, wie geliebte Menschen sein Vertrauen gewalttätig brachen. Er hat ein kompliziertes System von Beschützern, Tätern und anderen Persönlichkeiten entwickelt, die mit den Problemen von Vertrauen und Sicherheit umgehen. Das gesamte Persönlichkeitssystem akzeptiert einfach keine ›freundlichen‹ Bemerkungen darüber, wie sehr man dem Therapeuten vertrauen könne.«

Ross weist auch darauf hin, daß es wichtig sei, die Persönlichkeiten, die nicht vertrauen, auch zu schützen. Er stimmt mit diesen Persönlichkeiten überein, daß es klug sei, nicht allen Menschen zu vertrauen, aber erinnert den Klienten auch daran, daß man einigen doch vertrauen kann.[1]

Die Themen im Umfeld von rituellem Mißbrauch sind komplex, und es ist für den Therapeuten wichtig, daß er den Überlebenden entscheiden läßt, wem er vertrauen will. Es nutzt dem Therapeuten nichts, den Klienten zu blindem Vertrauen aufzufordern. Wie in allen Beziehungen braucht der Überlebende viel Zeit, um einzuschätzen und zu beschließen, ob der Therapeut vertrauenswürdig ist. Überlebende von rituellem Mißbrauch lernen schon sehr früh, niemandem zu vertrauen, der sich in einer Machtposition befindet oder einem der »helfenden Berufe« angehört. Viele Überlebende berichten, von genau solchen Personen mißbraucht worden zu sein.

Die Entwicklung von Kommunikation und Kooperation der Persönlichkeiten

In der nächsten Phase der Therapie versucht der Therapeut, mit den verschiedenen Persönlichkeiten zu sprechen. Er hilft dem Überlebenden, Methoden zu entwikkeln, die den Prozeß der Persönlichkeits-Kommunikation und -Kooperation fördern. Therapeuten versuchen im allgemeinen, mit Überlebenden mit selbstzerstörerischen, suizidgefährdeten oder Mörder-Persönlichkeiten ein Abkommen zu treffen, ehe sie den Prozeß der Aufdeckung von Mißbrauchs-Erinnerungen beginnen. Es ist sehr wichtig, daß die Therapeuten lernen, erfolgreich mit ihren Klienten zu kommunizieren.

Die Kommunikation zwischen Therapeuten und Klienten mit MPS (Multipler Persönlichkeitsstörung) kann durch eine Reihe von Faktoren verkompliziert werden. Erstens müssen sich die Therapeuten stets erinnern, daß die Klienten nicht immer wissen, was die anderen Persönlichkeiten denken oder fühlen. Sie widersprechen sich oft unfreiwillig und verwirren ihren Therapeuten. Dennoch kann der Therapeut das gesamte Persönlichkeitssystem ansprechen, wenn wichtige Informationen an jeden einzelnen übermittelt werden müssen. Zweitens ist es wichtig, daß alle Persönlichkeiten hören können, was der Therapeut sagt, denn die Herabsetzung der einen Persönlichkeit in Gegenwart einer anderen verursacht Konflikte und Leid. Alle Persönlichkeiten wurden zum Überleben geboren, und alle dienen auch heute noch einem Zweck. Die Persönlichkeiten sind ein kompliziertes System, das dem Überlebenden half, extrem schmerzliche und traumatische Erfahrungen zu überleben. Der Therapeut muß den Klienten mit Respekt behandeln.

Frank Putnam, Autor von *Diagnosis and Treatment of Multiple Personality Disorder* (»Diagnose und Behandlung von Multipler Persönlichkeitsstörung«), berichtet von einem bestimmten Persönlichkeitstyp, den man in den meisten Mehrfachsystemen findet und der imstande ist, den Prozeß der Kommunikation zu erleichtern[2]. Diese Persönlichkeit wird von Therapeuten oft als »innerer Selbsthelfer« bezeichnet und kann Bedürfnisse, Wünsche und Verlangen an das Gesamtsystem vermitteln. Einige Psychologen haben erkannt, daß der Aufbau von Vertrauen zu dieser Persönlichkeit zu Beginn der Therapie den Heilungsprozeß beschleunigt. Die Helfer-Persönlichkeit verhält sich oft sehr beschützend gegenüber den anderen Persönlichkeiten; sie kann als Nothelfer einspringen und dafür sorgen, daß alle Persönlichkeiten gehört werden und im Therapieprozeß allen geholfen wird. Die Ermächtigung und Einschätzung der Realität aller Persönlichkeiten ist ebenfalls im Gesamtverlauf der Therapie sehr wichtig.

Die Entwicklung von Kommunikation und Kooperation unter allen Persönlichkeiten ist ein wichtiger Schritt im Heilungsprozeß. Der Therapeut kann diesen Prozeß beschleunigen, indem er Gemeinsamkeiten zwischen den Persönlichkeiten aufzeigt. Wenn die Grenzen zwischen den Persönlichkeiten verwischen, können sie sich enger miteinander verbunden fühlen. Kommunikation und Kooperation helfen bei der Entwicklung von neuem Verständnis, was den Klienten erleichtert. Wenn jede Persönlichkeit ihre Bedürfnisse erfüllt bekommt, dann beendet dies ihren Kampf um die Kontrolle über das Verhalten des Opfers.

Wenn die Persönlichkeiten anfangen, miteinander zu kommunizieren und zu kooperieren, lösen sich die Grenzen zwischen ihnen langsam auf. Die zuvor voneinander getrennten Realitäten gehen langsam ineinander über. Wenn das geschieht, wird der Überlebende von Erinnerungen an den Mißbrauch heimgesucht und erlebt oft überwältigende suizidale oder mordlustige Gefühle. Wenn diese Erinnerungen auftreten, ist es überaus wichtig, eine innere und äußere Sicherheit zu entwickeln. Die meisten Therapeuten und Klienten erreichen dies durch Abkommen, daß die Überlebenden sich selbst oder andere nicht verletzen, wenn die Erinnerungen auftauchen. Die Verpflichtung kann unter den Persönlichkeiten getroffen werden oder zwischen den Persönlichkeiten und dem Therapeuten. Jeder Überlebende ist fähig, zu entscheiden, welche Art von Verpflichtung in seiner individuellen Situation am sinnvollsten ist.

Die Therapie für Überlebende von rituellem Mißbrauch

ist oft ein langer und schmerzhafter Prozeß, zu dem die Aufarbeitung entsetzlicher, traumatischer Erinnerungen gehört. Die meisten Überlebenden erleben diese Erinnerung als eine sogenannte Abreaktion. Dabei durchlebt man alle körperlichen und seelischen Schmerzen noch einmal. Überlebende von rituellem Mißbrauch beschreiben diesen Prozeß genau wie Ross im folgenden die Reaktion auf sexuellen Mißbrauch:

»Bei einer Abreaktion kann das Kind die Eltern entweder bitten aufzuhören, schreien, weinen, große Traurigkeit ausdrücken oder seinen Bauch umklammern. Es macht vielleicht Handbewegungen, wie um den Vater aus der Scheide zu stoßen, oder bewegt die Glieder in Abreaktion von oraler Vergewaltigung. Die Echtheit und die Intensität der Abreaktion ist eines der überzeugendsten Kennzeichen der MPS. Für den Therapeuten ist es fast so, als sähe man einer echten Vergewaltigung zu, um anschließend mit den Opfern zu reden.«[3]

Der Erinnerungsprozeß

Der Erinnerungsprozeß, den Überlebende von rituellem Mißbrauch beschreiben, ist dem von Kriegsteilnehmern und Inzestopfern bemerkenswert ähnlich. Bei schweren Traumata werden die gewalttätigen Erinnerungen sozusagen eingefroren. Später, wenn die Gefahr nachläßt, erinnern sich die Opfer an das Trauma im Körper durch körperliche Gefühle, die sie nicht einordnen können. Sie haben vielleicht immer wieder Schmerzen in Armen und Beinen. Nach sexuellem Mißbrauch haben sie vielleicht scharfe Schmerzen in Vagina oder Anus oder werden von blitzartig erscheinenden Bildern von Gewalt heimgesucht. Die meisten Opfer erleben Rückblenden, in denen der gesamte Körper und Verstand tatsächlich das schreckliche Ereignis erneut durchleben.

Wie uns die Männer und Frauen berichten, die sich für das Forschungsprojekt zur Verfügung stellten, auf denen dieses Buch beruht, ist dieser Erinnerungsprozeß extrem schmerzhaft, sowohl im seelischen wie im körperlichen Sinne. Die meisten Überlebenden gaben an, daß die Erinnerungen bruchstückhaft auftauchten. Zu Anfang erlebten sie oft Körpererinnerungen, Körpergefühle ohne offensichtliche Ursache. Überlebende sehen oft vor ihrem inneren Auge Szenen von Gewalt, die mit den Gefühlen und Körpererinnerungen verbunden scheinen. Wenn sich diese Erinnerungsbruchstücke allmählich zusammenfügen, wird der gesamte Mißbrauch erinnert und aufs neue durchlebt.

Einige Überlebende berichten, daß ihre alternativen Persönlichkeiten ihnen ihre Erinnerungen an den Mißbrauch mitteilen. Manchmal erleben sie Gefühle, die mit dem Mißbrauch zusammenhängen, die sie aber sich im Alltagsleben nicht erklären können. Eine Überlebende von rituellem Mißbrauch berichtete, sie habe intensive sexuelle Gefühle in Verbindung mit Gewalt, und war stets verwirrt, daß sie solche Dinge dachte. Dies ist allerdings bei Opfern von rituellem Mißbrauch eine verbreitete Erscheinung. Die Persönlichkeit, die sich sexuell stimuliert fühlte, lernte die Assoziierung von Sex und Gewalt. Die andere Persönlichkeit war verwirrt, weil sie solche Gefühle nicht akzeptieren konnte und sie nicht zu ihr zu passen schienen.

Eine Überlebende gab an, sie könne die körperlichen und seelischen Schmerzen beim Erinnerungsprozeß abblocken, indem sie sie von einer anderen Persönlichkeit übernehmen lasse, die keine Schmerzen empfindet. Überlebende benutzen die Dissoziierungstechnik, um den Schmerz zu lindern, wenn eine Erinnerung in einer unsicheren Umgebung auftaucht.

Die meisten Überlebenden sagten aus, es gebe ein Ausgangsobjekt, eine Situation oder ein Gefühl, das den

Erinnerungsprozeß in Gang setzt. Wenn sie den Auslöser identifizieren können, ist der Erinnerungsprozeß kürzer und weniger schmerzhaft. Eine Überlebende schilderte den Prozeß in allen Einzelheiten:

»An die Erinnerung heranzukommen ist nicht einfach ein gerader Weg von A nach B. Der Prozeß hat vielmehr eine Beständigkeit und Vertrautheit angenommen, die mir (und meinen Unterstützer-Persönlichkeiten) helfen, so daß wir zupacken und die auftauchende Information bewältigen. Ich denke, der Prozeß, den ich aushalten muß, wird durch mehrere Faktoren verkompliziert: 1. Ob ich einem bestimmten Auslöser ausgesetzt werde oder nicht, entweder bewußt (Kommunikation mit einem Angehörigen) oder zufällig; 2. wenn ich verletzlich bin und mich unterdrückte Erinnerungen überwältigen, entweder aufgrund der Jahreszeit oder bei Vollmond, und 3. wenn äußere, normale Lebensereignisse bei mir Gefühle hervorrufen, die mit den Erinnerungen an den Mißbrauch verbunden sind, oder 4. ob ich in meiner Kindheit programmiert worden bin, auf gewisse Lebensereignisse wie einen Geburtstag oder einen Feiertag besonders zu reagieren.

Wenn ich einem bestimmten Auslöser ausgesetzt werde, empfinde ich den Prozeß als etwas einfacher, besonders, wenn es zufällig geschah und nicht bewußt. Beispiel: Ich sah bei einer Frau auf einer Party Ohrringe. Ich habe zu dem Zeitpunkt keinen Zusammenhang gesehen, aber es war genau der Moment, in dem ich mich ›erschüttert‹ fühlte, als habe mir jemand heftig auf den Kopf geschlagen. Ich verließ die Party und ging nach Hause, weil ich mich so benommen fühlte, ohne Zusammenhang, unwirklich, distanziert, vergeßlich, überwältigt. (Manchmal höre ich dann von ›inneren Menschen‹, gewöhnlich Kindern, die etwas über das Ereignis wissen, das ich so gern aus dem Bewußtsein fernhalten will.) Später fühlte ich mich verzweifelt, hoffnungslos und nutzlos. Ich dachte, mein Blut würde auf den Boden fließen. Ich wollte sterben. Ich wollte nicht mehr leben. Ich konnte nicht mehr leben. Ich fühlte Verzweiflung, Entsetzen und hatte das Gefühl, unmittelbar vor einer unabwendbaren Strafe und einem Verhängnis zu stehen. Ich versuchte, die Gefühle zu bewältigen, aber auch, den ursprünglichen Auslöser zu finden, und mein Mann half mir dabei. Stunden nach der Party fand ich die Erinnerung. Ich klammerte mich an meinen Mann und wurde von Entsetzen, Ekel und Kummer überwältigt. Die Ohrringe waren winzige Rehköpfe aus Ton (etwas, an das ich mich bisher nicht erinnert hatte). Ich erinnerte mich, wie ich meinem Vater helfen mußte, in einer öffentlichen Toilette in einem Nationalpark ein Reh auszuweiden und zu zerlegen, und wie ich mit dem Blut satanische Symbole an Wände, Boden und Decke malen mußte. Ich weinte und zitterte und klammerte mich an meinen Mann und schwor, daß ich nicht daran glaube, schwor, ich sei verrückt und ausnutzbar, und weinte. Mein Mann beruhigte mich, sagte, er glaube mir, er erinnerte mich daran, daß ich intensive, unkontrollierbare Emotionen erlebte, Gefühle, die niemand spielen könne. Als es vorbei war, empfand ich ungeheure Erleichterung. Mein Kopf war wieder klar, und ich wollte nicht mehr sterben oder mich verletzen. Aber ich spürte auch Kummer und Trauer und Wut, so benutzt worden zu sein, was ich noch einige Tage lang mit vielen Tränen verarbeiten mußte.

Wenn mir der Auslöser bewußt gegeben wird (eine Geburtstagskarte von meinem Vater beispielsweise), oder wenn ein satanischer Festtag oder Vollmond ist, wenn ich wenig Selbstvertrauen und keine Unterstützung habe, wenn ich bei der Arbeit oder in meiner Beziehung unter Druck stehe, oder wenn ich auf zuvor programmierte Informationen reagiere, wird die Rückgewinnung der Erinnerung erschwert. Es fällt mir schwer, die Assoziation zu finden und zu glauben, daß ich überhaupt ein Opfer von rituellem Mißbrauch bin. Die Verleugnung ist am schlimmsten. Aber es gibt im allgemeinen immer einen Weg von der Benommenheit, von dem Gefühl, tot oder nichtexistent zu sein, zu der Überflutung von intensiven Gefühlen von Schrecken, Entsetzen, unerträglicher Scham, Selbstverachtung, Wut und Verwirrung (in keiner bestimmten Reihenfolge). Ich agiere dies nicht mehr so oft aus wie früher, aber der unglaubliche Drang zur Selbstverstümmelung ist immer noch da. Ich habe häufig mit intensiven Selbstmordgedanken zu kämpfen, mit langen, schrecklichen Panikanfällen. Ich habe aber gelernt, daß all dieser Aufruhr, die Selbstmordgefühle, die Panik, der intensive Selbsthaß, die schneidende Feindseligkeit, die ich gegen zu viele gute, wohlmeinende Menschen an den Tag lege, die Verwirrung und die Hoffnungslosigkeit und Verzweiflung gewöhnlich nur eine komplizierte Deckung für die auftauchende Erinnerung sind. Wenn ich an einen sicheren Ort gelange und den Schrecken so voll ich kann erlebe (das bedeutet oft, den Körper ›fallen zu lassen‹ und die Erinnerung zu akzeptieren, ganz gleich von wo sie kommt) und so viele Einzelheiten wie möglich über das tatsächliche Geschehen erlange, um dann unterstützt und getröstet und beruhigt zu werden (aber auch sanft korrigiert, wenn ich stur behaupte, daß ich ›verdiene zu sterben‹ oder ›alles meine Schuld war‹), dann empfinde ich gewöhnlich unmittelbare, tiefe Erleichterung. Mein ›Post-Erinnerungs-Zustand‹ kann alles sein, von unglaublicher Leichtigkeit bis zu betäubendem schwerem Kummer und blinder Wut auf meine Täter, aber ich fühle mich immer besser, weniger von Außenkräften kontrolliert, weniger verfolgt, weniger unausgeglichen und verwirrt, weniger verrückt.

Ich sollte auch die verschiedenen Stadien dieses Prozesses erwähnen. Vor, während und nach einer Erinnerung erlebe ich oft intensive Schmerzen, das Gefühl, wie ein dünner Metalldraht in meine Harnröhre geschoben wird, von Nadeln in meinen Brustwarzen, das verrückt machende Gefühl, daß meine Knöchel und Handgelenke eng zusammengeschnürt sind. (Bis ich das herausfand, war ich fest davon überzeugt, daß es sich anfühlte, als seien meine Füße abgeschnitten worden. Meine Füße sind offensichtlich nie abgeschnitten worden, aber wenn der Kreislauf unterbunden wird, ist das Gefühl das gleiche.) Das Gefühl, von einer Vergewaltigung ›zerrissen‹ zu werden, entzweigerissen, das Körpergefühl, sehr klein zu sein, in einem sehr engen Käfig zermalmt oder eingesperrt zu werden, begraben (einmal auch das Gefühl, daß meine Fingernägel blutig gerissen waren, weil ich ohne Kontrolle an dem Sargdeckel kratzte), daß meine Fingerspitzen abgeschnitten, verbrannt oder gebrochen wurden. Aber wenn die Erinnerung bewußter wird, fühle ich immer Erleichterung, auch wenn es eine Weile dauert, um es zu bemerken. Besonders die Sache mit den Knöcheln hat mich fast verrückt gemacht. Nächtelang konnte ich nicht schlafen, ohne Socken um meine Knöchel zu binden, weil das Gefühl, daß sie abgeschnitten waren, so stark war. Das habe ich immer noch, aber immerhin kenne ich jetzt einen Kontext dafür. Es ist viel schlimmer, zu leiden und keine Möglichkeiten zu haben, es zu verarbeiten, zu erklären oder auszuhalten.«

Der Prozeß, die Erinnerungen zurückzugewinnen, durchläuft gewöhnlich vier Stadien. In der ersten Phase fühlt sich der Überlebende ängstlich, er ist in Panik, und ihm ist übel. In der zweiten Phase kehren Fragmente der Erinnerung zurück. Die dritte Phase ist die der Abreaktion und die vierte die der Erleichterung.

Die erste Phase: Angst, Übelkeit und Panik

Viele Überlebende können bestimmte Gefühle erkennen, die dem Auftauchen einer Erinnerung vorausgehen. Ein Opfer beschrieb dieses Anfangsgefühl als »eine schwarze Präsenz, die mich überwältigt«. Andere berichten von aufsteigender Angst und Übelkeit, sowie Erschöpfung. Einige Überlebende berichten, sie hätten das starke Verlangen, in Suchtverhalten zurückzufallen. Sie wollten wieder anfangen zu rauchen oder unkontrolliert zu essen. Andere fühlten sich betäubt oder hatten starke Kopfschmerzen. Sie hatten das Gefühl, nicht denken zu können. Diese Gefühle sind eine Andeutung dessen, was man beim ursprünglichen Erlebnis empfand.

Die meisten Gefühle beim Auftauchen einer Erinnerung sind Körpererinnerungen. Der Körper erlebt das, was er bei dem Mißbrauch erlebte, aber der Verstand kann den Schmerz nicht einordnen. Es ist nicht ungewöhnlich, beim Auftauchen einer solchen Erinnerung Selbstmordgefühle oder den Drang zur Selbstverstümmelung zu empfinden. Schmerz und Angst dabei sind oft so groß, daß Selbstmord als die weniger unangenehme Lösung erscheint. Diese Gefühle sind vielleicht ebenfalls eine körperliche Erinnerung dessen, wie sich der tatsächliche Mißbrauch anfühlte. Der Tod schien dem gefolterten Kind vielleicht trostreich.

Derartige Selbstmordimpulse können aber auch von benommenen, unscharfen Gefühlen begleitet werden. Ein Überlebender kann bei dem körperlichen Trauma in einen Schock verfallen sein, der nun im Körper Betäubung hervorruft. Wenn die Erinnerung zurückkehrt, empfindet er unangenehme Schwere und Benommenheit. Selbstverwundung bewirkt vielleicht genug Schmerz, um die Benommenheit zu durchbrechen, doch es handelt sich um eine Körpererinnerung, die wieder auftauchen wird, wenn der Überlebende die Sprache seiner Gefühle nicht erkennt. Wenn er das Gefühl der Benommenheit aushalten kann, ohne sich selbst zu verletzen, kann die Gesamterinnerung auftauchen. Wenn er es nicht aushält und statt dessen dem Drang zur Selbstverstümmelung nachgibt, setzt er den Kreislauf aus Schmerzen fort, den seine Mißbraucher begannen.

Es ist für den Überlebenden von rituellem Mißbrauch von größter Bedeutung, beim Auftauchen der Erinnerung in einer sicheren Umgebung zu sein. Das kann sehr schwierig sein, wenn der Überlebende in einer Beziehung mit wenig Unterstützung lebt oder sich gerade bei der Arbeit befindet. Eine der wichtigsten Voraussetzungen für die Heilung von einem derart extremen Trauma ist ein sicherer Ort. Der Überlebende muß sich den Erinnerungen stellen, um Verluste zu erkennen und zu betrauern und damit die Vergangenheit nicht mehr die Gegenwart kontrolliert. Die Suche nach einem sicheren Ort kann eine schwierige Aufgabe sein, denn für einen Überlebenden von rituellem Mißbrauch fühlt sich kein Ort sicher an – das ist ja genau auch ein Teil der Erinnerung. Kein Ort war sicher, als der Mißbrauch geschah. Überlebende können sich an nicht traumatisierte Persönlichkeiten wenden (diejenigen, die sich nicht an den Schmerz und die Angst erinnern) und an Persönlichkeiten, die wissen, wie der Kult funktioniert, um zu entscheiden, wann und wo es sicher für die Erinnerungen ist, aufzutauchen.

Da der Schmerz beim Auftauchen der Erinnerungen sehr intensiv ist, müssen die Überlebenden bestimmte Vorsichtsmaßnahmen ergreifen. Wenn sich der Überlebende zu Beginn der Erinnerung nicht an einem sicheren Ort befindet, kann er den Schmerz durch Aufschreiben oder kreative Arbeit lindern. Manchmal hilft das Reden über die auftauchenden Gefühle. Einige Überlebende benutzen bildliche Vorstellungen oder Desensibilisierungstechniken, um sich von den überwältigenden Erinnerungen zu distanzieren. Später, wenn sie sich an einem sicheren Ort befinden, können sie sich an den Mißbrauch mit allen dazugehörigen Gefühlen erinnern. Die Unterdrückung der Erinnerungen, wenn sie in unsicherer Umgebung auftauchen, ist einer der schwierigsten Aspekte dabei. Mit der Zeit finden die Überlebenden jedoch sichere Orte, an denen ihre Gefühle gehört werden können. Sie lernen, die Gefühle auszuhalten, ohne den Schmerz am eigenen Körper auszulassen.

Die zweite Phase:
Erinnerungsbruchstücke aufdecken

Wenn der Überlebende die anfängliche Angst, die Panik und das Entsetzen bewältigt hat, beginnt die zweite Phase des Erinnerungsprozesses. Hier erhält er Informationen oder Erinnerungsbruchstücke, ohne die Erfahrung der Mißhandlung ganz zu durchleben. Einige Überlebende sehen vor ihrem inneren Auge Szenen des Mißbrauchs, wenn sie auf die auslösenden Emotionen treffen. Sie haben oft Alpträume oder Rückblenden im Traum. In diesem Stadium des Erinnerungsprozesses beschreiben sie verschiedene Schichten von Gefühlen, Visualisierungen und andere Einzelheiten der Erinnerung, die integriert werden müssen, damit man sie vollständig wiedererleben kann. Sie versuchen in der Therapie, Kontakt zu den inneren Persönlichkeiten herzustellen, die mehr Informationen über die auftauchenden Erinnerungen besitzen. Einige Betroffene arbeiten zusammen mit dem Therapeuten eine bestimmte Erinnerung immer wieder durch, bis alle Gefühle, Körpererinnerungen und Visualisierungen gemeinsam die vollständige Erinnerung an die Zeit des Mißbrauchs ergeben.

Die meisten Überlebenden gaben an, die Therapie sei ihr »sicherer Ort« gewesen. Im allgemeinen vermitteln Therapeuten Entspannungstechniken, um den Patienten Erleichterung zu verschaffen. Das bietet den Persönlichkeiten, die normalerweise nicht sprechen dürfen, die Gelegenheit, aufzutauchen. Einige Therapeuten benutzen Vollhypnose, doch das ist unter Umständen gar nicht nötig, denn viele Menschen mit Multipler Persönlichkeit sind zur Selbsthypnose fähig. Die Hypnose ermöglicht es einem, einen anderen Bewußtseinszustand zu erreichen. Mehrfachpersönlichkeiten können oft mit großer Leichtigkeit von einem Zustand in den anderen gleiten.

Wenn der Klient entspannt ist, stellt der Therapeut ihm Fragen über seine seelischen Bilder oder Gefühle. Oft sieht der Klient die alten Szenen des Mißbrauchs oder erinnert sich an Einzelheiten im Zusammenhang mit der Phase des Mißbrauchs. Dann fragt der Therapeut Dinge wie: »Wie sind Sie dort hingekommen? Hören Sie etwas? Wer ist noch anwesend? Was fühlen Sie?« Oft lösen diese Fragen weitere Bilder aus, die sich später zu der vollständigen Erinnerung an eine Szene des Mißbrauchs zusammenfügen und alle Gefühle und Empfindungen einschließen, die das ursprüngliche Trauma begleiteten.

In diesem Stadium der Informationssammlung für den Erinnerungsprozeß ist es nicht ungewöhnlich, daß die Überlebenden mit Bildern und Gefühlen kämpfen, die mit einer Reihe von Mißbrauchserinnerungen verbunden sind und um ein bestimmtes Thema kreisen. Das Thema lautet vielleicht: »Sprich niemals über den Mißbrauch«, und der Überlebende sieht Bilder von sich, wie er als Kind gefoltert wurde. Man hat auch mit dieser Erinnerung verbundene Gefühle, etwa wie die Jugendliche, die einer Schulfreundin erzählte, der Vater habe sie sexuell belästigt, und die daraufhin von allen geschnitten wurde. Wenn das übergreifende Thema der auftauchenden Erinnerungen identifiziert werden kann, können die Gefühle zuweilen leichter verarbeitet und ausgedrückt werden.

Im Verlauf des Erinnerungsprozesses werden die Bilder immer eindeutiger und verbinden sich mit Gefühlen und anderen Einzelheiten des Mißbrauchs, die der Überlebende zum Zeitpunkt des Übergriffs erlebte. Die Urbilder stellen oft den Rahmen für eine Gesamterinnerung. Im letzten Stadium des Prozesses erkennen die Überlebenden ihre Erinnerungen als genauso echt und wahr an wie ihren eigenen Namen. Sie spüren sie in jeder Zelle ihres Körpers, denn sie durchleben alles noch einmal.

Es ist sehr wichtig für den Überlebenden, sich bei dem Auftauchen von Erinnerungen sicher zu fühlen. Das wird dadurch erschwert, daß, wenn die Erinnerung aufgedeckt wird, der Überlebende oft für kurze Zeit das Bewußtsein seines eigenen Verhaltens verliert. Damit sich alle Persönlichkeiten sicher fühlen können, gehen Therapeut und Klient oft Abmachungen mit denjenigen Persönlichkeiten ein, die entweder sich selbst oder den Therapeuten verletzen könnten. Diese gewalttätigen Persönlichkeiten tragen sämtliche Wut und den Haß des Klienten in sich und leiden unter schrecklichen Schmerzen, die niemals ausgedrückt wurden. Sie müssen mit Respekt behandelt werden und auch Sicherheit erhalten, damit sie nicht ihre Gefühle ausagieren, denn das könnte zu einer weiteren Traumatisierung des Gesamtsystems führen.

Jedes Mal, wenn ein Überlebender versucht, sich an die Einzelheiten eines Mißbrauchs zu erinnern, ist es sinnvoll, daß der Therapeut oder Klient eine Abmachung verliest, die den Überlebenden davor schützt, sich selbst oder andere zu verletzen. Eine solche Abmachung zwischen den einzelnen Persönlichkeiten kann folgendermaßen aussehen:

»Wir gehen jetzt an einen sehr wichtigen Ort, wo Sie Teile Ihres Selbst finden, die Sie nicht mehr bei sich vermutet hatten. Damit dies geschieht, müssen Ihre anderen Persönlichkeiten wissen, daß sie alle sicher sind und daß sie weder mich noch sich selbst verletzen. Sie haben dieses Objekt, (vielleicht ein Stofftier), das Sie vorgeben können zu verletzen, aber es ist nicht sicher, echte Menschen zu verletzen. Wenn Sie alle damit einverstanden sind, gehen wir weiter. Ist das so in Ordnung?«

Wenn die Persönlichkeiten dem zustimmen, kann der Therapeut hinzufügen, daß eine Erwachsenenpersönlichkeit zu einem späteren Zeitpunkt in der Therapiesitzung in den Körper zurückkommen muß, damit der Überlebende sicher wieder zurück kann. Wenn ein Klient sich mit dieser Abmachung einverstanden erklärt, kann der Therapeut sagen:

»Okay. Wir haben soundsoviel Zeit, diese Persönlichkeiten zu finden und mit ihnen zu reden. Wenn diese Zeit vorbei ist, muß eine Erwachsenenpersönlichkeit wissen, daß sie wieder zurück in den Körper kann, um Euch alle wieder sicher zurückzubringen. Wenn Sie alle damit einverstanden sind, können wir fortfahren. Ist das so in Ordnung?«

Diese Sätze sind wichtig, um sicherzustellen, daß die Persönlichkeiten weiterhin funktionieren können, wenn sie ihren Platz verlassen und sich nicht überwältigt fühlen. Wenn die Persönlichkeiten mit diesen Sätzen nicht einverstanden sind, sollten Therapeut und Klient vielleicht den Grund dafür diskutieren. Idealerweise gelangt man zu einem Kompromiß, der es allen Persönlichkeiten ermöglicht, ihre Bedürfnisse zu befriedigen.

So könnte zum Beispiel eine Persönlichkeit dieser Abmachung nicht zustimmen, da sie Angst hat, der Therapeut könne sie angreifen, wenn sie eine weitere Persönlichkeit auftauchen läßt. Diese Persönlichkeit ist vermutlich ein Kind, das unzählige Male angegriffen wurde und versichert werden muß, daß der Therapeut sicher ist und nicht gewalttätig. In der Kultgruppe wurden die Überlebenden oft gefoltert, weil sie sich erinnerten und diese Erinnerungen weitererzählten. Es kann sehr viel Zeit verstreichen, bis sich alle Persönlichkeiten sicher genug fühlen, um sich an die Einzelheiten des Mißbrauchs zu erinnern.

Die dritte Phase: Abreaktion

Wenn Therapeut und Überlebender weiterhin die Einzelheiten der Erinnerung untersuchen und der Klient sich immer deutlicher an die Einzelheiten des Mißbrauchs erinnert, beginnt die dritte Phase des Erinnerungsprozesses. In diesem Stadium erinnern sich die Überlebenden an den Mißbrauch, als würde er in genau dem Moment geschehen. Wenn sie alle Gefühle empfinden und die Bilder des Mißbrauchs vor sich sehen, erkennen sie, daß sie nicht zum ersten Mal diese Gefühle und Körperempfindungen erleben. Sie wissen, daß sie sich an Ereignisse erinnern, die vor Jahren wirklich stattfanden. Wenn sie die Wahrheit über die Vergangenheit herausfinden, erhalten sie die Antwort auf all die unidentifizierbaren Schmerzen, die sie ihr ganzes Leben lang gespürt haben.

Therapeuten nennen dieses dritte Stadium des Prozesses Abreaktion. Überlebende, die eine Abreaktion durchleben, haben das Gefühl, als würde der Mißbrauch noch einmal passieren. Eine Überlebende beschreibt diesen Prozeß:

»Wenn eine andere Persönlichkeit eine Erinnerung hat, ist das wie eine Rückblende. Wir sind wieder im gleichen Augenblick wie damals. Wir können die Beteiligten deutlich erkennen, können sie fühlen, riechen, schmecken und hören. Wir können unsere Gefühle vor ihnen verbergen, indem wir den Schmerz in uns verschließen. Der Körper bewegt sich, als würde jemand ihn verletzen. Wenn es sich um eine Vergewaltigung handelt, wird der Körper gestoßen, als würde jemand auf ihm liegen und Geschlechtsverkehr mit ihm haben. Es verschlägt einem den Atem. Der gesamte Körper versteift sich in Abwehr. Manchmal erfolgt eine spontane Blutung. Es herrscht intensive Angst. Jetzt, wo das andere Kind dem Therapeuten vertraut, kann man ihm sagen, was geschieht, und man kann weinen und um Hilfe bitten, was nie möglich war, als es wirklich geschah.«

Fast alle Überlebenden in dieser Untersuchung beschreiben einen ähnlichen Erinnerungsprozeß. Oft finden die Überlebenden Bestätigung für die Bilder, die sie bei der Erinnerung an den Mißbrauch sehen. Eine Überlebende in dieser Untersuchung erzählte, daß sie nach der Abreaktion eine Narbe bei sich fand, die sie nie zuvor bemerkt hatte, an der gleichen Stelle, an der sie bei der Abreaktion Schmerzen empfand. Eine andere Überlebende berichtete, mitten in der Erinnerung eine Blutung gehabt zu haben. Die Erinnerungen einiger Überlebender werden von anderen bestätigt, die am gleichen Ort und zur gleichen Zeit mißbraucht wurden. Einige Überlebende besuchten den Ort des Mißbrauchs, den sie in der Erinnerung sahen, und stellten fest, daß er identisch mit ihrem inneren Bild war.

Die vierte Phase: Erleichterung

Nach einer Abreaktion berichten die Überlebenden im allgemeinen von ungeheurer Erleichterung. Der Kampf, die Schmerzen zu unterdrücken, ist vorbei, weil sie sich ihm gestellt haben. Man hat »die Kontrolle über den Körper aufgegeben« und den Persönlichkeiten, die die Erinnerungen beinhalteten, erlaubt aufzutauchen. Die Erinnerungen können nun leichter verarbeitet werden, denn die Überlebenden können die Verbindung zwischen dem Auslöser, den überwältigenden Gefühlen und dem Auftauchen einer Erinnerung an rituellen Mißbrauch erkennen. Ohne das Wissen um die auftauchende Erinnerung können sie nicht begreifen, warum sie derart starke Gefühle empfinden. Ihr Gefühlsleben scheint außer Kontrolle zu sein.

Im Verlauf des Heilungsprozesses ist es sehr wichtig, daß die Überlebenden sich ihrer Kindpersönlichkeiten bewußt werden, die leiden und gehört werden müssen. Wenn man diese kleinen Kinder spielen oder etwas tun läßt, das sie gern haben, hilft es dem Überlebenden, sich zu erinnern, daß es außer der schmerzvollen Erinnerung noch mehr gibt. Wenn Überlebende nicht wissen, was die Kindpersönlichkeiten wollen, ist es durchaus sinnvoll, sie zu fragen. Wenn man beim ersten Mal keine Antwort erhält, sollte man es weiter versuchen. Es kann eine Weile dauern, bis man die Persönlichkeiten findet, die sich sicher genug fühlen, um auch Freude am Leben zu haben.

Die Fürsorge um die inneren Kinder gibt dem Überlebenden die Gelegenheit, die Kontrolle über das eigene Leben anzunehmen. Da die meisten Menschen mit Multipler Persönlichkeit von den Eltern mißbraucht wurden, kennen die Kindpersönlichkeiten nur ungerechte und grausame Eltern. Nun haben sie jedoch die Möglichkeit, von sehr freundlichen und gerechten Persönlichkeiten in dem Mehrfachsystem versorgt zu werden. Sie können ihre Bedürfnisse äußern und werden gehört und respektiert. Diese inneren Kinder schenken den Überlebenden ein Leben, das seine Wurzeln im Herzen hat und das sie auf immer verloren geglaubt hatten. Die Annahme des inneren Kindes heißt, sich selbst der beste Elternteil zu sein.

Der lohnendste Abschnitt des Heilungsprozesses ist die Entwicklung einer Beziehung zu sich selbst. Man lernt, die Gefühle und das Verhalten der anderen Persönlichkeiten zu verstehen. Die Unterstützung dieser anderen Persönlichkeiten kann zuzeiten sehr schwierig sein, aber schließlich werden doch alle Persönlichkeiten eine Stimme bekommen. Sie werden endlich angehört. Die Redeerlaubnis für einige Persönlichkeiten kann im Überlebenden große Angst auslösen, weil er die Widersprüche in ihren Gedanken und ihrem Verhalten feststellt. Grundsätzliche Einstellungen bestimmter Persönlichkeiten werden von anderen Persönlichkeiten in Frage gestellt. Mit der Zeit entwickeln die Überlebenden jedoch Mitgefühl und Respekt für jede Persönlichkeit. Es wird jedem zugestanden, seine Meinung zu ändern und Fehler zu machen, und am Ende wird jeder angehört und verstanden.

Die Persönlichkeitsspaltung kann helfen, den rituellen Mißbrauch zu überwinden

»Die Mehrfachpersönlichkeit ist nicht nur eine kreative Methode, eine Kindheit zu überleben, die schrecklich war, sondern auch eine sehr kreative Methode zur Heilung. Und ich glaube, wenn man diese Vielfalt als Teil des Heilungsprozesses einsetzt und mit ihr arbeitet, statt gegen sie, kann man sie tatsächlich als heilenden Faktor begreifen.«

M. M. Healing Hearts [4]

Die Persönlichkeitsspaltung ermöglichte anfänglich dem Überlebenden von rituellem Mißbrauch, höchst traumatische Situationen durchzustehen. Sie eröffnet ihm aber auch eine Möglichkeit, sich von dem Mißbrauch zu heilen. Überlebende erinnern sich in vielen Einzelheiten und mit der gleichen Intensität, wie sie es tatsächlich erlebten, an das schwere Trauma. Wenn man mit verschiedenen Persönlichkeiten arbeitet, können erwachsene Überlebende diese Erinnerungen so allmählich zurückgewinnen, daß sie davon nicht überwältigt werden. Die Persönlichkeiten können auch lernen, innere Unterstützung auszubilden, die ihnen hilft, den schmerzlichen Prozeß zu überleben.

Ein Wort an die Betroffenen

Wenn man sich die Zeit und Energie nimmt, um die inneren Persönlichkeiten kennenzulernen und mit ihnen zu reden, geschieht etwas Wunderbares. Man beginnt seine eigene Unschuld zu erkennen und Gefühle zu empfinden, die man nie ausdrücken durfte. Man entdeckt Teile in sich, die freundlich sind, andere, die stark sind. Alles zusammen ergibt ein unglaubliches, einzigartiges, kreatives Individuum, das alles in seiner Macht Stehende tat, um zu überleben. Man beginnt, seine eigene Individualität zu erkennen, und empfindet Wärme und Mitgefühl für sich selbst. Man kann sich sogar in sich selbst verlieben, was eine bemerkenswerte Erfahrung ist, wenn man erkennt, daß all diese tollen, liebenswerten, starken Teile wirklich zu einem selbst gehören.

Wenn man die anderen Persönlichkeiten in sich entdeckt, erweist es sich vielleicht als nützlich, eine Art Stammbaum aufzuzeichnen, der die Beziehungen der Persönlichkeiten untereinander und die Kennzeichen einer jeden einzelnen, die man für wichtig hält, festhält. Seien Sie kreativ. Es ist Ihr System, und Sie wissen am besten, wie man ausdrückt, was gesagt werden muß. Erlauben Sie den Persönlichkeiten, zu sprechen und zu fühlen. Lassen Sie sie miteinander kommunizieren.

Die Kommunikation ermöglicht den Persönlichkeiten, miteinander über das zu reden, was sie denken, glauben und fühlen. Man kann mehrere Techniken benutzen, um mit den Persönlichkeiten zu kommunizieren. Wenn man Tagebuch führt und den einzelnen Teilen erlaubt, auf solche Aufzeichnungen zu antworten, die Erinnerungen oder Bilder, die die Persönlichkeiten mitteilen wollen, zu färben oder auszuschmücken. Auch in Gedanken kann man mit den Persönlichkeiten kommunizieren und so den einzelnen Teilen ermöglichen, etwas zu diskutieren. Vielleicht besteht ja schon ein Dialog zwischen einzelnen

Persönlichkeiten, man war sich dessen nur nicht bewußt. Es ist wichtig, die angenehmste Form der Kommunikation für jede einzelne Persönlichkeit zu entwickeln. Die Systeme können sehr kompliziert und spezialisiert sein. Manche meinen, es gäbe so viele verschiedene Systeme, wie es Persönlichkeiten gibt. Vertrauen Sie darauf, daß Sie das richtige finden werden.

Hier einige Fragen, die vielleicht nützlich sind, wenn man eine neue innere Persönlichkeit kennenlernt:

* Wie heißt du? (Nicht alle Persönlichkeiten haben Namen.)
* Wie alt bist du?
* Wann bist du geboren?
* Warum wurdest du geboren?
* Welche Bedürfnisse des Gesamtsystems hast du erfüllt, als du geboren wurdest?
* Welche Bedürfnisse erfüllst du jetzt?
* Was geschah vor und nach deiner Geburt?
* Was empfindest du über dich? Und über die anderen Teile des Systems?
* Was weißt du über unser Leben und was mit uns geschah?
* Wen sonst kennst du im System?
* Wie empfindest du die Außenwelt?
* Was können wir tun, um dir zu helfen, damit du dich sicher fühlst?
* Fühlst du dich mit den anderen Persönlichkeiten verbunden?
* Wie siehst du aus?
* Was haßt du?
* Was liebst du?
* Gibt es etwas Wichtiges, das du mir sagen willst?

Manchmal bekommt man Angst, eine Kommunikation mit bestimmten Persönlichkeiten zu beginnen, weil man weiß, daß das, was sie einem mitteilen, einen immer noch verletzen kann. Diese Persönlichkeiten haben vielleicht schmerzhafte Erinnerungen. Sie hegen vielleicht Groll oder Wut auf einen. Sie wollen vielleicht jemanden verletzen, den man liebt. Dennoch sind diese Persönlichkeiten lediglich andere Zustände von einem selbst aus Zeiten, in denen man mißbraucht wurde, und sie brauchen die Unterstützung, die Liebe und das Verständnis, das man selbst nie bekam. Gehen Sie langsam vor, und geben Sie Ihr Bestes. Man kann ja Abmachungen mit ihnen treffen. Wenn man mit einer Persönlichkeit nicht kommunizieren kann, weil man etwas anderes tun muß, versucht man zu erklären, warum dieses andere wichtig ist. Man erkennt vielleicht sogar, daß das, was man für wichtig hielt, warten kann, und man hat daher noch ein wenig Zeit, um sich anzuhören, was in einem vor sich geht. Grundsätzlich sollte man alle Persönlichkeiten mit Respekt behandeln, damit sie sich auch einem selbst gegenüber respektvoll verhalten.

Die Gruppe als Ganzes möchte vielleicht Leitlinien aufstellen, die ermöglichen, daß man einander hört. Man kann jeden Abend eine »Familienzusammenkunft« einrichten, um die Probleme des Tages zu bereden oder um zu beschließen, was man am nächsten Tag tut und wer etwas erledigt. Das ist anfänglich vielleicht ungewohnt, aber es ist bemerkenswert, wieviel Angst verschwindet, wenn man die anderen Persönlichkeiten als Teile seiner selbst akzeptiert. Sie beeinflussen einen und sind jeden Moment bei einem.

Das System kann verschiedene Persönlichkeiten mit unterschiedlichen Aufgaben betrauen, damit jeder Tag möglichst ruhig verläuft. Man sollte herausfinden, was jede Persönlichkeit gern tut. Man kann das System als eine große Familie oder Gemeinschaft betrachten: Helferpersönlichkeiten übernehmen Verantwortung und erledigen die Arbeit, fürsorgliche Persönlichkeiten halten die Babys, die weinen und Schmerzen leiden. Kinder sind vielleicht auch gern bei den Beschützerpersönlichkeiten, die ihre Hand halten oder ihnen wichtige Dinge beibringen. Man darf nicht vergessen, daß jede Persönlichkeit den anderen und dem Gesamtsystem etwas zu bieten hat, man muß nur herausfinden, was das ist und wie man die verlorene Zeit wieder aufholt. Dieser Prozeß ist bei jedem System einzigartig, und ich möchte jeden ermutigen, die Kooperationsmethoden anzuwenden, die für ihn am besten sind.

Persönlichkeiten können auch feindselig oder wütend sein, wenn sie den größten Teil ihres Lebens ignoriert wurden. Wenn andere Teile sie haßten oder sich ihrer schämten, sind sie voller Groll und wollen nicht an einem Prozeß teilnehmen, der allen hilft. Dann ist es wichtig, sich an die Ungeheuerlichkeit und die Ungerechtigkeit des rituellen Mißbrauchs zu erinnern. Sehr, sehr oft haben diese Persönlichkeiten ebenso recht wie Sie. Geben Sie den Persönlichkeiten alles, was sie selbst nie bekamen. Sie wurden schwer verletzt, und sie brauchen jemanden, sich selbst nämlich, um das zu verstehen. Mit der Zeit fühlt man sich den Persönlichkeiten immer näher. Wenn man beginnt, mit bestimmten Methoden eine Zusammenarbeit innerhalb des Systems zu entwickeln, fühlt man sich jeden Tag besser. Man nimmt vielleicht sogar keine Unterschiede mehr zwischen ihnen und einem selbst wahr. Es ergibt sich allmählich eine Gleichartigkeit der Gedanken und Gefühle, die wie ein Wunder ist.

Um die Persönlichkeiten kennenzulernen und Erinnerungen aufzudecken, muß man sich intensiv bemühen, zuzuhören und wirklich alle Teile innerhalb des Mehrfachsystems zu verstehen. Die Persönlichkeiten bergen oft alle schrecklichen, entsetzlichen Gefühle, die man als

Kind nie empfinden durfte, und sie sind daher sehr schmerzhaft. Wenn die Erinnerungen und die Gefühle auftauchen, ist es daher ideal, hilfreiche Menschen um sich zu haben, die einem helfen, den Kern des Schmerzes zu finden, Außenstehende, die fähig sind, zuzuhören, was Ihre einzelnen Teile zu sagen haben, und die vor Ihnen und den Erfahrungen keine Angst haben. Das kann der schwierigste Teil der Heilung sein – Menschen zu finden, bei denen sich Ihre Persönlichkeiten sicher fühlen, Menschen, die sich all Ihre Erfahrungen anhören, ohne auch nur den Versuch zu unternehmen, Ihre Gefühle zu bezweifeln oder zu beschönigen. Wenn man solche Unterstützung nicht bekommt, wird man immer sehr empfindlich auf die Versuche anderer reagieren, die eigenen Gefühle herabzusetzen. Man wird auch wütend auf die Gesellschaft insgesamt, weil sie die Opfer schlecht behandelt und sie in ihrem Leid isoliert. Aber Sie sind nicht allein. Denken Sie daran, daß viele andere Überlebende von rituellem Mißbrauch in diesem Moment den gleichen Prozeß durchlaufen. Suchen Sie, bis Sie jemanden finden, der Ihre Wahrheit anhören kann und für Sie da ist.

Die Überwindung selbstzerstörerischer Impulse

Es ist nicht ungewöhnlich, wenn Überlebende mit den aufkommenden Erinnerungen starke selbstzerstörerische und mörderische Impulse erleben. Dann muß man sich daran erinnern, daß einen für das Geschehene keine Schuld trifft und man das Recht hat, sich auf sein eigenes Leben zu konzentrieren, um es für sich zurückzugewinnen. Sie erleben normale Reaktionen auf eine sehr unnormale, mißhandelnde Erfahrung. Wenn Sie sich an Ihren eigenen Wert erinnern, dann hilft das vielleicht, den Drang zu selbstzerstörerischen Gefühlen abzuschwächen. Manchmal erlebt man aufgrund einer auftauchenden Erinnerung Depressionen und selbstzerstörerische Impulse. Stehen Sie das durch. Geben Sie nicht nach, indem Sie Ihren eigenen Körper verletzen. Sie sind schon weit gekommen. Es wird immer besser werden. Denken Sie daran, daß Sie keine Schuld trifft für das, was geschah, und daß es Ihr gutes Recht ist, sich an den Mißbrauch zu erinnern und sich zu heilen.

Die Heilung

Die Heilung nach rituellem Mißbrauch bedeutet, mit dem leben zu können, was mit einem geschah. Dazu muß man die Gefühle erleben, die andere einem immer verboten haben. Damit man diese echten Gefühle erkennen kann, muß man den anderen, inneren Persönlichkeiten zuhören. Wenn man mit den Persönlichkeiten kommuniziert und kooperiert, werden sie weniger deutlich erkennbar. Mit der Zeit unterscheiden sie sich vielleicht nicht mehr von der Person, die man im Alltag geworden ist. Diesen Prozeß nennt man Integration. Bei der Integration weiß man, was die Persönlichkeiten denken und fühlen, ohne sie fragen zu müssen.

Meiner Meinung nach ist die Integration nicht das Ziel der Heilung, sondern eine Folge davon. Wenn man nur die Integration als Ziel vor Augen hat, kann das sogar den Heilungsprozeß behindern, weil möglicherweise dadurch bestimmte Persönlichkeiten aufgefordert werden, stumm zu bleiben, um anderen Persönlichkeiten oder dem Therapeuten zu gefallen.

Der Heilungsprozeß ist nicht einfach die Aufbereitung von Erinnerungen über eine bestimmte Anzahl von Jahren hinweg. Man hat nun die Chance, mehr über sich selbst zu erfahren und sich nach innen zu wenden, um eine reichhaltige, vollständige Welt zu entdecken, die einem das Leben zurückgeben kann. Die Erinnerungen sind nur ein Teil dieses Prozesses. Die Entdeckung, was einem wirklich wichtig ist, welche Stärken man hat und welchen Platz in dieser Welt, ist nur einer der Vorteile, die man durch den langen, schweren Prozeß der Heilung erlangt. Obwohl die neue Kommunikation zwischen den inneren Persönlichkeiten gewöhnlich von schrecklichen Erinnerungen an den Mißbrauch in der Kindheit begleitet wird, haben die Persönlichkeiten doch die einzigartige Gelegenheit, als Stützsystem für das Selbst zu wirken. Die Persönlichkeiten können einander helfen, einander halten und miteinander ein Innenleben schaffen, das für jeden angenehm und hilfreich ist. Der Prozeß ist vielleicht lang und schwierig, aber er lohnt sich.

Anmerkungen

1 Colin Ross: Multiple Personality Disorder: Diagnosis, Clinical Features, and Treatment. New York 1989, S. 220.
2 Frank Putnam: Diagnosis and Treatment of Multiple Personality Disorder. New York 1989, S. 203.
3 Ross, a. a. O., S. 113.
4 Cooperation versus Integration (1989) und Maintaining Functioning and Avoiding Collapse During Recovery (1989). Videokassetten erhältlich durch Healing Hearts, 357 Mac Arthur Blvd, Oakland, CA 9461/USA.

KAPITEL 4

Körperlicher und seelischer Mißbrauch von Kindern: Gehirnwäsche und Programmierung

Traum: 11. April 1985

Ich saß am Küchentisch und aß mit meiner Familie. Alle sprachen miteinander und lachten, und ich wollte immer wieder etwas sagen. Sie unterhielten sich lauter und übertönten meine Stimme. Niemand sah mich an. Niemand ließ sich anmerken, daß ich etwas gesagt hatte. Ich fühlte mich wie unter einer Glasglocke. Ich konnte hinaussehen, aber niemand konnte hineinblicken. Das Gefühl von Isolation war unerträglich. Ich ging zu meiner Mutter und zupfte sie am Ärmel. »Mama, Mama, hör doch!« flehte ich. Sie aber lachte weiter mit den anderen und drehte mir nicht einmal das Gesicht zu. Ich schaute meine Familie an. »Hört doch!« schrie ich. »Warum hört ihr mich nicht?« Sie sahen mich immer noch nicht an. Ich fühlte mich unsichtbar. Wut brannte in mir. Die Frustration verwandelte jede einzelne Zelle meines Körpers in Feuer. Ich haßte sie, aber ich konnte nichts tun, damit sie meine Existenz anerkannten.

Ich griff nach einem Hammer und schlug damit auf meinen Arm. »Seht doch!« sagte ich. »Seht ihr das?« Immer noch bemerkte mich keiner. Ich wurde verrückt vor Wut und mußte mich selbst verletzen. Ich spottete darüber, wie wenig sie sich um mich kümmerten. »Seht euch das an!« sagte ich und rieb meinen Körper so fest über den Teppich, daß ich davon wund wurde. Aber ich spürte nichts. Mein Körper existierte nicht. Ich wollte meiner Familie weh tun, und mein Körper war das einzige Instrument, mit dem ich ihnen zeigen konnte, was sie mir angetan hatten. Ich wollte, daß alle meinen Schmerz sahen. Ich wollte die Spiele des Schweigens verspotten, über die ich nie Kontrolle hatte. Aber immer noch merkte niemand etwas.

Dann klopfte es an der Tür. Ich stand auf und ging hin, um zu öffnen. Es war meine beste Freundin Kristin. Sie sah mich entsetzt an. »Oh, mein Gott«, sagte sie. »Was hast du getan?« Zum ersten Mal schaute ich an meinem Körper hinab und sah das aufgeschürfte, wunde Fleisch. Ich war verwirrt und wie benommen. Ich hatte die Wunden gar nicht bemerkt. :»Wir müssen den Krankenwagen rufen«, sagte sie. Ich schwieg. Ich wußte nicht mehr, was ich tun sollte.

Dann kam der Krankenwagen, und sie hängten mich an einen Tropf und ein Beatmungsgerät. Der Arzt blickte auf mich herab und sagte: »Du stirbst vielleicht.« Ich betrachtete meinen Körper und sah die verletzten Gliedmaßen und die müden Knochen. Ich war von Kummer überwältigt. Mein Körper hatte den Preis für all die Schmerzen bezahlt, die ich nie mit Worten ausdrücken konnte. Ich erkannte, daß die wichtigste Beziehung, die ich im ganzen Leben habe, die zu mir selbst ist. Wer war überhaupt meine Familie? Wer waren diese Menschen, die mich ignorierten? Mein Körper würde sterben. Ich würde sterben. Was hatte ich getan, daß ich das verdiente?

Ich hatte mich bestraft, weil ich niemand anderen strafen konnte. Ich hatte meine Frustration immer an mir selbst ausgelassen, weil niemand anders die unglaublichen Ungerechtigkeiten anerkennen wollte, die an mir verübt wurden. In diesem letzten Augenblick erkannte ich es. Ich sah, daß, egal was geschieht, egal was alle über mich sagen oder mir antun, das doch nie lohnt, mich selbst zu verlieren. Und das fühlte ich. Ich fühlte es ganz genau. Ich – ohne die Meinung und Vorstellung von irgend jemand anderem. Nur ich. Ich betrachtete meinen Körper und erinnerte mich wahrhaftig. Ich wußte, daß ich am Leben bleiben mußte. Ich hatte meinen Grund zum Überleben gefunden.

Obwohl viele verschiedene Gruppen rituellen Mißbrauch ausüben, hat dieser Mißbrauch doch gemeinsame Kennzeichen. Verbreitet sind sexuelle Mißhandlungen, das Opfern von Tieren und Menschen und körperliche Folter. Viele Gruppen sind an kommerzieller Kinderpornographie und Kinderprostitution beteiligt. Die meisten Opfer von rituellem Mißbrauch werden während des Mißbrauchs unter Drogen gesetzt. Aufgrund dessen sind viele Erinnerungen daran verschwommen und distanziert, wenn sie in der Therapie auftauchen.

Das Töten von Menschen und Tieren

Zu gewalttätigen Kultritualen gehört oftmals das Opfern von Tieren und Menschen. Eine Überlebende erinnerte sich in allen Einzelheiten an die Morde, die sie bei Ritualen erlebte:

»Insgesamt habe ich den Mord an sechs Menschen bei Ritualen miterlebt. Es waren ein Baby, das mit einer Axt zerstückelt wurde, und ein Baby, das von meiner Mutter erstochen wurde, ein Baby wurde von einem Mann erstochen, einer jungen, schwangeren Frau wurde in den Bauch gestochen (um auch das Baby zu töten), ein geistig zurückgebliebener oder schizophrener Mann erhielt eine tödliche Spritze, und ein anderer Mann wurde erstochen. Es können noch andere gewesen sein, aber an diese kann ich mich deutlich erinnern...

Wenn Tiere oder Menschen erstochen wurden, wurde das Blut in einer goldenen Schale aufgefangen, und alle tranken davon. Teile des Körpers, wie das Herz und die anderen Organe, wurden verzehrt.«

Der Verzehr von Blut und Fleisch in einer Art Kommunionsritual ist gewöhnlich integraler Bestandteil eines Ritualopfers. Wenn bei diesen Ritualen Erwachsene und Kinder umgebracht werden, geschieht das nicht immer im Namen Satans. Ein Überlebender beschreibt ein solches Ritual, dessen Sinn die Reinigung durch Gott sein sollte.

»1952 oder 1953, als ich acht oder neun war, erlebte ich den rituellen sexuellen Mißbrauch und die Ermordung von Kindern in einer christlichen Heilskirche, etwa eine Stunde Autofahrt von meinem Zuhause in Maryland entfernt.

Dem Prediger zufolge war der Tag des Jüngsten Gerichts nahe (was für ihn durch die Alarmübungen, Bunker und Evakuierungspläne des Kalten Kriegs belegt wurde), daher sei die Rettung der Seelen dringend notwendig. Er sagte, die alten Leute vor ihm seien bereits bei der Arbeit für den Herrn weise geworden, und daher sei ihr Überleben als Leitbilder für den Glauben wichtig. Damit diese Menschen weiterhin die Werke des Herrn verrichten könnten, hätten geheiligte Kinder ›ihre eigene Lebenskraft dem christlichen Opfer‹ geweiht. Diese kleinen Mädchen, die vor dem Altar aufgereiht standen, seien ›Heilige‹, die freiwillig ihr Leben gäben, damit die Älteren lebten, um vor dem Jüngsten Gericht das Heil unter den Ungläubigen zu verbreiten. Die Männer bräuchten nur diese reinen Kinder zu ›umarmen‹ (damit meinte er Geschlechtsverkehr haben), um deren Lebenskraft in sich aufzunehmen. Bei den ›Kommunions‹-Ritualen in der Kirche gaben diese Mädchen, vier bis zehn Jahre alt, ihre ›Lebenskraft‹ über mehrere Wochen hinüber diesen Männern, bis sie ›völlig geleert‹ waren (nämlich tot).«

Gewalttätige Kulte benutzen alle möglichen Rechtfertigungen für solche Menschen- und Tieropfer. Einige Gruppen behaupten, Menschenopfer seien nichts anderes als die Tieropfer der Vergangenheit. Sie sagen, der Gott des Alten Testaments habe Tieropfer in seinem Namen gefordert. Ihrem Glaubenssystem zufolge sind Menschen nichts weiter als komplizierte Tiere, die nicht mehr Recht auf Leben haben als die anderen Kreaturen dieser Erde. Wenn der Gott des Alten Testaments ein Tieropfer verlangte, warum sei dann das Opfer eines größeren Tieres, eines Menschen, eine größere Sünde als die Opferung eines kleinen Tieres, wie etwa eines Lamms?

In einigen Gruppen gilt, daß Tötungen nur im Ritual gerechtfertigt seien. Damit in der Natur etwas überleben kann, muß etwas sterben, ob Tier oder Pflanze. Das ist das Gesetz der Natur, die Nahrungskette. Einige Gruppen behaupten, daß das Opfer von Tieren oder Menschen in einem Ritual sie der natürlichen Lebensordnung näher bringe, die selbstverständlich auch den Tod umfaßt. Sie betrachten die Opfer als eine Weise, sich direkt, systematisch und strukturiert mit diesem natürlichen Kreislauf von Leben und Tod auseinanderzusetzen. Indem sie rituell töten, statt zufällig auf der Suche nach Nahrung oder in einem Krieg, verbinden sie ihrer Meinung nach diesen Akt mit etwas, das höher steht als sie selbst. Für eine Gruppe mit dieser Philosophie ist ein Menschen- oder Tieropfer genau das – ein Opfer. Eine Kreatur stirbt, um alles andere neu zu beleben. In einem solchen Glaubenssystem ergibt sich aus dem Tod des Opfers größere Weisheit für alle Beteiligten.

Egal, welche philosophische Rechtfertigung für das »Opfer« herangezogen wird, Kinder sehen den Akt immer als einen kaltherzigen Mord an. Kinder, die zusehen, wie Menschen oder Tiere getötet werden, reagieren entsetzt. Salat zu essen ist etwas völlig anderes, als zuzusehen, wie eine Kreatur leidet, weil man weiß, man könnte ihren

Schmerz lindern oder verhindern. Wenn die Erwachsenen in der Gruppe sich in die Gefühle des hilflosen, verzweifelten Kindes einfühlten, würden sie erkennen, daß keine Rechtfertigung des Geschehens seinen intensiven Schmerz, die Einsamkeit und die Angst verhindert.

Mißbrauch von Kindern

Erwachsene, die Kinder sexuell, körperlich oder emotional mißbrauchen, versuchen ihr Verhalten zu rationalisieren, um ihre eigenen Schuldgefühle loszuwerden. Einige Erwachsene behaupten, physische Kindesmißhandlung habe etwas mit »Disziplin« zu tun. Sie glauben, sie hätten ein Recht darauf, Kinder körperlich anzugreifen, wenn sie diesen Angriff durch ein Prinzip rechtfertigen wie etwa: »Du hast diese Schläge verdient, weil du frech warst.« Bei rituellem Mißbrauch hält nur völlige Geheimhaltung das reibungslose Funktionieren der Gruppe aufrecht. Wenn das Kind jemandem etwas über den rituellen Mißbrauch erzählt, wird es diszipliniert, das heißt mit Folter bestraft. Der Täter führt dazu beispielsweise Nadeln in die Genitalien des Kindes ein und sagt dabei, es sei böse. Andere Foltern sind Strecken, elektrische Schocks, längeres Einsperren mit Leichenteilen oder Insekten oder das Aufhängen mit dem Kopf nach unten – verbal wird immer wieder gepredigt, das Kind sei böse.

Manche Erwachsenen rechtfertigen ihr gewalttätiges Verhalten im Kult, indem sie sich einreden, sie bereiteten die Opfer auf den schweren Kampf des Lebens vor. Egal, welche Rechtfertigung für den rituellen Mißbrauch benutzt wird, die Gewalt beutet immer ein hilfloses Opfer aus. Die gewalttätigen Handlungen, wenn Erwachsene Kindern das Recht auf körperliche und emotionale Unversehrtheit rauben, haben ihre Ursache in der Psyche der

Täter. Diese sind fähig, Kindern ohne Reue wehzutun, weil sie selbst von anderen Menschen seelisch isoliert sind.

Einige Kultgruppen mißbrauchen Kinder, um sie »stärker« als andere zu machen, um eine »überlegene Rasse« von Menschen heranzuzüchten, die alle möglichen Schmerzen aushalten kann. Manchmal sind die mißbrauchten Kinder bloße Objekte für magische Zeremonien. Viele Zauberlehren beruhen auf dem Glauben, daß man als Mensch durch Schmerz und Leiden ein höher entwickeltes spirituelles Bewußtsein erlange. Manchmal fügen Magier sich selbst Schmerzen zu, manchmal unschuldigen Opfern. Kinder in diesen Situationen werden zum bloßen seelenlosen Gegenstand – wie die Gewänder, Altäre oder Kerzen, die bei dem Ritual benutzt werden. Kinder werden zuweilen auch mißbraucht, um die sadistischen Phantasien des Täters zu befriedigen.

Die sexuellen, körperlichen und emotionalen Übergriffe auf Kinder in allen rituellen Mißbrauchshandlungen scheinen eine bestimmte, unausgesprochene Funktion zu haben. Gewalttätige Kultgruppen wollen ihre Opfer kontrollieren. Am häufigsten geht es beim rituellen Mißbrauch um die Indoktrination. Kinder, die in diesem Zusammenhang mißbraucht werden, lernen, daß ihr Körper nicht ihnen gehört, sondern daß jeder sie berühren und mit ihnen tun kann, was er will. Kinder lernen, daß sie weder körperlich, sexuell noch seelisch sicher sein können. Sie müssen allen in ihrer Umgebung gehorchen, weil sie sonst angegriffen werden.

Der Mißbrauch zielt darauf ab, die Kinder hilflos und beschämt zu machen. Je hilfloser und hoffnungsloser sie sich fühlen, desto leichter sind sie zu kontrollieren. Oft zielt der rituelle Mißbrauch auch darauf ab, die Kinder für Dinge verantwortlich zu machen, über die sie keinerlei Entscheidungsgewalt hatten. Die Kultgruppen schaffen bewußt Szenarien, in denen ein Kind gezwungen wird, einen gewalttätigen Akt zu begehen oder mitanzusehen, damit die Gruppe sich anschließend gegen das Kind wenden kann. Kultangehörige sagen dann, das Geschehene sei Schuld des Kindes, denn es sei böse oder schlecht. Das Kind lernt, daß es nicht kontrollieren kann, was ringsum vorgeht. Auf einer tiefen, kindlichen Ebene wird diesen Opfern beigebracht, daß sie für alles Schlechte verantwortlich sind, was um sie geschieht, und daß sie dies unter keinen Umständen ändern können. Eine Überlebende beschrieb ein Beispiel dieser Art von Gehirnwäsche bei einem Lynchmord:

»Irgendwann trat ›mein Vater‹ nach mir und schlug mich zu Boden. Er sagte zu mir: ›Der Nigger hat dich gefickt, und daher mußt du ihm jetzt die Eier abschneiden und ihn aufhängen. Er hat dich gefickt, weil du ihn angemacht hast, hast ihm deine kleinen Titten gezeigt und alles andere, du kleine Hure. Du hast uns geholfen, ihn auseinanderzunehmen und aufzuhängen. Den Rest deines Lebens sind jetzt alle Nigger hinter dir her, um dich umzubringen, und du mußt sie tun lassen, was immer sie wollen.‹

Davon war natürlich nichts wahr. Ich glaube nicht, daß ich jemals von einem Schwarzen mißbraucht wurde, und ich habe ganz gewiß nicht an der Folter und dem Lynchmord an diesem Mann teilgenommen.«

Viele Kulte pervertieren oder benutzen christliche Lehren, um dem Kind Schuld- und Schamgefühle einzuflößen. Hier ein weiteres Beispiel:

»An bestimmten Festtagen veranstaltete die Kultgruppe Rituale, die die christlichen Bräuche verspotteten. An Weihnachten zum Beispiel wurde ein Jesuskind, statt geboren zu werden, von ›Mutter Maria‹, ›Joseph‹ und den ›Drei Königen‹ gefoltert, sexuell mißbraucht und ermordet. Nach diesem Ritual sagte man zu mir: ›Jesus starb für deine Sünden. Du bist schlecht. Du hättest sterben sollen. Was du getan hast war Blasphemie. Du bist schlecht. Er starb wegen deiner Sünden. Du mußt bestraft werden!‹«

Die meisten Überlebenden gaben an, daß sie schließlich gezwungen wurden, bei den Gewalttaten mitzumachen. Eine berichtete:

»Mindestens einmal mußte ich bei einem Mord mitmachen... ich wußte, daß sie ihn töten würden, und ein Erwachsener (ich weiß nicht wer) kam zu mir und legte meine Finger um den Griff eines scharfen Messers, schloß seine Hand um meine, und wir schnitten zusammen den Penis dieses Mannes ab. Dann wurde er von diesem Erwachsenen erstochen. Sie sagten zu mir, ich hätte seine ›Männlichkeit‹ genommen, und deshalb müßte ich nun die Rolle eines Mannes spielen und dürfe niemals mehr ein Mädchen oder eine Frau sein.«

Kulte sind fähig, in Kindern das instinktive Gefühl zu ersticken, was richtig und was falsch ist, indem sie sie zwingen, an Gewaltakten teilzunehmen. Viele Überlebende erinnern sich, genötigt worden zu sein, Wesen und Dinge zu verletzen oder zu töten, die sie liebten, etwa ein Haustier. Für ein Kind, das in einer isolierten Umwelt lebt, bedeutet das Töten eines vertrauten Tieres, den einzigen Freund in der Welt umzubringen. Indem man ein Kind dazu bringt, das einzige zu verraten, das es liebt, kann der Kult es zwingen, sich zur Erfüllung seiner seelischen Bedürfnisse ausschließlich an die Kultgruppe zu wenden.

Unbewußte Verbindung zum Kult:
Opfer werden programmiert

Viele Gruppen programmieren Gedanken und Überzeugungen bei überwältigend schmerzhaften Foltersitzungen bewußt in die Opfer ein. Man sagt etwa einem Mädchen, während man ihm Nadeln in die Vagina schiebt, es sei voller Gift, das alle anstecken würde, die es liebt. Die Opfer werden gewöhnlich mit bestimmen Informationen programmiert, wie sie sich außerhalb des Kults zu verhalten haben. Unter der Folter sagt man ihnen, sie dürften niemals über die Mißhandlungen sprechen. Ihnen wird vorgeschrieben, was sie tun sollen und wen sie als Freunde haben dürfen.

Bei der Programmierung wird gewöhnlich mit Elektroschocks gefoltert, mit Strecken oder dem Stechen mit Nadeln – Methoden, die keine großen Merkmale hinterlassen. Eine Überlebende erinnert sich:

»Bei jedem Ritual war ein Arzt zugegen, der eine bestimmte, sehr hochstehende Position zu haben schien. Er riet denjenigen, die die Kinder folterten, genau, was sie tun sollten und was nicht, damit keine Zeichen zurückblieben. Nach der Zeremonie behandelte er die Verletzungen und erklärte den Eltern, wie sie diese erklären konnten, falls jemand in der Schule oder anderswo Fragen stellte.«

Auch Hypnose wird benutzt, um die Wirkung der Programmierung zu verstärken. Hypnose und Folter werden angewendet, um jeden Aspekt im Leben des Opfers zu bestimmen. Wenn rituell mißbrauchte Kinder heranwachsen, setzt man Hypnose und Folter ein, um ihnen einzuprogrammieren, auf welche Schule sie gehen, was sie werden und sogar, wen sie heiraten sollen.

Einprogrammiert wird auch, daß die Kinder sich irgendwie anderen überlegen fühlen. Diese verbreitete Gehirnwäsche-Taktik löst die Kinder von jedweder Zugehörigkeit zu anderen »normalen« Menschen. Das Gefühl, »besonders« zu sein, ist das einzige Positive, was Kinder, die in Kultgruppen groß werden, empfinden dürfen. Sie lernen, dieses Gefühl mit der Zusammengehörigkeit zum Kult zu verbinden. Die Kulte benutzen diese Taktik der »Besonderheit«, um die Kinder fester an die Gruppe zu binden. Eine Überlebende erinnert sich:

»Der Anführer wußte bald, daß er uns zu allem bringen oder von allem überzeugen konnte, was er wollte. Auf der einen Seite sagte er zu uns, wir seien Kali, die Göttin der Zerstörung, und wir könnten unaussprechliche Handlungen für ihn begehen. Andererseits benutzte er Drogen, Hypnose und Folter, damit wir nichts über den Kult preisgaben.«

Auslösende Worte und Gegenstände

Opfer werden unter Folter programmiert, auf bestimmte Auslöser zu reagieren, wie bestimmte Farben oder Worte. Mit dem Auslöserreiz können die Kulte mit den Persönlichkeitsanteilen Kontakt aufnehmen, die unter Folter geboren wurden. Nach der Reizauslösung vergißt das Opfer, was es tat, als es sich in der anderen Persönlichkeit befand. Die Gruppen benutzen Auslöserworte oder -symbole, um Überlebende zu treffen oder zu Ritualen zu bringen, auch gegen ihren Willen.

Eine Überlebende beispielsweise, die sich von dem Kult lösen wollte, kann alles in ihrer Macht Stehende tun, um sich von den Tätern fernzuhalten, doch dann bekommt sie mitten in der Nacht einen Anruf. Wenn sie ans Telefon geht, hört sie Glocken und eine Stimme, die flüstert: »Komm!« »Komm« ist ein Auslöserwort, das sie unter Folter lernte. Die dazugehörige Botschaft, die ebenfalls unter Folter einprogrammiert wurde, lautet, daß sie, wenn sie das Wort »Komm« hört, zu einem Ritual kommen muß, andernfalls findet man sie und foltert sie wieder. Wenn die Überlebende das Auslöserwort hört, wechselt sie sofort die Persönlichkeit und fügt sich den Wünschen der Täter. Am nächsten Morgen wacht sie auf und hat keine Ahnung, den Anruf bekommen zu haben oder zu dem Ritual gegangen zu sein.

Insgesamt geht es bei der Programmierung um Kontrolle. Das Kind wird einer Gehirnwäsche unterzogen, um es zu einem Mitglied der Gruppe zu machen. Vorwiegend aber zielt die Programmierung darauf ab, die Geheimhaltung zu wahren. Das Stillschweigen der Mitglieder ist absolute Priorität aller Kulte, die Kinder rituell mißbrauchen.

Da die Programmierung konsequent unter traumatischen Umständen vorgenommen wird, scheint sie auf den Überlebenden einen mechanischen Effekt zu haben. Ohne es zu merken, reagiert er auf Auslöser und Programme, die er in der Kindheit gelernt hat. Die Wirkung ist noch stärker, wenn die Gehirnwäsche mit echten Gefühlen verbunden wird. Die echten Gefühle und Ängste von dem Programm zu trennen hilft dem Überlebenden, den Bann zu brechen, den die Gehirnwäsche auf ihn ausübt. Im folgenden finden sich Beispiele für typische Kultprogrammierungen und wie diese mit den wahren Gefühlen der Opfer verknüpft wurden.

Selbstmord

Viele Mißbraucher programmieren ihren Opfern unter Folter ein, Selbstmord zu begehen, wenn sie sich jemals an den rituellen Mißbrauch erinnern oder darüber reden. Das ist die leichteste Methode für den Kult, Mitglieder loszuwerden, die sich nicht an die Schweigepflicht halten. Ein Selbstmord läßt das Opfer als das Problem erscheinen und diskreditiert die von ihm gemachten Anschuldigungen.

Selbstmordgedanken sind bei Überlebenden von rituellem Mißbrauch sehr verbreitet. Sie stehen unter extrem starkem Druck und leiden. Wenn sie in einer Kultgruppe groß wurden und sie später verlassen, müssen sie alle Verbindungen zu Familie und Freunden abbrechen. Sie müssen ständig auf der Hut sein vor Leuten, die versuchen, sie zurück in den Kult zu ziehen. Das Leben eines Opfers von rituellem Mißbrauch ist voller Angst und Schrecken angesichts der Möglichkeit, sich den Tätern wieder stellen zu müssen. Sie werden von Einsamkeit und dem Gefühl, nirgendwohin zu gehören, heimgesucht.

Überlebende, die bis auf den heutigen Tag mißbraucht werden, leiden unter der größten Hoffnungslosigkeit. Sie fühlen sich wie ein Tier in einem verschlossenen Käfig. Sie sehen keine Möglichkeit, diesem Leben des Leids zu entfliehen. Diesen Menschen erscheint Selbstmord als die schnellste und leichteste Lösung.

Selbstmordgefühle tauchen auch beim Erinnerungsprozeß auf. Wenn sich der Überlebende an den Mißbrauch zu erinnern beginnt, erlebt er das schreckliche Geschehen noch einmal. Dies ist zwar ein natürlicher Bestandteil des Erinnerungsprozesses, aber wenn man die Schmerzen nicht begreift, gelangt man leicht zu der Überzeugung, sie würden auf ewig andauern. Die körperlichen und seelischen Schmerzen sind so intensiv, daß der Überlebende am liebsten sterben möchte. Es scheint, als könne man sie nur betäuben, indem man sich selbst umbringt oder sich Verletzungen zufügt. Selbstmordgefühle sind unter Menschen, die in Kulten mißbraucht wurden, sehr häufig. Sie lassen den Überlebenden auf tiefstmögliche Weise wissen, daß sie »mehr wollten als dies«. Es ist für alle Überlebenden wichtig, immer daran zu denken, daß es ein Fehler ist, diesen Selbstmordgedanken nachzugehen. Es gibt immer Hoffnung auf Veränderung.

Selbstverstümmelung

Viele gewalttätige Kultgruppen bringen den Opfern bei, die »Strafen« zu verinnerlichen, wenn sie sich gegen die Grundsätze der Gruppe wenden. Sie werden darauf programmiert, sich selbst zu verletzen oder zu verwunden, wenn sie jemals zu Außenstehenden über die Kultaktivitäten reden sollten. Auch hier werden diese Lektionen dem Opfer unter Folter einprogrammiert. Man bringt ihnen Reizworte bei, die die Selbstverletzung auf Kommando auslösen, sollte das Opfer sich jemals gegen die Gruppe stellen.

Überlebende, die über den Mißbrauch sprechen, stehen vor der berechtigten Angst, daß man ihnen nicht glaubt. Viele von ihnen wurden wieder zu Opfern, als sie über den Mißbrauch sprachen. Man hat ihnen vorgeworfen, besessen zu sein und selbst andere mißbraucht zu haben, und man glaubte ihnen nicht. Die Ungerechtigkeiten, die gegen Überlebende durch die Kultgruppe und die Gesellschaft verübt werden, sind so groß, daß einige Überlebende glauben, sie hätten nur einen einzigen Weg, ihre Wut und Frustration auszudrücken: Einzig ihr eigenes Verhalten können sie kontrollieren, daher richten sie ihre Frustration und Wut nach innen und verletzen den eigenen Körper. Sie wenden sich gegen sich selbst, weil andere ihren Schmerz nicht hören wollen oder die Wahrheit dessen, was sie sagen, nicht akzeptieren.

Für viele Überlebende führt das Sprechen über den Mißbrauch zur Bestätigung ihrer Erinnerungen, was erneutes Leid mit sich bringt. Wenn Überlebende akzeptieren, daß ihre Erinnerungen wahr sind, müssen sie um alles trauern, was sie verloren haben. Oft werden sie von selbstzerstörerischen Impulsen heimgesucht, weil sie ihre Vergangenheit nicht mehr ändern können.

Das Ausagieren selbstzerstörerischer Impulse handelt dem Überlebenden auf lange Sicht nur mehr Leid ein.

Wenn es dem Überlebenden gelingt, eine sichere Umgebung zu finden, kann er die Schmerzen der Erinnerung mit fremder Hilfe aushalten. Er hat die Freiheit, die Ungerechtigkeiten, die an ihm verübt wurden, hinauszuschreien. Er betrauert seinen Verlust. Am Ende kann er mit der eigenen, persönlichen Wahrheit leben. Er gewinnt sein Leben zurück.

Mitwisser müssen getötet werden

Einige gewaltsame Kultgruppen schützen ihre Geheimnisse, indem sie den Opfern einprogrammieren, die Menschen umzubringen, denen sie über die Mißhandlung erzählten. Auch in diesem Fall werden die Überlebenden später als verrückt bezeichnet und ihre Erinnerungen an den rituellen Mißbrauch als unglaubwürdig hingestellt.

Diese Programmierung wird gewöhnlich unter Folter vorgenommen, oder man versetzt das Kind in eine Situation, in der man ihm gestattet, einem Kultmitglied näher zu kommen. Wenn es diesem Kultmitglied über den an ihm verübten Mißbrauch erzählt, wendet sich diese Person von ihm ab und verbündet sich mit der übrigen Gruppe. Das Opfer wünscht sich, diese Person umzubringen, und man kann die Wut über dieses Trauma benutzen, um das Kind zu kontrollieren. Man sagt ihm, daß alle Leute, denen es von dem Mißbrauch erzählt, es schließlich verraten würden und daß es besser sei, es würde sie umbringen, wenn es ihnen davon berichtet hat.

Diese Programmierung zum Mord nutzt den natürlichen Wunsch des Opfers aus, sich selbst zu schützen. Wenn jemand bei einem einbricht und einen angreift, hat man das Recht, jedwede Gewalt anzuwenden, um den Angriff abzuwehren. Jeder hat dieses Recht auf Selbstverteidigung und Notwehr. Aber Überlebenden von rituellem Mißbrauch wurde nie erlaubt, sich im Kultkontext zu verteidigen. Dieses natürliche Gefühl des Selbstschutzes wurde vom Kult zu einer blinden Wut verzerrt, die wiederum durch den Kult kontrolliert wurde. Die Überlebenden erfuhren keine echte Befreiung von dieser Wut, denn ihre Gefühle konnten nie vor den Menschen ausgedrückt werden, die jede ihrer Bewegungen kontrollierten und sie verletzten. Kulte benutzen diese blinde Wut, um Überlebende zu zwingen, Gewaltakte zu begehen.

Geliebte Menschen müssen getötet werden

Manche Kultopfer werden auch darauf programmiert, Menschen umzubringen, die sie lieben. Indem man ihnen beibringt, ihre intimsten Beziehungen zu verraten, kann der Kult die Bindung des Opfers an andere Menschen restlos zerstören. Kinder, die in gewalttätigen Kultgruppen mißbraucht werden, binden sich oft aneinander, und die Kulte benutzen diese Beziehungen immer wieder, um sie zu verletzen. Sie zwingen enge Freunde, einander zu verraten und zu demütigen. Schließlich sind die Kinder so verwirrt über das, was sie wirklich empfinden, daß das Töten von Menschen, die sie mögen, ihnen leichter erscheint, als sie zu verraten oder von ihnen beim nächsten Ritual verraten zu werden.

Diese Programmierung nutzt das unangenehme Gefühl des Opfers aus, verletzlich zu sein. Wer verletzlich war, wurde verraten. Die gewalttätigen Kultgruppen bringen Kindern bei, sie seien nicht liebenswert und niemand würde sie jemals gern haben. Diese Art seelischer Grausamkeit ruft beim Kind eine so starke Sehnsucht nach Liebe hervor, daß es schließlich, wenn es in sich Liebe spürt und sich jemandem nähern will, von der Angst gelähmt ist, seine Liebe würde nicht erwidert. Das gesamte Selbstwertgefühl des Kindes liegt in den Händen des geliebten Menschen, der beweisen muß, daß der Kult unrecht hat. Dieses hohe Maß an Verletzlichkeit ist unangenehm, wenn nicht sogar unerträglich. Wenn Überlebende eine geliebte Person töten, vernichten sie ihre letzte Chance auf die Freude, sich geliebt zu fühlen. Aber sie lindern die Unsicherheit, nicht zu wissen, ob ihre Liebe erwidert wird. Manchmal erscheint es leichter, erstarrt zu bleiben, statt sich zu öffnen und möglicherweise zurückgewiesen zu werden.

Beziehungen der Kindheit: Haßliebe unter Kultangehörigen

Kinder, die in gewalttätigen Kultgruppen miteinander groß werden, entwickeln eine starke Bindung aneinander, ähnlich wie Kriegsteilnehmer untereinander. Kulte benutzen diese engen Beziehungen, um die Überlebenden an die Gruppe zu binden und um den Opfern beizubringen, daß sie nie jemandem vertrauen oder ihn lieben können, ohne sich verletzt und verraten zu fühlen.

Kultgruppen initiieren bewußt Szenen, in denen Freunde einander verraten. Ein Kult kann zum Beispiel Kinder, die eng miteinander befreundet sind, zwingen, einander zu foltern und zu schlagen, und dann überzeugt man das verletzte Kind davon, daß sein Freund diese grausamen Dinge tun wollte. Wenn die Kinder groß werden, lernen sie, sich daran zu freuen, wenn sie geliebte Menschen verraten, ebenso wie sie lernen, sich selbst zu verletzen, um die Schmerzen zu überleben. Anfänglich hat keines der beteiligten Kinder Kontrolle über Gewaltszenen. Beide stecken in einer Situation, die sie nicht ändern können. Sie lernen, das zu tun, was man ihnen aufträgt, auch wenn es bedeutet, den starken Wunsch zu unterdrücken, geliebte Menschen freundlich zu behandeln.

Wenn die Kinder älter werden, empfinden sie intensive Liebe und intensiven Haß für die Menschen, an die sie im Kult gebunden sind. Für viele Überlebende ist die geliebte Person nicht nur diejenige, die ihnen das Gefühl gibt, geliebt und besonders zu sein, sondern auch der Mensch, der ihnen das Herz zerriß, als er sich den Wünschen des Kults fügte, sie zu verraten. Diese verratenen Überlebenden tragen die versteckte Scham und Reue für jedes Mal in sich, als sie gezwungen wurden, einen geliebten Menschen zu verraten. Sie bekommen schließlich das Gefühl, ihre Liebe sei unrein und gefährlich.

Aber es ist ja nicht die Liebe, die Auslöser für den Verrat war. In Wirklichkeit waren diese Kinder Gefangene. Die Liebe gab ihnen ein paar flüchtige Gedanken an Sicherheit und Freude, und der Kult war es, der die Kinder verriet. Dort brachte man ihnen bei, bei Liebe gehe es um Leid.

Die Kultgruppe:
Ein Leben voller Bedrohungen

Wir töten dich, wenn du darüber redest

Viele gewalttätige Kulte bedrohen Überlebende und belästigen sie mit dem Versuch, sie wieder unter ihren Einfluß zu bringen. Kultgruppen geloben, jeden Überlebenden umzubringen, der über den rituellen Mißbrauch spricht. Aufgrund seiner Erfahrung weiß der Überlebende, daß die Kulte durchaus zum Mord fähig sind. Allerdings scheinen sie diese Drohungen nicht oft wahrzumachen. Oberste Priorität in gewalttätigen Kultgruppen ist die absolute Geheimhaltung. Man ist stärker daran interessiert, die Existenz der Gruppe geheim zu halten, statt ein Mitglied umzubringen, das versucht, sie zu verlassen. Aus ihrer Perspektive sind ihre Kräfte vermutlich besser bei der Verfolgung von abtrünnigen Überlebenden eingesetzt, um sie zur Rückkehr zu zwingen, statt die Drohung wahrzumachen, sie umzubringen.

Mitglieder, die versuchen, den Kult zu verlassen, stehen oft vor so überwältigender Ableugnung und Beschuldigungen, daß sie schließlich ihren Kampf um ein besseres Leben aufgeben. Die Tatsache, daß die meisten Menschen nicht an die Existenz von rituellem Mißbrauch glauben, stärkt die Macht, die Kultgruppen über ihre Opfer haben. Deshalb finden Überlebende niemals die Hilfe, die sie brauchen, um sich davon zu lösen. Es ist sehr schwer, einem Kult zu entkommen, und die Gruppen können leicht eingreifen und die Betroffenen in einem schwachen Augenblick wieder zurückholen.

Wir töten die, die du liebst

Viele gewalttätige Kultgruppen drohen, die Menschen umzubringen, die der Überlebende liebt, aber gewöhnlich wird auch diese Drohung nicht ausgeführt, denn das könnte ein Fehler sein. Wenn es sich bei der betreffenden Person nicht um ein Kultmitglied handelt, würde das die Erinnerungen des Überlebenden an den rituellen Mißbrauch bestätigen. Der Mord an einem Freund würde zudem den Kult Angriffen von Menschen aussetzen, die nicht dem Kult angehören und die dem Mordopfer nahestanden. Das würde die Hauptregel der Geheimhaltung brechen. Bei Abwägung der Prioritäten kann der Kult zu dem Schluß gelangen, daß ein einziges Mitglied es nicht wert ist, die Existenz der gesamten Gruppe zu gefährden.

Es ist ebenfalls nicht im Interesse des Kults, eine vom Opfer geliebte Person umzubringen, die zum Kult gehört. Es wird viel Zeit für die Programmierung aufgewendet, und jedes neue Opfer nimmt innerhalb der Gruppe eine bestimmte Rolle ein. Der Mord an einem Mitglied könnte bedeuten, zwei Anhänger zu verlieren. Würde die Drohung wahrgemacht, dann würde der Überlebende, der versucht, der Gruppe zu entkommen, eine starke Bindung an den Kult verlieren. Er würde die Gruppe vermutlich noch stärker hassen. Daher scheint die Taktik wirksamer, lediglich die Drohungen fortzusetzen.

Wenn du gehst, foltern wir deine Freunde

Viele gewalttätige Kultgruppen drohen damit, jemanden zu foltern, mit dem der Überlebende im Kult befreundet ist. Die Kulte haben Zugang zu diesen Personen, um sie zu quälen oder körperlich in Bedrängnis zu bringen. Bindungen zwischen Kultanhängern sind die stärkste Waffe, um Überlebende zu zwingen, sich den Wünschen der Gruppe zu fügen. Die Drohung, einem geliebten Menschen im Kult zu schaden, reicht meistens aus, daß die Überlebenden die Gruppe nicht verlassen. Die Kultgruppen sind sehr wohl in der Lage, diese Drohungen wahrzumachen. Oft gehören enge Freunde und Angehörige zur Kultgemeinschaft, und es scheint den Versuch nicht wert, sie zu verlassen, wenn man damit deren Sicherheit riskiert.

Leider werden dieser Freund wie auch die Person, die gehen will, weiterhin mißbraucht, auch wenn sie in der Kultgruppe bleiben. Mit dem Verlassen der Gruppe hingegen wird der Überlebende für andere ein Vorbild. Solange man Kultmitglied bleibt, kann man weder sich noch Freunde dort vor den körperlichen und seelischen Grausamkeiten der Gruppe bewahren. Man schützt Freunde dort am besten, indem man die Gruppe verläßt und mit diesem Beispiel zeigt, daß es möglich ist, ein Leben ohne die Kontrolle durch andere zu führen.

Wir haben magische Kräfte

Gewalttätige Kultgemeinschaften versuchen Kinder zu überzeugen, daß sie allmächtig seien und magische Kräfte haben. Oft behaupten sie, sie könnten Gedanken lesen und böse Geister hinter anderen Menschen herschicken, wenn diese sich nicht richtig verhalten oder etwas verraten. Überlebende spüren oft die Anwesenheit von Persönlichkeitsanteilen, die glauben, besessen zu sein. Dieses Gefühl ist in Wirklichkeit eine Erinnerung daran, wie sich die Opfer an einem bestimmten Punkt des rituellen Mißbrauchs fühlten. Es ist jedoch nicht der Zorn von Geistern, den der Kult kontrolliert. Die an den Opfern verübten Taten, die schrecklichen Gefühle, die sie empfunden haben müssen, bewirken in Verbindung damit, daß der Kult diese seelische Erfahrung bei den Überlebenden als »böse Geister, die den Körper beherrschen« bezeichnet, daß sie den Verlust der Körperkontrolle selbst als »Besessenheit« erklären. Der böse Geist ist in Wirklichkeit der schließliche Ausbruch der unterdrückten emotionalen Energie, die der Überlebende nun nicht mehr kontrollieren kann.

Die Täter geben vor, über magische Kräfte zu verfügen, um Kinder zum Gehorsam zu zwingen. Sie lügen, damit die Kinder sich machtlos fühlen. Manchmal stößt während des Erinnerungsprozesses eines Opfers diesem zufällig etwas Schlechtes zu, etwa ein Autounfall oder eine Krebserkrankung. Diese Dinge, die allen Menschen passieren können, werden von den Opfern des rituellen Mißbrauchs dann fälschlicherweise für den Beweis gehalten, daß die Kultgruppen tatsächlich über magische Kräfte verfügen. Diese Deutung der traumatischen Erfahrung macht den Überlebenden erneut zum Opfer. Überlebende von rituellem Mißbrauch haben ein Recht darauf, mit Krankheiten und Tragödien wie alle anderen Menschen umzugehen. Sie haben ein Recht, sich diesen Unglücksfällen ohne das Gefühl stellen zu können, aufgrund ihrer Mißbrauchserfahrung »verflucht« zu sein.

Du bist wahnsinnig

Das, was gewalttätige Kultgemeinschaften Kindern antun, erzeugt in ihnen ein Gefühl, wahnsinnig zu sein und niemals zu wissen, was wirklich geschehen ist und was nicht. Man sagt den Kindern oft, der rituelle Mißbrauch sei nur ein Traum, ein sehr, sehr schlechter Traum. Kultmitglieder behaupten, Kinder würden im Grunde gern sexuell und körperlich mißbraucht, und zwingen die Kinder, ihnen dafür zu danken, daß sie geprügelt wurden. Sie beeinflussen die Kinder, niemals ihrer eigentlichen Wahrnehmung zu trauen, indem sie ihnen Lügen über die Wirklichkeit erzählen. Die überwältigenden Gefühle von Kindern während des Mißbrauchs verstärken in ihnen das Gefühl, außer Kontrolle und »wahnsinnig« zu sein.

Wenn im späteren Leben die Erinnerungen auftauchen, finden Überlebende es sehr verwirrend, daß sie sich bis zu diesem Moment niemals an etwas erinnerten. Möglicherweise empfinden sie sich als verrückt, aber sie erleben gleichzeitig ein starkes Gefühl von Vertrautheit, das ihnen klar macht, daß sie nichts von dem Erinnerten erfunden haben. Überlebenden wird oft vorgeworfen, wahnsinnig zu sein. Mit dem Urteil: »Du bist verrückt« kann man Gefühle, Gedanken und Verhalten eines Menschen völlig entwerten und diskreditieren. »Ach, der ist doch bloß verrückt! Dem kann man doch nichts glauben.« Damit wird behauptet, daß die Realität dieser Person nicht der Wahrheit entspricht. Wenn man jemanden unglaubwürdig macht, dann kann er sich durchaus verrückt vorkommen, aber das ist etwas ganz anderes als eine tatsächliche Psychose.

Du bist böse, du gehörst uns

Viele Sekten bringen den Kindern bei, daß sie schlecht seien und nirgendwoanders hingehörten als in die Kultgruppe. Den Opfern wird eingeredet, daß Menschen außerhalb der Gruppe erkennen würden, wie schlecht sie wirklich seien. Immer, wenn den Kindern etwas Schlimmes zustieße, würde das angeblich geschehen, weil die anderen Menschen endlich die Schlechtigkeit ihrer Seele erkannt hätten. Diese Kinder lernen, daß sie immer, wenn sie von anderen betrogen werden, es irgendwie verdienten, so, als stimme etwas grundsätzlich nicht bei ihnen.

»Niemand sonst will dich haben«, sagt die Kultgemeinschaft den Kindern. Mißbrauchte Kinder glauben diese Lügen, denn sie werden von Selbsthaß für das verfolgt, was zu tun sie gezwungen wurden. Ehe sich die Kinder von den Gefühlen dissoziieren können, empfinden sie entsetzliche, quälende Selbstzweifel, Schuldgefühle und Selbsthaß. Sie wissen, daß die Dinge, die sie zu tun gezwungen waren, »schlecht« sind, und sie identifizieren sich mit dieser Schlechtigkeit. Der rituelle Mißbrauch trennt diese Kinder von anderen Menschen, die nicht in Kultgemeinschaften groß wurden. Wenn die Kinder akzeptieren, daß sie schlecht sind, können sie Zugehörigkeit empfinden – in der Kultgruppe. Sie sind nicht mehr allein. Manchmal scheint ihre einzige Chance auf Liebe oder Anerkennung bei anderen Kultmitgliedern zu liegen.

Wer Fehler macht, wird bestraft

Viele gewalttätige Kultgruppen programmieren den Kindern ein, bei den Ritualen gewalttätige und andere Handlungen zu begehen. Kinder, die dabei Fehler machen, werden streng bestraft. Unter dem Vorwand der Disziplinierung schüchtert die Gruppe die Kinder ein, damit sie nicht über das nachdenken, was man sie zu tun zwingt. Alle Kinder sorgen sich bei den Ritualen, ob sie die Handlung »richtig« ausführen.

Dieses beherrschende Wertsystem entfremdet die Kinder ihrem angeborenen Gefühl für Gut und Böse. Indem der Kult den Kindern Verhaltensweisen diktiert und sie dann mit Gewalt bedroht, wenn sie sich nicht fügen sollten, werden die Gedanken des Kindes bei Ritualen kontrollierbar. Ein Kind wird beispielsweise allmählich dahingehend trainiert, in einem Ritual eine bestimmte Rolle zu übernehmen. Jedes Mal, wenn es einen Fehler macht, wird es gefoltert. Bald denkt es nur noch daran, sich so zu verhalten, daß ihm nicht weh getan wird. So wird verhindert, daß es über seine eigenen Gefühle und Gedanken und über das, was bei dem Ritual geschieht, nachdenkt.

Bei einigen gewalttätigen Kultgemeinschaften folgt auf jeden Fehler härteste Folter. Bei der Folter fragen sich die Kinder: »Warum tun sie mir weh? Warum?« Die schlichte Antwort im Kopf des Kindes lautet: »Weil sie mich nicht mögen.« Das ist für ein Kind die schlimmste Strafe von allen. Perfekt angepaßt sein zu wollen ist dann nur eine andere Art zu sagen: »Ich will doch nur gemocht werden.«

Wir sind deine Familie

Den Opfern eines Kults wird beigebracht, daß das einzig wertvolle Leben das in der Kultgemeinschaft sei. Die Kulte bezeichnen sich oft als Familie. Sie versuchen, die Kinder zur gleichen Loyalität und Hingabe an die Gruppe zu bringen, die die meisten Menschen nur gegenüber ihrer Familie empfinden. Unter dem Vorwand, elterliche Verantwortung zu haben, bestimmt der Kult das gegenwärtige und künftige Verhalten der Kinder.

Überlebende, die sich gegen die Wünsche des Kults stellen, fühlen sich manchmal wie Versager oder Verräter an ihrer Familie. Wenn jemand einen anderen Lebensweg einschlägt, als der Kult für ihn geplant hatte, wird er von Gedanken heimgesucht wie: »Ich bin ein Versager ... ich schaffe es nie.« Diese Botschaften werden bei Foltersitzungen einprogrammiert, um zu verhindern, daß die Opfer so viel Selbstachtung entwickeln, daß sie sich gegen die Wünsche der Gruppe stellen können.

Viele gewalttätige Kultgruppen reden den Kindern ein, es bestünde keine Hoffnung für sie und es gäbe keinen Ausweg. Diese Botschaften werden ständig bei Foltersitzungen wiederholt und den Kindern eingehämmert, wenn sie sich schon hoffnungslos fühlen. Man legt zum Beispiel das Lieblingstier des Kindes auf den Altar und tötet es, nachdem das Kind verzweifelt versucht hat, den Täter davon abzubringen. Dann lacht der Täter das schluchzende Kind aus und sagt:»Es ist vorbei. Zu spät. Es gibt keinen Ausweg.«

Früher hatten die Täter in vieler Hinsicht recht. Es war zu spät. Wenn vor knapp zehn Jahren ein Opfer über rituellen Mißbrauch sprach, wurde es in eine Irrenanstalt gesteckt und als paranoider Schizophrener bezeichnet. Heute hat sich diese Einstellung gewandelt. Die Überlebenden können sich an den rituellen Mißbrauch und ihre Notlage erinnern und entsprechende Hilfe suchen – und sie werden gehört.

Überlebende, die überzeugt sind, es gäbe keine Möglichkeit, den Schmerzen zu entkommen, fühlen sich absolut hilflos. Als Kinder konnten sie den Mißbrauch nicht verhindern, ganz gleich, wie laut sie schrien oder weinten. Als Erwachsene haben sie vielleicht zugesehen, wie ihre eigenen Kinder gefoltert oder getötet wurden, unfähig, dem Geschehen Einhalt zu gebieten. Die Kultgruppen bringen ihren Mitgliedern bei, daß sie keine Kontrolle über das haben, was geschieht, und daß ihr Verhalten keinerlei Einfluß auf ihre Umgebung hat. Opfer lernen, daß sie ohne Rücksicht auf ihr Verhalten dazu verdammt sind, weiter zu leiden. Diese angelernte Hilflosigkeit verhindert, daß die Opfer die Gruppe als Erwachsene verlassen können.

Abtötung des Selbstwertgefühls:
Wer liebt, wird bestraft

Du bist dumm

In den Kultgruppen werden Menschen, Tiere und Dinge verletzt, die die Kinder lieben. Kinder, die versuchen, Spielzeug zu schützen, das sie lieben, oder die ihren Gefühlen nachgeben und anderen helfen, werden verspottet. Der Täter schafft zum Beispiel bewußt eine Situation, in der das Kind glaubt, ein Kultmitglied würde es beschützen und lieben. Das Kind liebt daraufhin den rettenden Erwachsenen und versucht, diesen vor Schaden zu bewahren. In dem Moment wendet sich der Erwachsene gegen das Kind und lacht es aus. Er sagt, er habe es gern, wenn ihm weh getan wird, und daß das Kind dumm sei, ihn schützen zu wollen. Das Kind ist verwirrt und fühlt sich verraten. Die Botschaft lautet, daß es ein Narr ist, wenn es versucht, anderen zu helfen. Das ist eine eindringliche Lektion. Seine Liebe ist genau wie es selbst unrein und schmutzig.

Kultgemeinschaften verspotten stets den offenen Ausdruck von Liebe. Wenn jemand seine Zuneigung zu einem anderen Kultmitglied gesteht, wird er verhöhnt, und man bringt ihm bei, daß niemand in der Gemeinschaft fähig sei, einen anderen Menschen zu lieben. Sie glauben auch nicht, daß jemand aufrichtig einen anderen Kultangehörigen lieben könnte, denn sie sehen stets die eigene verinnerlichte Scham und den Ekel im anderen. Sie halten sich alle für zu »schlecht«, um geliebt zu werden. Liebe ist jedoch das, was den Kultangehörigen die Fähigkeit gibt, sich gegen den Schmerz und die Programmierungen des Kults zu wehren. Indem man die Opfer zu Narren macht, wenn sie einen anderen lieben, verhindert man, daß diese die Kraft empfinden, die aus Liebe entsteht. Das aber macht es sehr schwer, aus dem Kult auszubrechen.

Die Kultgruppen reden den Kindern ein, daß, weil sie innerlich so unrein und schmutzig seien, niemand sie jemals lieben werde und daß jeder, der ihnen nahekäme, diesen »Dreck« erkennen könne. Wenn sich ein Kind etwa den Forderungen seines Peinigers fügt und eine hilflose Kreatur verletzt, wendet sich der Täter an einen Freund dieses Kindes und sagt: »Sieh ihn dir an! Sieh ihn dir an!«, was heißt, »schau, wie ›böse‹ und ›ekelhaft‹ dein Freund geworden ist«. Das vermittelt dem Kind das Gefühl, sein Freund habe nun seinen »schmutzigen, bösen Kern« erkannt.

In Kulten werden Kinder in dieser Weise belogen, um sie an die Gruppe zu binden. Menschen, die glauben, niemals geliebt zu werden, betrachten das Leben als unendlich sinnlos. Das gibt den Kultgruppen die Möglichkeit, jeden Aspekt ihres Lebens zu kontrollieren. Wenn den Opfern gleichgültig wird, was geschieht, können die Kulte sie dazu bringen, alles zu tun, was sie wollen.

Überlebende von rituellem Mißbrauch spüren eine starke Sehnsucht nach Liebe, deren Begründung sie oft darin sehen, daß sie nie geliebt wurden. Das ist ein schmerzlicher und vernichtender Gedanke. Man ist vielleicht zuweilen auf uns wütend gewesen, oder es war vielleicht auch egal, ob wir lebten oder starben, aber jeder Mensch wird doch irgendwann einmal geliebt.

Diese schmerzhafte Empfindung, »nie geliebt« worden zu sein, ist die tiefsitzende Erkenntnis, was für ein isoliertes Leben man aufgrund des rituellen Mißbrauchs aushalten mußte. Jeder Überlebende weiß, daß es tief in ihm Teile gibt, die niemand verstehen kann, außer jemand, der ebenfalls in einer Kultgruppe mißbraucht wurde. Und oft ertrinken die Opfer von rituellem Mißbrauch in ihrem eigenen Schmerz und können anderen nicht die Unterstützung geben, die sie brauchen. Der

Überlebende braucht eben die fürsorgliche Liebe, die er nie zu finden glaubt. Die tiefe Überzeugung, daß seine Wünsche niemals erfüllt werden, paßt zur Botschaft des Kults, ungeliebt zu sein.

Du bist anderen überlegen

In vielen gewalttätigen Kultgemeinschaften werden Kinder programmiert, sich ganz besonders und anderen Menschen überlegen zu fühlen. Man gibt ihnen in der Gruppe bestimmte Rollen, die gut zu ihrer Persönlichkeit passen. Diesen Kindern sagt man oft, sie seien Gottheiten, Jesus oder eine andere wichtige Leitfigur. Man kleidet ein kleines Mädchen bei einem Ritual etwa in ein schönes Kostüm und sagt ihm, es sei eine Göttin, die eine Botschaft für die Welt hat. Normale Menschen würden sie niemals verstehen. Diese Art Gehirnwäsche greift tief und ist eine vernichtende Verleugnung des kindlichen Bedürfnisses nach Liebe. Sie verhindert, daß es sich jemals einem anderen Menschen verbunden fühlt.

Es ist ganz natürlich, daß sich kleine Kinder als etwas Besonderes fühlen und sich manchmal vorstellen, sie seien eine Königin oder ein König. Dieses natürliche Gefühl hat aber nichts mit dem Hochmut eines Erwachsenen zu tun, sondern beruht auf einer tiefen, starken Liebe zu sich selbst. In der kindlichen Vorstellungswelt geht es darum, die geliebteste und wichtigste Person der Welt zu sein, die alle Aufmerksamkeit bekommt. Die Manipulation dieses Gefühls der Besonderheit verrät die Selbstliebe des Kindes und sein Bedürfnis, von anderen geliebt zu werden.

Es ist gut, wenn jemand einem sagt, man sei besonders. Wenn man wirklich von jemandem geliebt wird, ist man eine einzigartige und die geliebte Person im Leben dieses anderen. Die Programmierung, etwas Besonderes zu sein, bedient sich des Bedürfnisses nach ganz spezieller Liebe und Anerkennung durch einen anderen. Aber zum Schaden des Kindes zielt diese Programmierung darauf ab, daß das Kind sich anderen gegenüber überlegen und abgehoben fühlt, statt geliebt und anerkannt.

Um die Verwirrung zu verstärken, werden Kinder, die darauf programmiert wurden, sich besonders vorzukommen, als Erwachsene dann ständig daran erinnert, daß sie bloße Mitglieder der Gruppe sind und nicht besser als alle anderen. Wenn ein erwachsener Kultangehöriger meint, er sei etwas Besonderes, schauen die anderen auf ihn herab. Es ist in den Kulten tabu, sich hervorzuheben. Viele gewalttätige Kultgemeinschaften wollen nicht, daß die erwachsenen Mitglieder Selbstliebe empfinden oder auch nur positive Gefühle über sich haben. Wenn die einzelnen Mitglieder glauben, sie seien etwas Besonderes und stark, haben sie vielleicht genügend Kraft, sich gegen die Gruppe zu stellen und auszubrechen. Kulte wollen nicht, daß ihre Mitglieder sich mächtig fühlen, es sei denn, diese Gefühle werden vom Kultsystem kontrolliert.

Jedes Mitglied wird zwischen diesem Gefühl, etwas Besonderes zu sein, und der eingefleischten Überzeugung, schlecht und unliebenswert zu sein, hin- und hergerissen. Wenn jemand sie an diesen Widerspruch erinnert, indem er von der eigenen Besonderheit spricht, wollen die anderen diese Person sofort zum Schweigen bringen.

Du kannst die Welt retten

Viele gewalttätige Kultgemeinschaften reden ihren Mitgliedern ein, sie könnten die Welt retten. Man erlaubt etwa bei einem Ritual einem kleinen Kind bewußt, ein Tier zu retten, das getötet werden sollte. Daraufhin erzählt man dem Kind, in der Welt gebe es noch viele Tiere, die alle gerettet werden müßten. Die Kleine wird gefragt: »Was würdest du tun, um all diese Tiere zu retten?« Es wird ihr gesagt, wenn sie eine Möglichkeit finde, dies zu tun, werde man ihr helfen. Sie bekommt dadurch das Gefühl, daß die Rettung eines Individuums nicht wichtig sei, sondern daß die ganze Welt verändert werden müsse und sie die Macht dazu habe.

Wenn die Kultmitglieder glauben, eines Tages könnten sie alles ändern, was ihnen jemals Leid verursachte, spüren sie den Schmerz ihrer Verluste nicht mehr. Diese Programmierung bewahrt das Individuum davor, sich selbst umzubringen, wenn es eines Tages alle Hoffnung verloren hat und sich im Kult gefangen fühlt. So wird das Gefühl individueller Kontrolle wiederhergestellt und das Opfer überzeugt, es könne Veränderungen bewirken. Diese Programmierung kann den Betroffenen aber auch einreden, sie seien nicht nur für ihr eigenes Glück verantwortlich, sondern auch für das der gesamten Welt. Kein Mensch aber kann die Welt allein verändern. Dieser Traum, die Welt zu retten, ist wie eine narkotisierende Hoffnung, aber in Wirklichkeit verhindert sie, daß die Opfer ihr Schicksal selbst in die Hand nehmen.

Diese Programmierungen werden immer wieder benutzt, um die Überlebenden zu manipulieren. Wenn die Opfer diese Phantasie benutzen, um ihren schweren Kummer zu unterdrücken, empfinden sie unweigerlich das Bedürfnis, die Vorstellung, der Welt Retter zu sein, zu bewahren, auch wenn das bedeutet, das eigene Leben zu opfern.

Totale Isolation:
Der Haß auf die Welt

Kultgemeinschaften kontrollieren Kinder, indem sie sie von der Gesellschaft isolieren. Sie geben ihnen das Gefühl, zu einer Elitegruppe zu gehören, die eines Tages die Welt beherrschen wird. Sie bringen ihnen bei, daß die

Kultgemeinschaft recht hat und alle anderen in der Welt nicht. Sie betrachten Menschen außerhalb der Kultgemeinschaft als schwach und unterlegen. Ihr Glaubenssystem beruht auf einem eingefleischten Haß auf alle Menschen, die nicht zum Kult gehören.

Die meisten Opfer von rituellem Mißbrauch hegen einen tiefen Groll gegen die Gesellschaft, die sie nicht schützte. Die Kultgemeinschaften benutzen diesen gerechtfertigten Groll, um die Mitglieder an die Gruppe zu binden. Sie geben den Überlebenden das Gefühl, von der Gesellschaft vollständig getrennt und entfremdet zu sein. Sie bringen ihnen bei, es gebe niemanden, an den sie sich um Hilfe wenden könnten. Noch vor zehn Jahren hatten Überlebende wirklich niemanden. Heute ändert sich die Lage. Wenn sie hartnäckig nach Hilfe suchen, finden sie diese auch.

Wenn das herauskommt, wirft man dich ins Gefängnis

Viele gewalttätige Kultgemeinschaften bringen die Kinder zum Schweigen, indem sie ihnen die Verantwortung für das im Kult Geschehene geben. Man redet ihnen ein, daß, wenn andere wüßten, was sie innerhalb der Kultgemeinschaft täten, man sie einsperren würde. Manchmal agiert man bei den Ritualen dieses Szenarium aus, indem man die Kinder in einen Käfig steckt, um ihnen zu demonstrieren, wie man sich im Gefängnis fühlt. Die Kinder haben große Angst vor diesen Drohungen, denn sie wissen, daß schlechte Menschen ins Gefängnis müssen und man sie im Kult zwang, sehr schlechte Dinge zu tun. Sie fürchten die Polizei und die Gesellschaft insgesamt, weil sie glauben, jeder würde sie hassen und bestrafen, wenn man herausfindet, was sie bei den Ritualen tun. Zugleich empfinden sie starken Haß und Groll gegen die Polizei. Auf Kinder, die in einer Kultgemeinschaft groß wurden, wirken die Gesetze des Landes, in dem sie leben, irgendwie heuchlerisch, weil sie alle anderen zu schützen scheinen, nur sie nicht.

Wenn rituell mißbrauchte Kinder ihren Folterern nicht entkommen können, fürchten sie, sich an die geschehenen Dinge zu erinnern, weil man sie dann ins Gefängnis bringen könnte. Viele erwachsene Überlebende von rituellem Mißbrauch, die den Kultgemeinschaften nicht entkommen können, haben aufgrund dieser Drohung Angst davor. In vieler Hinsicht haben die Kultgruppen recht. Leider ist es sehr schwer, vor Gericht klarzustellen, daß man als erwachsener Angehöriger einer Kultgemeinschaft Kinder rituell mißbrauchte, weil man selbst als Kind einer Gehirnwäsche unterzogen wurde, damit man genau dies tun würde. Selbst wenn diese Erwachsenen gefoltert worden sind, seit sie Babys waren, aber niemals Hilfe suchten oder von dem Mißbrauch berichteten, gilt dies nicht als Entschuldigung. Aber viele der Betroffenen hatten niemals die Wahl, etwas anderes zu werden als ein williges Mitglied einer Kultgemeinschaft. Deshalb fühlen sich viele Überlebende vom Rechtssystem entsetzlich betrogen.

Wenn du etwas erzählst, hält man dich für verrückt

Leider bewahrheitet sich diese Drohung oft. Es ist nicht ungewöhnlich, daß Überlebende in einer psychiatrischen Anstalt enden, nachdem sie sich an den Mißbrauch erinnert haben. Einige Überlebende begeben sich freiwillig in die Psychiatrie, andere landen gegen ihren Willen dort, weil ihr Therapeut meint, sie wegen ihrer selbstmörderischen Gedanken oder Handlungen in Verwahrsam bringen zu müssen.

In den Krankenhäusern werden die Überlebenden oft unter Drogen gesetzt oder respektlos behandelt. Nur wenige psychiatrische Krankenhäuser verfolgen die Ansicht, man müsse die Patienten kräftigen und bestärken.

Die meisten betrachten sie aufgrund des Mißbrauchs als »seelisch krank« oder »ungesund«. Die Opfer von rituellem Mißbrauch werden nicht als Menschen angesehen, die als Kinder ein schweres Trauma erfuhren. Selbst Krankenhäuser für Patienten mit dissoziativen Störungen bestrafen die Opfer erneut. Dort wird die Multiple Persönlichkeitsstörung als Krankheit behandelt, den Betroffenen jedoch keine unterstützende, fördernde Umgebung zur Verfügung stellt, in der sie Raum bekommen, die Wahrheit über ihr tiefgehendes seelisches Leid ausdrükken zu können.

Traumazentren, im Gegensatz zu psychiatrischen Krankenanstalten, scheinen hinsichtlich der Rolle der Dissoziierung während des Mißbrauchs von einer anderen Philosophie auszugehen. Man ist sich dort bewußt, daß der Mißbrauch und nicht die verschiedenen Persönlichkeitsanteile das Leid des Überlebenden verursacht. In aufgeklärten Traumazentren werden die Persönlichkeitsanteile als Wächter der Wahrheit betrachtet. Leider berichten einige Überlebende davon, selbst in diesen Traumazentren wieder zu Opfern gemacht worden zu sein.

Die Betroffenen müssen sehr vorsichtig mit der Erinnerung an den Mißbrauch umgehen. Sie brauchen einen Therapeuten, der ihre Gefühle hinsichtlich eines Krankenhausaufenthaltes respektiert. Sie müssen wissen, daß Therapeuten sie nicht einfach in ein Krankenhaus einweisen können, es sei denn in der Überzeugung, der Klient würde sich oder anderen Schaden zufügen. Doch das sollte die Überlebenden von rituellem Mißbrauch nicht davon abhalten, im Rahmen der Therapie über selbstmörderische oder mörderische Gedanken zu reden. Diese Gefühle sind allgemeiner Bestandteil des Erinnerungsprozesses, und das Sprechen über die gewalttätigen Gefühle braucht kein Hinweis darauf zu sein, daß der Betroffene diese auch ausagiert.

Während des Erinnerungsprozesses muß man früh lernen, durch Kooperation und Kommunikation innerhalb des Persönlichkeitssystems die Persönlichkeitsanteile nicht in eine Situation zu bringen, die vielleicht eine gesetzliche Hospitalisierung im strafenden Sinne erzwingen würde. Persönlichkeitsanteile können über die selbstmörderischen oder mörderischen Gedanken reden, aber diese Gefühle auszuagieren schadet dem System als Ganzem. Alle Persönlichkeitsanteile müssen zusammenarbeiten, damit alle so sicher wie möglich sind.

Man wird dich für einen Kinderschänder halten

Wenn sich die Überlebenden mit einem Kind identifizieren können und den Schmerz eines Kindes empfinden, können sie an den Ritualen nicht teilnehmen. Viele gewalttätige Kultgemeinschaften hämmern ihren Mitgliedern ein, vor Kindern Angst zu haben, denn sie wollen, daß die Opfer Kinder hassen und sie verabscheuen. Diese Programmierung ist eine der vernichtendsten, denn die Qual, gezwungen zu werden, Kinder zu mißbrauchen, ist vielleicht die größte von allen. Die Teilnahme an solchen Handlungen bedeutet für die Betroffenen, etwas mitzumachen, was früher zu ihrer eigenen Vernichtung führte.

In der Gesellschaft des Kults haben die Opfer keine andere Wahl, wenn sie gezwungen werden, ein anderes Kind sexuell anzugreifen. Sie begehen diese Handlungen gegen ihren Willen und hassen sich dafür und sehnen sich nach einer Bestrafung, die hart genug wäre, um die Schuldgefühle einzudämmen. Viele gewalttätige Kultgemeinschaften sagen allen Mitgliedern, Erwachsenen wie Kindern, wenn man sie in der Nähe von Kindern sähe, würde man sie für Kinderschänder halten. Diese Programmierung bedient sich der Scham, die die Überlebenden wegen des rituellen Mißbrauchs empfinden. Die einzige Methode, die Gedanken zu bewältigen, ist, Kinder überhaupt zu meiden.

Da Überlebende in jungen Jahren gesehen haben, wie Kinder mißbraucht wurden, werden sie in ihrer Gegenwart manchmal von Gedanken an sexuelle Belästigung und Kindesmißbrauch heimgesucht. Sie glauben dann, daß etwas Grundsätzliches mit ihnen nicht stimmt, weil sie solche Gedanken haben. Aber es kann wohl kaum überraschen, daß Kinder die Überlebenden von rituellem Mißbrauch an ihre traumatische Erfahrung erinnern. Ein Problem entsteht, wenn ein Überlebender nicht weiß, daß er als Kind Übergriffen ausgesetzt war, und sich mit dem Image des »Perversen« identifiziert. In solchen Fällen könnte es passieren, daß der Überlebende die Gedanken ausagiert und das Kind verletzt.

Die vielen Formen der Programmierung, die in Kultgemeinschaften angewendet werden, stehen durchweg in krassem Gegensatz zu dem, was die Gesellschaft als normales, akzeptables Denken und Verhalten anerkennt. Das Ziel der Programmierung ist es, die Opfer zu isolieren.

Kultgemeinschaften impfen ihren Opfern ein, diese Gedanken und Programmierungen geheimzuhalten. Bei der Programmierung sagt man ihnen, diese »negativen« Gedanken seien so schlecht und böse, daß andere Leute, wenn sie darüber Bescheid wüßten, sie sofort in eine Irrenanstalt sperren würden. Anfänglich reduzieren diese Angsttaktiken die Wirkung der Programmierung auf bestimmte Persönlichkeitsanteile, die am Alltag des Opfers nicht beteiligt sind. Indem diese Gedanken und Gefühle isoliert werden, können die Kultgemeinschaften die Opfer so trainieren, daß sie ganz normal wirken und nicht wie Menschen, die durch eine gewalttätige Kultgemeinschaft traumatisiert wurden.

Wenn sich die Überlebenden an den rituellen Mißbrauch erinnern, wird diesen gefolterten und traumatisierten Persönlichkeitsanteilen endlich die Möglichkeit gegeben, zu sprechen. Die Programmierungen tauchen dann im Alltag auf, weil diese Schichten der Persönlichkeit nicht mehr nur auf die Erlebnisse des Mißbrauchs beschränkt sind. Die Überlebenden werden von allen Gedanken und Gefühlen heimgesucht, die ihnen eingeimpft wurden. Wenn sie die Wirkungen der Programmbotschaften auf ihren Verstand begreifen, können sie den Code brechen und eigenständige Entscheidungen für ihr Leben treffen.

Die Programmierungen durch Folter und Hypnose dienen vornehmlich dazu, das Kind dazu zu zwingen, dem Kult zu vertrauen. Ein Hauptziel gewalttätiger Kultgemeinschaften ist es, neue Mitglieder zu rekrutieren und diejenigen zu halten, die sie bereits haben. Es ist für Überlebende und ihre Helfer unbedingt notwendig, die intensive und differenzierte Form der Gehirnwäsche zu berücksichtigen, die man im Kult benutzt, um Kinder dazu zu zwingen, gewalttätige Handlungen vorzunehmen. Die Kinder schämen sich vermutlich für das, was geschah, aber niemals, weil sie gezwungen wurden, es auszuführen. Auch Erwachsene, die von Kind an in der Kultgruppe einer Gehirnwäsche unterzogen wurden und sich nicht von der Gruppe lösen können, weil sie unter Amnesie leiden, haben ein Recht darauf, zu erfahren, wie sie zum Opfer gemacht wurden, und Hilfe zu suchen. Überlebende von rituellem Mißbrauch, die sich ihres Verhaltens nicht bewußt sind und daher keine Entscheidung treffen können, die frei vom Einfluß der Gehirnwäsche ist, sind ebenfalls Opfer und verdienen es, daß man sie anhört.

KAPITEL 5

Die Täter

Die meisten Menschen begreifen den allumfassenden Teufelskreis von rituellem Mißbrauch nicht. Sie glauben, es gebe eine Möglichkeit, Kultgemeinschaften zu entkommen, man müsse ganz einfach nur eine Entscheidung treffen. Ich weiß das besser. Jeder, der so erzogen und beeinflußt wurde wie ich, weiß das besser.

Wenn man in einer Kultgemeinschaft groß wurde, wird das Verlassen der Gruppe das Schmerzlichste und Schwierigste sein, das man jemals tut. Die Gruppe verfolgt einen nicht nur weiterhin, sondern man muß sich sorgen, daß die verschiedenen Persönlichkeitsanteile in einem dahingehend manipuliert und betrogen werden, daß man zurückkehrt. Die damit verbundene Isolation und Einsamkeit ist unerträglich. Die Überlebenden müssen, um sich zu schützen, ihre gesamte Familie und ihren Freundeskreis aufgeben, um sich in eine Welt zu begeben, die ihnen meist nicht glaubt und die einschneidende Veränderung in ihrem Leben nicht helfend und heilend unterstützt.

Die Kultgemeinschaft, in der ich groß wurde, hat eine lange Vergangenheit. Diejenigen, die heute dazugehören, sind moderne Mitspieler in einer Religion, die seit Jahrhunderten existiert. Meine Mißhandler waren Menschen. Es waren keine Ungeheuer, obwohl das, was sie mir antaten, ungeheuerlich war. Manchmal erkannte ich ihre Qual und ihre Sehnsucht nach einer Veränderung. Mein Kultführer sagte einmal zu mir: »Ich weiß, daß das, was wir tun, falsch ist, aber wir wissen nicht, wie man damit aufhört.« Mißhandler in der Kultgruppe existieren nicht, weil ritueller Mißbrauch Spaß macht. Viele von ihnen sind dabei, weil sie keinen anderen Ausweg sehen.

Viele gewalttätige Kultgemeinschaften binden ihre Mitglieder an sich, indem sie sie durch Lügen in Selbsthaß und Hilflosigkeit treiben. Man kann diese Lügen nur schwer von Wahrheit unterscheiden, denn derjenige, der sie vorbringt, wurde einer Gehirnwäsche unterzogen. Alle in der Kultgruppe halten diese Lügen für die Wahrheit, und der Wahnsinn wird von einer Generation an die nächste als unbezweifelbare Weisheit weitergegeben.

Ich unterstütze Überlebende, die ihre Mißhandler hassen. Ich respektiere Überlebende, die sich geloben, niemals so wie die Leute zu werden, von denen sie verletzt wurden. Ich will Überlebenden nicht ihr Recht verweigern, wütend zu sein. Diese Wut ist gerechtfertigt. Sie gibt uns die Kraft zur Veränderung. Aber ich will auch, daß die anderen Menschen verstehen, daß für allzu viele Opfer der rituelle Mißbrauch nicht mit der Kindheit endet.

Kinder werden zu Mißhandlern erzogen

Kultgemeinschaften, die Kinder rituell mißbrauchen, schaffen Situationen, in denen Minderjährige gezwungen werden, andere Kinder sexuell zu belästigen und manchmal umzubringen. Rituell mißbrauchte Kinder werden unter Drogen gesetzt, angelogen, seelisch gefoltert und mit Drohungen manipuliert, bis sie die gewalttätigen Handlungen begehen. Kinder, die auf diese Befehle mit Angst oder Trauer reagieren, werden von anderen Gruppenmitgliedern verhöhnt und gedemütigt. Die Kinder können dem Raum nicht entkommen, in dem die Gewalt stattfindet. Sie haben keine andere Wahl, als sich den Forderungen ihrer Mißbraucher zu fügen.

Rituell mißbrauchte Kinder müssen sich in solchen Situationen anpassen. Sie ersetzen die ursprüngliche und angemessene Angst und Trauer durch das Verhalten, das die Mißbraucher ihnen vorschreiben. Sie lernen, über Opfer zu lachen, die sich vor Schmerz winden. Sie verspotten Menschen, die weinen oder Angst haben. Sie nehmen das Glaubenssystem ihrer Mißbraucher an, um weiteren Schmerz zu vermeiden. Diese Kinder sind nicht schlecht. Sie sind nicht böse. Sie befinden sich in einer Situation, die sie nicht ändern können. Und sie tun, was immer man von ihnen verlangt, um zu überleben.

Wenn die Kinder weiterhin der Kultumgebung ausgesetzt werden, wachsen sie selbst zu Mißbrauchern heran. Sie wurden zu diesen Handlungen gezwungen und verfügen nicht mehr eigenständig über ihre Gedanken. Auch wenn sie selbst Kinder bei Ritualen mißbrauchen – ohne sichtlichen Zwang –, werden sie immer noch vom Kult kontrolliert. Die Jahre der Folter, der Programmierung und der Manipulation sind der unsichtbare Zwang, der erwachsene Kultangehörige zu hilflos macht, als daß sie etwas ändern könnten.

Hier eine Erinnerung an diesen Prozeß: »Ich habe niemals außerhalb der Kultgemeinschaft Tiere oder Kinder mißbraucht. Meine Wut und mein Haß richteten sich gegen die Männer, mit denen ich befreundet war. Ich hatte Phantasien, sie umzubringen, aber ich habe nie etwas Gewalttätiges getan. Ich hatte Angst, ins Gefängnis zu kommen. Ich fürchtete, daß man mich hassen würde. Meine Kultgruppe programmierte mich, niemals außerhalb der Gruppe gewalttätig zu sein. Das verhinderte, daß ich Geheimnisse über den Kult weitertrug. Es ermöglichte mir, eine angesehene Rolle in der Gesellschaft zu spielen. Ich konnte mich in meinem normalen Leben nie an den rituellen Mißbrauch erinnern. Wenn jemand aus der Kultgruppe mit mir reden wollte, gewann er Zugang zu meiner Kultpersönlichkeit durch ein Auslösungswort. Ich war vornehmlich an Kultaktivitäten mitten in der Nacht beteiligt.

Das Bereitmachen für ein Ritual war, wie mitten in der Nacht aufs Klo gehen. Ich wachte in einem fast hypnotischen Zustand auf. Ich war nicht aufgeregt. Ich fühlte nichts. Ich war ein Automat, der auf Befehle reagierte. Wenn ich bei dem Ritual ankam, fühlte ich mich zu Hause. Es war ein unendliches Gefühl von Erleichterung und Zugehörigkeit, daß ich nichts verbergen oder jemanden spielen mußte, der ich nicht war. Es war schön, endlich in meinem Kultleben zu sein, und ich brauchte meine Gedanken und Gefühle nicht zu zensieren. Die Gespräche mit den Kultfreunden vor dem Ritual waren oft sehr angenehm.

Die Rituale selbst waren sehr unterschiedlich. Gewöhnlich warteten wir auf Anweisungen, welches Ritual wir in jener Nacht vollziehen sollten. Die Obersten sagten uns, welche Kostüme wir anlegen und welches Make-up wir auftragen mußten. Manchmal spielten wir Stücke. Dann wieder vollzogen wir komplizierte Rituale zu irgendwelchen Festtagen. Manchmal suchten wir ein Mitglied aus, um es zu foltern und zu programmieren. Alles schien geplant und organisiert, als gebe es irgendwo ein Drehbuch, an das wir uns halten mußten.

Das Ritual selbst war immer sehr aufregend. Manche weinten, schrien oder lachten. Manchmal ging es dabei um Fruchtbarkeit und Liebe. Bei diesen Ritualen gab es keine Gewalt. Wir sahen zwei Leuten zu, die echt ineinander verliebt schienen und einander umwarben. Dann wieder sahen wir, wie die gleichen Leute einander folterten und verrieten. Die Rituale schienen immer in Schmerz und Verrat zu enden. Es war, als würden die eigenen Alpträume wahr.

Nach dem Ritual war Saubermachen. Man hatte uns eingeschärft, immer alles makellos zu hinterlassen. Ich mußte als Kind stundenlang das Blut vom Boden im Badezimmer schrubben, auch wenn schon nichts mehr zu sehen war. Sie zwangen mich, unter den Fingernägeln alles auszukratzen. Die Säuberung war der schmerzlichste Teil des Rituals für mich.

Danach ging ich nach Hause und kroch ins Bett. Gewöhnlich war ich nur zwei oder drei Stunden fort, von etwa ein Uhr nachts bis vier Uhr morgens. Ich habe mich immer gewundert, warum ich zehn bis zwölf Stunden Schlaf brauchte. Jetzt bin ich nicht mehr bei der Kultgruppe und komme mit acht Stunden aus.«

Erwachsene, die Kinder bei Ritualen mißbrauchen

Verhaltensforscher sagen, daß unsere genetische Grundausstattung und unsere Erfahrungen miteinander interagieren und so unser Verhalten bestimmen. Einige Täter sind biologisch auf aggressives Verhalten vorbestimmt, andere sind genetisch gesehen eher zurückhaltend. Aber die Biologie ist nur zu einem Bruchteil am menschlichen Verhalten beteiligt. Bei rituellem Mißbrauch schafft die Umgebung die Täter. Egal, welche genetische Vorbestimmung man hat, die Kultgemeinschaft zwingt Erwachsene wie Kinder dazu, anderen weh zu tun. Selbst erwachsene Mißbraucher werden von anderen Erwachsenen noch zu Opfern gemacht. Und wer sich bei den Ritualen nicht aggressiv genug verhält, wird verhöhnt und gedemütigt wie die Kinder.

Erwachsene Täter können in vier Kategorien eingeteilt werden, die wir im folgenden ausführlicher beschreiben.

Täter, die in Kultgruppen groß wurden
und unter Amnesie leiden

Es scheint, daß die meisten Erwachsenen, die heute einer Kultgruppe angehören, dort groß wurden und sich nicht daran erinnern können, mißbraucht worden zu sein. Sie dissoziierten sich von dem rituellen Mißbrauch und entwickelten eine Multiple Persönlichkeitsstörung. Als Erwachsene haben sie Persönlichkeitsanteile, die immer noch zum Kultleben zurückkehren. In ihrem Alltagsleben leiden sie jedoch hinsichtlich ihrer gegenwärtigen Kulterfahrung unter Amnesie.

Diese Überlebenden können aufgrund ihrer Gedächtnislücken die Kultgruppe nicht verlassen, denn wenn man sich der Mißbrauchshandlungen nicht bewußt ist bis zu dem Moment, in dem sie stattfinden, kann man sich vor den Taktiken des Kults, die einen kontrollieren, nicht schützen.

Die meisten erwachsenen Kultangehörigen verbringen die ersten achtzehn Jahre ihres Lebens unter Einfluß der Gehirnwäsche der Kultgemeinschaft. Die Kultgruppen versuchen bewußt, bedingungslos loyale Persönlichkeitsanteile in ihren Opfern zu erzeugen, um sie für den Rest ihres Lebens kontrollieren zu können. Die Gruppe hat Zugang zu diesen erinnerungslosen Überlebenden, indem sie die Auslöser benutzen, die sie ihnen unter Folter einprogrammierten. Danach haben die Opfer keinerlei Erinnerung an ihr Verhalten. Darüber hinaus werden den Opfern auch selbstzerstörerische Gedanken einprogrammiert und die Vorstellung, sie seien von Grund auf schlecht und geborene Versager. Sie sind zu der Überzeugung verdammt, die einzigen Menschen, die sie lieben, seien die gegenwärtigen Kultmitglieder. Das lückenhafte Gedächtnis im Alltag verhindert in Verbindung mit dieser seelischen Ankettung, daß diese Mitglieder eine Flucht aus dem Kult planen.

Die erinnerungslosen Kultmitglieder sind körperlich und seelisch extrem traumatisiert. Sie taten alles nur, um zu überleben, und hatten keine andere Wahl, als sich den Überzeugungen der Gruppe anzupassen. Die Kultgemeinschaft ist das wahre Zuhause ihrer Persönlichkeitsanteile, die das Glaubenssystem des Kults verinnerlicht haben und die alles tun, um die Gruppe zu schützen. Sie versuchen verzweifelt, ihr Kultleben zu rechtfertigen, das sie meinen niemals verändern zu können.

Täter, die in Kultgruppen groß wurden,
aber nicht unter Amnesie leiden

Einige Erwachsene, die in Kultgruppen groß wurden, erinnern sich an den rituellen Mißbrauch in ihrer Kindheit und sind sich auch ihrer gegenwärtigen Kultaktivitäten bewußt. Diese Mitglieder leben ständig in den Kultpersönlichkeitsanteilen, die während ihres Traumas herausgebildet wurden. Sie sitzen in der Kultgemeinschaft aus den gleichen Gründen fest wie die erinnerungslosen Überlebenden, sind sich aber ihres Dilemmas bewußt. Durch das in ihrer Kindheit erlebte Trauma wurden sie zu Kultmitgliedern. Es ist keineswegs so, daß sie sich ausgesucht haben, zu einer Gruppe zu gehören, die Kinder rituell mißbraucht, sondern diese Lebensweise wurde ihnen aufgezwungen. Sie erinnern sich zwar an ihre momentane Kultbeteiligung, sind aber immer noch Menschen mit Multipler Persönlichkeitsstörung, die durch intensive Programmierung gesteuert werden.

Erinnerungslose Täter, die als Kinder rituell mißbraucht
wurden und sich später einer gewalttätigen Gruppe
anschlossen

Bei dem dritten Typ von Tätern handelt es sich um Erwachsene, die in Kulten groß wurden, sich aber nicht daran erinnern. Im späteren Leben treten sie einer Gruppe bei, die Kinder rituell mißbraucht. Einige ehemalige Opfer suchen aktiv nach einer Gruppe, die gewalttätige Rituale vollzieht, andere treten aus Geschäftsgründen einer Geheimgesellschaft oder Bruderschaft bei und werden durch eine intensive Indoktrination in den gewalttätigen Kult hineingezogen.

Zu Beginn der Indoktrination bringt man den neuen Mitgliedern bei, die Unterschiedlichkeit religiöser Überzeugungen zu tolerieren. Sie erfahren mehr über die verschiedenen religiösen Glaubenssysteme, was sie dazu bringt, ihre eigenen moralischen und religiösen Überzeugungen zu überprüfen. In dieser kritischen Phase verlangt die Kultgruppe von den Mitgliedern, sich über Kulturen zu informieren, die Erwachsene und Kinder opferten. Schritt für Schritt erfährt das neue Mitglied von einem Glaubenssystem, das die Rechtfertigung von Gewalt bei Ritualen ermöglicht.

Wenn diese erwachsenen Überlebenden mehr über das gewalttätige Glaubenssystem erfahren, stellen sie bei sich die Nachklänge der eigenen Erfahrung von rituellem Mißbrauch in der Kindheit fest. Zum ersten Mal in ihrem Leben wird das tiefste Trauma ihres Lebens, ihre eigene Mißbrauchserfahrung, an die sie sich jedoch nicht bewußt erinnern, beschrieben und auf einer höheren Ebene gerechtfertigt.

Als nächstes nehmen diese neuen Mitglieder an einem leicht sexualisierten, gewalttätigen Ritual teil oder schauen zu. Zuerst sehen sie vielleicht, wie ein Tier in einem Gruppenritual geopfert wird. Die Gruppe rechtfertigt die Handlung mit den zuvor erlernten Thesen. Man sagt etwa dem neuen Mitglied, das Tier sei nicht einfach getötet worden, sondern man habe es geopfert, um allen Gruppenmitgliedern die natürlichen Prozesse von Tod und Leben zu demonstrieren. Vielleicht sind nackte Frauen bei dem Ritual anwesend, um die Reinheit unseres natürlichen Körpers zu symbolisieren. Wenn das neue Mitglied zum ersten Mal an einem sexualisierten, gewalttätigen Ritual teilgenommen hat und die Grenze der normalen Moralvorschriften damit überschritt, hat die Gruppe einen wirksamen Hebel, es loyal und verschwiegen zu machen. Man droht vielleicht, seiner Familie etwas über seine Teilnahme an den gewaltsamen Ritualen zu erzählen.

In den meisten gewalttätigen okkulten Gruppen müssen sich die Mitglieder durch verschiedene Ebenen oder Stadien arbeiten. Bei diesem Aufstieg erfahren sie immer mehr über die Philosophie und Struktur der Gruppe insgesamt, und die Rituale werden gewalttätiger. Schließlich lernen sie, jeden Aspekt der üblichen Moralvorstellungen in Frage zu stellen und weitere Rechtfertigungen für Gewalt und Gruppensex zu akzeptieren. Je mehr Gewalt sie bei den Ritualen mitansehen, um so stärker werden die Drohungen, darüber Schweigen zu bewahren.

Da diese Menschen sich ihrer gegenwärtigen Kultbeteiligung bewußt sind, nicht aber der Geschichte ihres eigenen Mißbrauchs, können sie von den Kultgemeinschaften leicht manipuliert werden. Sie empfinden nicht nur Schuld und Scham für ihr gegenwärtiges Verhalten, sondern auch eine starke, nicht identifizierbare, tiefere Scham als Folge des eigenen Mißbrauchs. Diese Scham ist es, die sie gefangen hält.

Täter, die nicht rituell mißbraucht wurden und dennoch einer gewalttätigen Gruppe beitraten

Dennoch gibt es auch Kultanhänger, die nicht als Kinder rituell mißbraucht wurden. Einige dieser Menschen werden von gewalttätigen Kulten durch die intensive Indoktrination angezogen, die wir oben beschrieben. Da die systematische Gewalt in diesen Gruppen sehr schwer mitanzusehen ist, wenn man nicht extrem dissoziativ reagiert, haben diese Menschen vermutlich irgendwann in ihrem Leben ein schweres Trauma erlebt – wie Inzest oder Mißhandlungen von den Eltern –, das sie so benommen und verletzlich gegenüber der Verlockung stark sexualisierter Gewalt machte.

Die seelischen Erfahrungen der Täter

Die Mißhandler selbst haben seelische Erfahrungen gemacht, die es ihnen ermöglichen, sich gewaltsam und mißhandelnd zu verhalten. Im allgemeinen leiden sie an einem Mangel an Liebe und Gefühlen.

Liebesverlust

Liebe ermöglicht uns, anderen gegenüber Mitleid und Wärme zu empfinden. Es ist das Gefühl, welches man abtöten muß, um zum Täter zu werden. Die Programmierung der Kultgemeinschaften zielt vornehmlich darauf ab, die Spontaneität des liebevollen Gefühls zu einem selbst und zu anderen zu vernichten.

Was an dem Gefühl von Liebe ist so mächtig, daß der Kult es zerstören muß, um Täter zu bekommen? Liebe ist ein Gefühl von Überfluß im Herzen und von Wärme, das uns zu anderen Menschen hinzieht. Es ist ein Sehnen tief drinnen, das uns in die Nähe derjenigen Menschen drängt, bei denen wir uns wohl fühlen. Liebe hat mit Verständnis und mit Geben zu tun. Keine Liebe ist stärker als diejenige, die wir zuerst für uns selbst empfanden. Aller Überfluß gehörte uns, und alles, was ihn bedrohte, war »schlecht«. Alles, was drohte, unser Herz zu verletzen, was uns weniger angenehme Gefühle brachte wie Wut, Angst und Trauer, wurde zu unserem inneren Gefühl für das, was »böse« ist.

Dieser Überfluß war für uns als Kinder wie unser tägliches Brot. Dazu trat die Intensität aller anderen Gefühle, wenn dieser bedroht wurde. Wir empfanden Wut, die Liebe zum Selbst, die sagte: »Nimm dieses Gefühl der Liebe nicht fort!« Wir empfanden Furcht, die sagte: »Meine Existenz ist bedroht!« und dem Körper befahl, sich zu bewegen und Schutz zu suchen. Wir empfanden Trauer, die uns wissen ließ, daß etwas verlorengehen kann, daß nicht immer Überfluß herrschen kann, daß wir aber darum weinen und uns Raum geben können, die Fülle erneut zu empfinden. Wenn wir nicht die Wut spüren, die sagt: »Hör auf!«, wenn wir nicht die Angst fühlen, die sagt: »Bring mich hier raus!«, und wenn wir nicht den Kummer fühlen, der sagt: »Es wird sich nicht ändern. Das hier schmerzt!«, dann gibt es nie einen Platz, an den der Überfluß zurückkehren kann.

Kindern, die in gewalttätigen Kultgemeinschaften mißbraucht werden, wird immer eingeredet, daß sie nichts empfinden dürfen. Man bringt ihnen bei, daß Liebe mit Verrat zu tun hat, man lacht sie aus, wenn sie ihre Zuneigung zu anderen zeigen. Die meisten auf christlichem Glauben beruhenden Kultgemeinschaften verkünden, die einzig wahre Liebe sei die amorphe, undefinierte Liebe zu Gott oder Jesus. Indem sie die Liebe, die die Kinder im Herzen spüren, abwerten oder verbieten und indem sie Liebe als spirituelles Konzept außerhalb der Fähigkeit von Kindern bezeichnen, werden diese Kinder von der selbstschützenden Kraft ihrer eigenen Empfindungen abgetrennt. Man läßt sie nie die Fülle empfinden, die allen anderen Emotionen Raum gibt.

Kinder, die in solchen Kultgruppen mißbraucht werden, dürfen nicht traurig sein. Wenn sie weinen, werden die anderen über sie lachen. Trauer ist in den Augen der Täter ein Zeichen von Schwäche. Wenn man andere wissen läßt, daß einen etwas verletzt hat, wird man noch schlechter behandelt. Rituell mißbrauchte Kinder dürfen auch nicht glücklich sein. Man sagt ihnen, daß es unrecht ist, zu lachen, während so viele Menschen auf der Welt leiden. Bei einem Mißbrauch sagen sie beispielsweise zu einem Kind, das erleichtert ein paar Augenblicke in einer Ecke spielt: »Wie kannst du lachen und spielen, wenn deine Freundin gequält wird?«

Kinder, die in solchen Kultgruppen mißbraucht werden, dürfen keine Angst empfinden. Der Mißbrauch selbst ruft anfänglich im Opfer unendliche Angst hervor, und die einzige Methode, diese Angriffe zu überleben, besteht für das Kind darin, sich nicht von der Angst überwältigen zu lassen. Diese Kinder fühlen sich nie in Sicherheit vor den Angreifern. Wenn sie die Angst zuließen, würden sie in ständiger Furcht leben müssen.

Und obwohl die Aktivitäten dieser Kultgemeinschaften durch Wut getrieben werden, wird den Kindern darin beigebracht, wann und auf wen sie wütend sein dürfen. Wut darf nicht Ausdruck von Selbstschutz sein, und man erlaubt sie nur dann, wenn sie auf für die Gruppe akzeptable Weise ausgedrückt wird. Wut in der Kultgruppe ist ein Gefühl, das beeinflußt wird, um die Kinder zu gewaltsamen Handlungen zu zwingen. Wenn ein Kind etwa Wut auf die Täter zeigt, zwingt die Gruppe es, sie auf ein unschuldiges Opfer zu richten.

Da Kindern nie erlaubt wird, ihre echten Gefühle zuzulassen, lernen sie bald, überhaupt nichts mehr zu fühlen. Ihr Herz wird starr und kalt. Ihr Verstand sagt ihnen, was sie fühlen sollen, ohne daß ihre Seele daran beteiligt wäre. Das macht die Kinder empfänglich für jegliche seelische Manipulation, die der Kult benutzt, um ihr Verhalten zu kontrollieren.

Mangel an Gefühlen

Ritueller Mißbrauch bewirkt im Körper physiologische Veränderungen, die einen Mangel an emotionaler Empfindung zur Folge haben. Wenn Kinder keine Emotionen erleben, können sie von kontrollierenden Erwachsenen leicht manipuliert werden.

Hier der persönliche Bericht einer Überlebenden:

»Ich kann es so beschreiben, daß ich meine Gefühle mit dem Verstand empfinde, aber nur selten im Körper. Vom Kehlkopf an bis zum Nabel bin ich leer. Wenn ich sage, ich sei wütend, geschieht das mit dem Kopf. Ich spüre nur selten ein Spannungsgefühl in der Brust oder ein anderes Körpergefühl, das ich mit dieser Emotion verbinde. Nur ein paarmal im Monat spüre ich etwas im Brustbereich, und das sind fast immer schmerzhafte Gefühle, ein Ziehen oder Verspannen, das nicht lange andauert.

Meine Unfähigkeit zu fühlen ist die vernichtendste Folge meines Traumas. Als Kind konnte ich im Brustbereich etwas spüren. Ich erinnere mich an ein Reißen und so schlimme Schmerzen, daß ich mir wünschte, nie wieder solche Schmerzen zu haben. Meine Gebete wurden wohl erhört.

Ich weiß, was ich tun muß, um wieder Gefühl in diesen Bereich zu bringen. Ich kann manchmal etwas spüren, wenn ich über den rituellen Mißbrauch rede. Dann erlebe ich immer sehr unangenehme Spannungen und Schmerzen, nicht gerade im Brustbereich, sondern eher, als versuche ein riesiges Etwas, sich von außen in mich hineinzuschieben. Dann bekomme ich Kopfschmerzen und einen dumpfen, giftigen Schmerz in allen Körperzellen. Das ist fast unerträglich, und nichts scheint ihn zu lindern, aber ich spüre immer noch nichts Bestimmtes im Brustbereich, das mir ermöglichen würde, den Schmerz durch Schreien, Toben und Weinen zu erleichtern. Wenn ich diesen stärker werdenden Schmerz und das Unbehagen mehrere Tage aushalten kann, was fast unmöglich ist, weil ich bei der Arbeit immer ein strahlendes Lächeln aufsetzen muß, taucht endlich ein Gefühl im Brustbereich auf. Dann fühle ich mich lebendig. Der Prozeß ist dieses Gefühl wert, aber auch unmöglich zu ertragen, wenn es in meinem Leben keinen sicheren Raum gibt, diese ersten Gefühle von Angst und Unbehagen auszuhalten.«

Ohne Gefühle hat man keinen Grund, morgens aufzuwachen und sich mit den Ungerechtigkeiten in der Welt auseinanderzusetzen. Unsere Gefühle geben uns die Motivation, Glück und Gerechtigkeit zu suchen. Viele Menschen fühlen sich durch ihre innere Leere wie tot. Wenn man nichts Gutes spürt, ist es dann noch wert, am Leben zu bleiben und jeden Tag ums Überleben zu kämpfen? Viele Überlebende von rituellem Mißbrauch stehen jeden Tag vor dieser Frage.

Benommenheit

Überlebende werden von bestimmten Erlebnissen an den rituellen Mißbrauch erinnert. Wenn das geschieht, verwandelt sich der Mangel an Gefühlen in ein unangenehmes, taubes Gefühl. Diese Taubheit oder Benommenheit ist ein dumpfes, totes, kribbelndes Gefühl, das den unerträglichen Schmerz überdeckt. Das taube Gefühl ist unangenehmer, als gar kein Gefühl zu empfinden, und es treibt die Überlebenden dazu, eine echte Empfindung oder ein Körpergefühl zu suchen. Kein Wunder, daß Überlebende sich oft einer Sucht zuwenden, wenn das taube Gefühl auftaucht; Drogen, Eßsucht oder sexuelle Überreaktion erleichtern vorübergehend die Benommenheit und bringen den Körper in den emotionslosen Zustand zurück.

Wenn eine Erinnerung an den Mißbrauch auftaucht, wird das taube Gefühl manchmal so stark, daß nichts es zurückdrängen kann. Die Opfer spüren dann den Drang, den rituellen Mißbrauch zu wiederholen, weil dann die Taubheit weicht. Wenn sie andere verletzen, fühlen sie sich ihren Persönlichkeitsanteilen, die sich bei dem Trauma dissoziierten, enger verbunden. Tätern spiegelt sich schließlich der eigene Schmerz im Gesicht ihres Opfers wider. Statt sich wirklich an den eigenen Schmerz und die Opfersituation zu erinnern, erlangen sie Kontakt dazu, indem sie ihn bei einem anderen Menschen beobachten. Die Gefühle von Tätern nach einem gewalttätigen Akt sind nicht unbedingt angenehm, doch das Verschwinden der Benommenheit überwiegt bei manchen die späteren Schuldgefühle. Wenn sie sich jedoch nicht aufrichtig der eigenen Situation und ihrem Schmerz stellen, finden sie nie Erleichterung. Sie fahren zwanghaft fort, andere zu quälen, ohne daß ihr Leiden jemals ein Ende findet.

Wenn Opfer wieder mißbraucht werden

Mehr als die Hälfte aller Überlebenden in unserer Untersuchung gab an, sie seien von ihren Eltern mißbraucht worden. Die Beziehung zur Familie ist die erste, die man eingeht, und wenn Eltern ihre eigenen Kinder mißbrauchen, verraten sie ihre engste Beziehung. Dies deutet darauf hin, wie isoliert und von den eigenen Gefühlen abgeschnitten sich die Mißhandler fühlen müssen.

Fast alle identifizierten Mißhandler waren funktionierende Mitglieder der Gesellschaft. Angesichts der Dynamik der Dissoziation überrascht es nicht, daß die Täter aus gewalttätigen Kultgruppen so gut funktionieren können. Ihre Fähigkeit, nichts zu empfinden, macht es ihnen möglich, tagsüber zur Arbeit zu gehen und nachts andere Menschen zu foltern oder zu töten. Wenn sie ihre Gefühle spürten, könnten sie weder in der Gesellschaft funktionieren noch ihre Rolle beim rituellen Mißbrauch von Kindern spielen.

Schon als Säugling mißbraucht

Viele gewalttätige Kultgemeinschaften beginnen ihre Opfer zu quälen und zu indoktrinieren, noch ehe diese richtig sprechen können. Bei den meisten Überlebenden setzte sich der Mißbrauch fort, bis sie aus der Kultwelt entfernt wurden. Einige blieben und wurden weiterhin mißbraucht, bis sie zwanzig, dreißig, vierzig waren. Zwei Überlebende gaben an, sie würden noch heute mißbraucht.

Einige Überlebende in dieser Untersuchung gaben an, erneut zum Opfer gemacht worden zu sein, weil man sie fälschlicherweise der Kultbeteiligung anklagte.

»Ich bat eine Pfarrerin, einen Trauergottesdienst für meine Babys abzuhalten, die bei den Ritualen geopfert worden waren. Das geschah letztes Jahr, in der Hoffnung, ich könne das schlimme Thema mit meinen Kindern irgendwie abschließen, und ich hätte ein Ritual, eine Zeremonie, in der ich mich von ihnen verabschieden konnte. Die Pfarrerin aber zeigte mich anonym wegen Kindesmißhandlung bei der Polizei an, und Beamte kamen zu mir nach Hause, weil man ihnen gesagt hatte, ich würde dort Babys opfern. Sie stellten fest, daß dies nicht der Wahrheit entsprach. Da ich in der Öffentlichkeit über rituellen Mißbrauch spreche, empfand die Polizei diese Anzeige als Drohung und meinte, ich sei in Gefahr. Sie zeigten mir, wie ich mich schützen könnte, aber drei Tage lang lebten meine Tochter und ich in Angst und Schrek-ken. Schließlich gelangten meine Therapeutin und ich zu dem Schluß, es könne sich nur um die Pfarrerin gehandelt haben. Ich stellte sie zur Rede, und sie gab zu, mich angezeigt zu haben. Sie brachte eine halbherzige Entschuldigung vor, meinte aber, sie müsse sich vor mir und anderen Kultgemeinschaften, an denen ich vielleicht beteiligt sei, schützen. Sie hatte keine Ahnung, wie es ist, als Kind zum Opfer zu werden. Dieser Vorfall war für mich so traumatisch, daß ich mich bisher an niemanden wenden konnte, um die Zeremonie zu vollziehen, die ich will und brauche.«

Täter müssen Verantwortung übernehmen

Man kann von kleinen Kindern nicht erwarten, daß sie sich selbst schützen. Sie haben nicht die Macht, die Welt so zu verändern, daß sie sich darin sicher fühlen können. Diese Macht haben nur Erwachsene. Sie sind verantwortlich für den Schutz der Kinder.

Alle Personen, die an anderen ein Verbrechen begehen, haben bewußt oder unbewußt gegenüber den Opfern und sich selbst eine Verantwortung. Die gewaltsame Handlung führt zu Isolation und Leid. Menschen, die Fehler gemacht und anderen Gewalt angetan haben, müssen die Kraft finden, die eigenen Wunden zu heilen und für sich selbst zu sorgen. Nur wenn sie auch für sich Sorge tragen, können sie anderen geben. Ein Ertrinkender kann einem Kind keinen Rettungsring zuwerfen.

Wenn sie sich selbst angenommen haben, wenn sie in sich einen sicheren, sanften Ort des Mitgefühls geschaffen haben, können die Täter beginnen, sich nach denen umzuschauen, die sie verletzt haben. Sie können die begangenen Untaten wirklich wiedergutmachen. Das wunderbarste Geschenk, das ein Täter einem Opfer bringen kann, ist die Wahrheit, ein vollständiges Geständnis und die Übernahme sämtlicher Verantwortung für den Mißbrauch.

Als nächstes erfolgt die finanzielle Verantwortung für den beim Opfer entstandenen Schaden. Manche Täter stellen bedingungslos die Mittel für die Therapie des Opfers zur Verfügung. Wenn das nicht möglich ist, müssen sie andere Wege finden, zu dem Heilungsprozeß beizutragen.

Das Opfer hat den Mißbrauch niemals verursacht. Es ist immer der Täter, der die alleinige Verantwortung trägt. Auch er muß den Mut finden, sich selbst zu heilen, um so die Distanz zu überbrücken, die er zu anderen Menschen empfindet.

Im Teufelskreis der Kultgemeinschaft

Kinder von überall her berichten, sie seien bei Ritualen systematisch mißbraucht worden. Erwachsene, die unter gleichen Traumasymptomen wie Kriegsteilnehmer und Überlebende von Folter leiden, erklären, daß sie bei gewalttätigen Ritualen mißbraucht wurden.

In fast allen Fällen wurden die Opfer von zwei oder mehr Erwachsenen mißbraucht. Einige geben an, sie seien in einer Kultgemeinschaft groß geworden und als Erwachsene unfreiwillig dabei geblieben. Diese Überlebenden wurden durch systematische Gehirnwäsche und Folter traumatisiert und zur ungewollten Amnesie ihres Verhaltens gebracht. Sie entwickelten eine Multiple Persönlichkeitsstörung, und einige ihrer Persönlichkeitsanteile werden durch die Kultgruppe kontrolliert. Diese programmierten Persönlichkeitsanteile kehren zum Kult zurück, um der fortgesetzten Folter und seelischen Grausamkeit zu entkommen.

Die meisten Teilnehmer an gewalttätigen Kulten haben

ihr Dasein nicht selbst gewählt. Wenn sie einen Ausweg wüßten, würden sie ihn suchen. Viele der gegenwärtigen Mitglieder von gewalttätigen Kultgemeinschaften wuchsen in Kultgruppen auf und können sie wegen der traumatischen Erlebnisse, der Amnesie oder aus Angst vor Drohungen nicht verlassen. Den verbleibenden Mitgliedern wurde beim Eintritt in die Geheimgesellschaft oder Bruderschaft deren Glaubenssystem eingebleut. Drohungen, ihnen oder ihren Familien zu schaden, verhindern, daß sie die Gruppe verlassen.

Gewalttätige Kultgemeinschaften sind äußerst sadistisch, und ihre Täter scheinen am Leid anderer Menschen Freude zu haben. Sadistische Freude ist die Folge von Dissoziation, die die Benommenheit und die Erinnerung an den eigenen Mißbrauch unterbindet. Die Beteiligung am Kult ist für alle Mitglieder eine strafende Erfahrung. Die meisten Menschen werden dazu gezwungen. Wenn die Mitglieder alle Hoffnung aufgegeben haben, ihr Leben verändern zu können, versuchen sie andere ins gleiche Unglück hineinzuziehen. Auf irgendeine Art glauben sie, wenn sie selbst in der Kultgruppe so unglücklich sind, daß sie wenigstens nicht allein dort sein müßten.

KAPITEL 6

Die Kultgruppen

Meine Mißhandler brachten mir bei, die Menschen dieser Welt würden durch den Gott Abrahams regiert, den Gott des Alten Testaments. Seine Gebote sind ungerecht und beruhen auf Naturgesetzen. Er befiehlt: Auge um Auge, Zahn um Zahn. Er ist der Gott der Unwissenheit, der Gewalt, der niedrigen Intelligenz. In seiner Welt leiden die Menschen, herrschen Chaos, Pest und Hunger. Seine Welt liegt in der Wüste.

In unserem Glaubenssystem manifestiert sich die oberste Gottheit in den Taten von Jesus. Wir glauben nicht, daß Jesus ein Arzt oder Zauberer war, der tatsächlich Blinde heilte. Er heilte die Blindheit des Geistes. Das ist eine viel größere Kunst, als jeder Arzt oder Zauberer vollziehen kann. Er sprach die Worte aus, nach denen unsere Herzen sich sehnten. Er sprach die Wahrheit. Aber als er starb, starben auch seine Worte. Wieder einmal ging das Wort verloren.

Wir glauben, daß die Lehren Jesu nicht von irgendeiner »Kirche« diktiert werden sollten. Moral ist nicht etwas, was wir mit dem Verstand lernen. Wir müssen sie seelisch erfahren. Wir glauben, daß Menschen die Wahrheit in sich selbst finden müssen, wenn sie mit dem Herzen verstehen wollen, was Jesus zu sagen versuchte. Wir planen Rituale und Denksysteme, die dem Menschen bei der Erkenntnis von Jesu Thesen helfen. Wir glauben, daß die Menschen, um die Wahrheit in seinen Worten zu erkennen, die Wahrheit in ihrem eigenen Leben verlieren müssen. Mit anderen Worten:

um Mitgefühl für Menschen zu entwickeln, die hungrig sind, muß man selbst Hunger erlebt haben. Um Mitgefühl mit denjenigen zu haben, die frieren, muß man selbst bitterlich gefroren haben.

Wir glauben, daß Jesus die perfekte Verkörperung des himmlischen Lichts darstellte. Das himmlische Licht ist im Alten Testament der judäisch-christlichen Bibel als Luzifer symbolisiert, der Träger des Lichts, die Schlange, die Eva verführte, vom Baum der Erkenntnis zu essen. Religionen, die auf diesen Lehren des Alten Testaments beruhen, beziehen sich auf Luzifer als den Satan oder Teufel, denn er führte die Menschen von den Lehren Abrahams fort. Unserer Lehre zufolge war Luzifer nicht der Teufel. Er war der Lichtbringer, der Träger von Weisheit, der es der Menschheit ermöglichte, die Naturgesetze zu überwinden. Er brachte das Wissen, das die Menschheit lehrte, die Welt von einem anderen Standpunkt aus zu betrachten als aufgrund unmittelbarer Erfahrung. Er sagte uns, wir sollten vom Baum der Erkenntnis essen, damit wir erkennen können, was gut ist und was böse, und daß die Gesetze des Unwissenden Gottes ungerecht sind.

Ganz gewiß würden wir uns nicht als Anhänger Satans bezeichnen. Wir glauben, daß Satan ein Begriff ist, der von der Kirche benutzt wird, um die Welt in den Augen des alttestamentarischen Gottes in Gut und Böse zu unterteilen. In unserem System ist Satan — oder die Personifizierung des Bösen — Unwissenheit. Er ist ein bloßer Schatten, ein vorübergehendes Stadium des Denkens vor der Offenbarung. Nur Liebe, Licht und Wahrheit existieren. Alles andere ist ein Fehler, ein Schatten, ein »Unfall«. Daher sind wir überzeugt, wir können alles ohne Scham oder Reue begehen. Unsere Philosophie lautet: Nichts kann geschaffen werden, das nicht Gott ist.

Wir symbolisieren den Verlust des göttlichen Wortes auf viele Arten: Der Tod des Osiris im ägyptischen Mythos, der Isis weinen und sich nach dem toten Mann sehnen läßt, die Suche nach dem Heiligen Gral, der das Wasser des ewigen Lebens enthält. Die Handlungen, die wir bei Ritualen vollziehen, verstärken die Kraft dieser Bilder. Niemand sehnt sich nach dem Wasser oder dem Wort mehr als jemand, dem es jeden Tag fortgenommen wird.

Wir glauben, daß wir eine perfekte Rasse schaffen müssen: Eine Rasse der Krieger, die alle auf die Zweite Ankunft vorbereitet sind. Wir wissen nicht, wann er geboren wird. Wir wissen nicht, wo das Wort sich manifestieren wird, aber wir müssen ein Volk schaffen, das bereit sein wird, seine Botschaft zu hören.

Das alles hat man mir beigebracht. Man benutzte diese Ideen, um mich immer wieder zu manipulieren und zu kontrollieren. Für Menschen, die glauben, daß nur Liebe, Licht und Wahrheit existieren, hat der Kult ganz gewiß alles in seiner Macht Stehende getan, um mir niemals das Gefühl zu geben, geliebt zu werden.

Meine Mißhandler lehrten mich, daß unsere Mission alle Menschen unter einem einzigen Prinzip vereinigt. Sie benutzten viele Symbole, um dieses Prinzip zu beschreiben, aber sie sagten nie, wie es lautete. Aufgrund meiner Vorgeschichte und dessen, was ich für wichtig hielt, nahm ich immer an, dieses Prinzip sei die Liebe. Ich fand in einigen Thesen des Kults dafür auch Bestätigung.

Als ich ihnen meine Gedanken mitteilte, ließen sie mich glauben, daß ich das oberste Geheimnis herausgefunden hätte. Sie behaupteten, sie täten all dies, um den Menschen den Wert der Liebe zu zeigen. Sie sagten, niemand würde mehr über die Bedeutung von Liebe wissen, als jemand, dem sie gestohlen wird. Irgendwie konnte ich ihrer verzerrten Logik folgen. Ich wußte, daß es mir fast mein ganzes Leben lang an Liebe gefehlt hatte. Ich sehnte mich verzweifelt danach.

Ich sah, daß meine Mißhandler Menschen waren, die sehr litten, aber die Handlungen und Ziele der Gruppe entsprachen nicht dem, was sie vorgaben. Ritueller Mißbrauch zielt darauf ab, Liebe zu verraten. Er macht Kinder so hoffnungslos und verzweifelt, daß es unmöglich scheint, wieder jemandem zu vertrauen und ihn zu lieben. Rituell mißbrauchte Kinder lernen, daß Liebe mit Leiden und Verrat zu tun hat. Aufgrund der starken Programmierung fühlen sie sich auf eine Weise alleingelassen, die fast nicht mehr rückgängig gemacht werden kann. Das einzige, was diese Kinder heilt, ist Liebe — aber von ihren Mißbrauchern bekommen sie keine uneigennützige, hilfreiche Liebe. Diese Kinder gesunden, wenn sie das Glück haben, jemanden zu finden, für den sie besonders genug sind, daß sie die Mauern ihrer Einsamkeit durchbrechen können.

Ritueller Mißbrauch verletzt Kinder fast unwiderruflich. Die Botschaften, die die Kultgemeinschaften den Kindern über Liebe geben, bewirken bei ihnen eine solche Angst vor Scheitern, Verrat, Demütigung und unerwiderten Gefühlen, daß sie die Liebe manchmal völlig aus ihrem Leben verbannen.

Nein, das Ziel ist nicht, Menschen unter dem Prinzip der Liebe zu einen. Das Ziel ihrer Handlungen ist, Menschen zu lehren, daß Liebe eine Schwäche ist, daß Liebe immer nur in Schmerzen und Verlust endet. Sie zeigen ihren Opfern, daß das Leben tragisch ist, und sie überzeugen Kinder, daß es in Kultgemeinschaften keine Liebe gibt, die »schlechte« Kinder schützt. Sie schließen, daß die Welt kein Ort ist, der von einer wohlwollenden Macht beherrscht wird, die will, daß alle Menschen Liebe und Freude empfinden. Das Universum wird vielmehr durch Regeln und Logik beherrscht, und Liebe ist die Dummheit, die Menschen dahingehend korrumpiert, daß sie dumme Handlungen begehen, die einem Leid einbringen.

Was wäre ein Leben ohne Liebe? Wie fühlen wir uns, wenn wir überzeugt sind, daß niemand uns liebt? Wie fühlen wir uns, wenn wir glauben, das Universum beruhe auf Logik und Regeln und keinen anderen Kräften? Wenn Liebe eine Dummheit ist, die zu Verzweiflung und Leiden führt, wie behandeln wir dann die Menschen in unserer Umgebung? Wie tief leiden wir, wenn wir allein sind? Wenn das Universum bloß auf Regeln und Logik beruhte, hätten wir keine Gefühle.

Ob es einen Gott gibt oder nicht, ob das Universum wohlwollend oder böse ist, Menschen haben das Recht, das zu wählen, was ihnen am besten erscheint. Wenn wir in einer Welt leben, in der die Liebe keinen Platz hat, wollten wir dann noch dort sein? Wenn wir in einer Welt lebten, in der Liebe keine Grenzen kennt, wo es keinen Verrat gibt, weil jeder sich wohl fühlen will, wie sähe dieses Leben aus? Wenn es keine unerwiderte Liebe gäbe und wir könnten lieben, wie wir wollen, ohne jemals Angst zu haben, verletzt zu werden, was für ein Ort wäre diese Erde? Daher glaube ich, daß man die freie Wahl hat, was man in seinem Leben wertvoll findet. Ob mit Gott oder ohne, ob gut oder böse, gleich, was Mißbraucher oder andere einem fortnehmen, wir können immer nach innen lauschen, was für uns gut ist.

Glaubenssysteme gewalttätiger Kultgemeinschaften

Gewalttätige Kultgemeinschaften, die Kinder rituell mißbrauchen, bedienen sich einer Reihe von Glaubenssystemen, um ihre Handlungen zu rechtfertigen. Einige davon beruhen auf der Vorstellung, man müsse Gut und Böse begreifen, um spirituelle Erkenntnisse zu erlangen. In solchen Kultgruppen begehen die Mitglieder alle vorstellbaren schlimmen Handlungen, um die Natur des Bösen zu begreifen.

Einige gewalttätige Kultgruppen glauben an die höchste Macht des Bösen, das man verehrt, um übernatürliche Kräfte zu erlangen. In diesem Glaubenssystem praktizieren die Mitglieder rituellen Mißbrauch in Anbetung der bösen Kräfte oder Personifikationen.

Andere Systeme beruhen auf der Vorstellung, man wolle eine überlegene weiße Rasse erzeugen, die die Welt regiert. Diese Kultgemeinschaften glauben, sie müßten ihre Kinder foltern und rituell mißbrauchen, um eine »stärkere« Rasse zu züchten, die Schmerz gut aushalten kann.

Einige Glaubenssysteme beruhen auf der Anbetung der Kreisläufe der Natur. Diese gewalttätigen Gemeinschaften lehren, daß Tod, Schmerz und Zerstörung natürliche Bestandteile der Existenz sind, die man ebenso anbeten muß wie das Leben, die Freude und die Schöpfung. Kulte, die rituell Kinder mißbrauchen, folgen gewöhnlich einem Glauben, der auf einer dieser theoretischen Grundlagen beruht.

Ritueller Mißbrauch geschieht im Namen von verschiedenen religiösen Überzeugungen – von Satanismus über Christentum, Heidentum und Rassenbewußtsein. Man muß im Auge behalten, daß nicht alle Anhänger solcher Sekten an rituellem Mißbrauch beteiligt sind. Es gibt Menschen, die sich Satanisten nennen, aber keinen rituellen Mißbrauch praktizieren, genau wie es Christen gibt, auf die dies zutrifft. Es gibt auch Menschen, die sich Hexen nennen und die Große Göttin anbeten, Menschen, die fest an die Kraft der Magie glauben, aber niemals Gewalt bei ihren Ritualen zulassen. Im folgenden beschreiben wir ausschließlich die Gruppen, die rituellen Mißbrauch praktizieren. Diese Informationen entstammen meiner persönlichen Erfahrung sowie Gesprächen, die ich mit anderen Opfern von rituellem Mißbrauch geführt habe.

Der vereinende Gott

Die Vorstellung, das dualistische Konzept von Gut und Böse zu verschmelzen, ist eine verbreitete Idee in den Gruppen, die rituellen Mißbrauch praktizieren. Man glaubt, Gut und Böse entsprängen einer einzigen Quelle. Wenn die Menschheit diese Quelle findet, herrschen Weltfrieden, eine universale Religion und Harmonie.

Und wie sucht eine solche Gruppe in der Praxis nach der Quelle von Gut und Böse in der Welt? Einige glauben, sie müßten dazu alle möglichen Handlungen vollziehen, gute und böse. Wenn sie Gut und Böse nur intellektuell untersuchen, ohne es zu praktizieren, können sie ihrer Ansicht nach nicht das gleiche Gefühl erleben und die Quelle wirklich finden.

Um ein solches Glaubenssystem zu begreifen, muß man das Bild des »vereinigenden Gottes« verstehen. In einem solchen Glaubenssystem herrscht kein Dualismus und daher auch kein wirklich Böses. Der vereinigende Gott umfaßt Gut wie Böse. Einige Gruppen betrachten ihn als bedingungslose Liebe, denn diese wird von jedem fraglos geschätzt. In diesem System ist Gott alles und nicht von unserem Leben getrennt. Wenn man diesen Glauben einen Schritt weiter trägt, gibt es nichts, das nicht von Gott geschaffen wird. Daher existiert das Böse eigentlich nicht, denn es ist ein Teil Gottes.

Die Anbetung des Bösen

Teufelsverehrung, Schwarze Magie und andere Praktiken, mit denen man das Böse verehrt, sind Versuche,
Macht zu erlangen, indem man sich mit den dunklen
Kräften verbindet. In diesen Glaubenssystemen gibt es
eine böse Kraft, Energie oder Personifikation im Universum, die man für persönliche Zwecke benutzen kann. Die
Gläubigen sind überzeugt, daß die dunkleren Kräfte des
Universums den Menschen unermeßliche Kraft geben.
Sie wünschen sich gewöhnlich Dinge, die mit dem Bösen
in Zusammenhang gebracht werden: Macht über andere
oder sexuelle Befriedigung ohne Liebe. Über die Hälfte der
Überlebenden, die an dieser Untersuchung teilnahmen,
gab an, von einem satanischen Kult mißbraucht worden
zu sein.

Bei Menschen, die das Böse anbeten, wird das Verhalten von dem Bild diktiert, das sie von der bösen Macht
haben. Ein Teufelsanbeter, der für jemanden Liebe oder
Leidenschaft empfindet, der bei einem Ritual verletzt
wird, kann das Geschehene nicht aufhalten oder reumü-
tig weinen, denn derart »moralisches« Verhalten ist in
der Gruppe nicht akzeptiert. Es würde an ein moralisches
Gebot Gottes erinnern.

Die weiße Herrenrasse

Viele gewalttätige Kultgemeinschaften lehren auch die
Doktrin der weißen Herrenrasse. Sie mißbrauchen ihre
Kinder rituell mit dem Ziel, eine überlegene weiße Rasse
zu züchten, die die Welt beherrschen wird. Diese Gruppen sind durch gemeinsamen Haß auf eine bestimmte
Rasse oder Menschengruppe aneinander gebunden.
Diese unreife Art von Bindung, die auf der Herabsetzung
anderer beruht, verschafft den Anhängern ein Zugehörigkeitsgefühl. Mit einem gemeinsamen Feind können sie

sich an die Gruppe gebunden fühlen und sind nicht mehr allein in der Welt. Wenn alle in der Gruppe Schwarze, Juden oder Homosexuelle hassen, haben sie scheinbar etwas gemeinsam. Sie verletzen die Rechte anderer, wann immer nötig, um dieses unreife Zugehörigkeitsgefühl zu erleben.

Magie

Der Glaube an Magie ist ein zentraler Bestandteil von rituellem Mißbrauch. Dem Lexikon zufolge ist die Magie die Kunst von Menschen, die behaupten, Dinge mit Hilfe übernatürlicher Kräfte oder aufgrund ihrer Kenntnisse der Naturgeheimnisse zustande zu bringen[1]. Meine Mißbraucher brachten mir bei, Magie sei die Fähigkeit, die Realität so zu formen, wie man will. Einige alte Magielehren meinen, man könne durch Schmerz und Leiden auf eine höhere Ebene der Spiritualität gelangen. In gewissem Sinne hatten die Magier der Vergangenheit recht. Man weiß heute, daß unsere Wahrnehmung Folge biochemischer Operationen im Gehirn ist. Traumata verändern die chemischen Abläufe im Gehirn, und dies bewirkt wiederum eine veränderte Wahrnehmung der Realität.

Wenn ein Kind gefoltert wird, gibt sein Körper Adrenalin und Endorphine in Reaktion auf den Streß frei. Diese Substanzen verändern die Biochemie im Gehirn und bewirken möglicherweise Halluzinationen. Wenn eine Nadel in einer anderen Ecke des Zimmers fallen gelassen wird, klingt das vielleicht in den Ohren des Kindes wie ein Donnerschlag. Die alten Magier würden diese Erfahrung des Kindes mystisch nennen.

Früher folterten Menschen innerhalb eines solchen Glaubenssystems sich und andere, um diese vermeintlich spirituelle Veränderung zu erzielen. Sie wußten nichts von Dissoziation, Amnesie und Multipler Persönlichkeitsstörung als Verteidigungsmechanismen gegen den Schmerz. Sie hielten die Reaktionen auf ein schweres Trauma für »magisch«. Die vermeintliche Macht der früheren Magier, die Kinder traumatisierten, war ungeheuer. Man glaubte, daß sie mystische Macht über Menschen hätten. In Wirklichkeit handelte es sich jedoch um die Dissoziationen von Kindern und die Reaktionen des Gehirns auf Traumata.

Christentum

Ritueller Mißbrauch im Rahmen des Christentums gehört zu den verwirrendsten Formen des Mißbrauchs. Die Mißhandler bringen den Kindern strenge moralische Prinzipien über Ehrlichkeit, Integrität und gewaltfreies Verhalten bei, während sie sie gleichzeitig rituell mißbrauchen. Man sagt den Kindern, Gewalt sei im Ritual akzeptabel, weil es dabei um höhere spirituelle Zwecke gehe. Am verwirrendsten ist, daß die Täter tatsächlich glauben, der rituelle Mißbrauch sei für die Kinder sinnvoll. Sie glauben, daß die Werte Ehrlichkeit, Integrität und Gewaltfreiheit den Kindern durch Gewalt beigebracht werden müssen. Sexuelle Übergriffe erklären sie damit, daß die Kinder ihren Körper in einer reinen, christlichen Geste mit anderen teilen müßten. Wenn sie den Mißbrauch nicht rationalisieren können, schieben sie ihre gewaltsamen Impulse auf den Teufel.

Als Folge des rituellen Mißbrauchs entwickeln Kinder, die in solchen Kultgemeinschaften groß werden, aggressive sexualisierte und sadistische Neigungen, die die Mißhandler als »böse« und »sündig« bezeichnen. Diese Kinder wachsen mit dem Gefühl heran, innerlich böse zu sein. Sie versuchen oft verzweifelt, christliche Regeln zu befolgen, werden statt dessen aber von sexueller Gewalt angezogen. Als Erwachsene halten sie oft ihre gewalttätigen Impulse so lange im Zaun, bis sie zu einem Ritual gehen, wo sie vor Gewaltsucht fast platzen. Wenn sie sich außerhalb des Rituals sexuell aggressiv oder gewaltsam verhalten, leiden sie oft unter extremen Schuldgefühlen und geben dem Teufel die Schuld an ihren Taten.

Kultgemeinschaften von Frauen

Einer der geheimnisvollsten Kontexte für rituellen Mißbrauch findet sich bei Frauen-Kultgemeinschaften. Diese Gruppen lassen keine Männer zu und verehren gewöhnlich den Naturkreislauf. Man glaubt, Tod und Zerstörung seien natürliche Bestandteile der Existenz und müßten genau wie das Leben und die Schöpfung angebetet werden. Genau wie viele Christen in ihren Ritualen keine Gewaltakte begehen, gibt es auch Frauen, die sich als Hexen bezeichnen und die Natur verehren, aber keinen rituellen Mißbrauch praktizieren. Dieser Unterschied ist wichtig, denn der Tradition nach, wie in der Inquisition zum Beispiel, versteht man unter Hexen oft Frauen, die bei ihren Ritualen Gewalt praktizieren.

Die Frauen-Kulte, die rituellen Mißbrauch praktizieren, sind äußerst verschwiegen. Sie lehren, daß Männer Grund für alles Unheil auf der Welt sind und verantwortlich für die Zerstörung des Planeten. Sie überzeugen ihre Mitglieder, daß die Männer Mutter Erde, ihre Frauen und Kinder als Besitz betrachteten. Um die eigenen Besitzansprüche zu befriedigen, vertrieben die Männer alles Weibliche aus der allgemeinen Vorstellung von Gott. Männer brachten dem Volk bei, Gott sei ein Mann, damit sie weiterhin die Erde ausplündern konnten. Frauen wurden ins Haus gesperrt und zum Schweigen verurteilt. Frauen-Kulte verbreiten auch unter ihren Mitgliedern, daß im letzten Jahrhundert, seit Frauen ihre Macht in der Gesellschaft verstärken konnten, größere Reformen geschahen, um die Erde, Frauen und Kinder zu schützen. Frauen fühlen sich dann oft an ihre Kultgruppe gebunden, weil sie diese Thesen für richtig halten.

Diese Kultgemeinschaften beten vor allem das weibliche Prinzip in Form der Großen Göttin an. Wenn sie eine männliche Macht verehren, ist es gewöhnlich eine passive Kraft, die ihr dient. Manchmal ist dieser Er sanft und mitfühlend und nicht gewalttätig und machthungrig. Dann wieder ist er der Sensenmann, die Macht der Zerstörung, der alles Leben auf der Erde vernichtet. Sie beten die Liebe zwischen Gott und Göttin an, die in ihrer sexuellen Vereinigung Leben erzeugen. Sie glauben, daß die Liebe zwischen der Göttin und ihrem Gefährten, dem Gott, die Kraft ist, die alles Leben eint.

Die Göttin hat für diese Gruppen drei Gesichter. Hier herrscht ziemliche Vielfalt, und ich beschreibe nur einige Praktiken, die mir vertraut sind. Die erste Erscheinungsform, die Schöpfung, wird mit den Riten der Fruchtbarkeit verehrt. Diese sexuellen Rituale sind gemäßigt gewalttätig. Vielleicht wird ein Tier getötet, um die Mitglieder daran zu erinnern, daß etwas sterben muß, damit anderes lebt. Das nächste ist das Gesicht der Zerstörung. Die Rituale hierzu sind extrem gewalttätig und sollen die Mitglieder mit ihren grausamsten und sadistischsten Impulsen vertraut machen. Man tötet dabei oft Kinder und Säuglinge. Man wird zum Leiden gezwungen, weil Zerstörung Schmerzen verursacht. Schließlich gibt es das Gesicht der Wiedergeburt oder Ruhe. Zu diesen Ritualen gehören ebenfalls Gewalt und Sexualität. Zu Wiedergeburtsriten in Frauen-Kultgruppen gehören gespielte Tötungen, begleitet von sexueller Vereinigung, um zu symbolisieren, daß der Tod nicht das Ende ist, sondern der Beginn eines neuen Lebens.

Weibliche Kulte üben die größte Geheimhaltung. Kein Mann ist bei den Ritualen zugelassen, mit Ausnahme der kleinen Söhne von Mitgliedern.

Die meisten weiblichen Kultmitglieder wurden in männlichen oder gemischten Kultgemeinschaften groß. Ihr Haß auf Männer beruht auf den Praktiken in gemischten Kultgruppen. Dort wird von den Männern verlangt, Frauen zu verraten, zu demütigen und zu degradieren. Man verlangt von Frauen, zu Männern bedingungslos loyal und liebevoll zu sein, gleich, wie sehr sie betrogen werden. In ihrem Alltagsleben fühlen sich weibliche Kultanhänger gewöhnlich von männlichen Kultmitgliedern angezogen, denn sie können die Schmerzen des jeweils anderen verstehen. Bei Beziehungen unter Kultmitgliedern kommt oft die Programmierung des Verhaltens zum Tragen, und der Haß der Frauen auf die Männer verstärkt sich. Die Überzeugungen, Männer seien das Böse, die Schlange, werden bestärkt, weil kein Partner den rituellen Mißbrauch als Ursache des Problems in der Beziehung identifizieren kann.

Rituale

In diesem Kapitel berichte ich von meinen eigenen Erinnerungen und von Gesprächen, die ich mit anderen Überlebenden führte. Obwohl einige Praktiken in gewalttätigen Kultgemeinschaften denen in nicht gewaltsamen Gruppen ähnlich sind, muß man im Auge behalten, daß der entscheidende Faktor für die in diesem Buch beschriebenen Gruppen ist, daß sie Gewalt in Gegenwart von Kindern praktizieren.

Rituale sind strukturierte Ereignisse, in denen den Mitgliedern bestimmte Rollen zugeteilt werden. Meistens leitet eine Person das Ritual. Diese Leiter werden in der Regel als Hoherpriester oder Hohepriesterin bezeichnet. Hoherpriester und Hohepriesterin oder beide stimmen Gebete an, vollziehen Opferungen und beteiligen sich an Sexualakten, während die anderen Mitglieder zusehen oder mitmachen. Die Aktivitäten der einzelnen Rituale ändern sich je nach Anlaß.

Bei einigen Ritualen geht es um Fruchtbarkeit. Die Mitglieder beteiligen sich an einer sexuellen Orgie und benutzen Parfüm und Duftöle, um sich anzuregen. Sie tragen kostbare Kleidung und essen ungewöhnliche Speisen, um Reichtum und die irdischen Freuden zu feiern. Die meisten Kultgruppen begehen die Frühlingsrituale, wie den Ersten Mai, und die Tagundnachtgleiche mit Fruchtbarkeitsriten.

Andere Rituale haben das Prinzip von Leben und Tod zum Thema. Dabei werden oft Tiere oder Menschen geopfert. Die Kultangehörigen lassen den Opfern Blut ab und bemalen sich damit oder trinken es. Die meisten Menschenopfer bei Ritualen sind gespielt und von Hohempriester und Hoherpriesterin stark dramatisiert. Wirklich getötet werden am häufigsten Säuglinge, die man den Kultangehörigen abnimmt. Erwachsene werden zuweilen auch tatsächlich geopfert, aber nur bei ganz besonderen Anlässen. Häufiger sind hier gespielte Tötungen, die aber so wirken wie echte. Die Kultgruppen nehmen das Blut von Tieren, um die Wirkung von Leid und Agonie zu erzielen. Für kleine Kinder ist das Zusehen bei einer gespielten Tötung manchmal seelisch ebenso schädigend wie der echte Tod eines Menschen. Ein Kind, das zusieht, wie sein Freund in einem Ritual getötet wird, und diesen Freund später wieder sieht, lernt, daß der Tod nicht echt ist. Leben und Tod gehen ineinander über, und das Kind begreift die Bedeutung von beiden nicht mehr.

Einige Rituale sollen Mitglieder auf bestimmte Rollen vorbereiten. Die Übungsrituale werden nicht an Festtagen abgehalten, sondern immer dann, wenn alle Mitglieder anwesend sind. Gewöhnlich tragen sie dabei komplizierte Gewänder und vollziehen Fruchtbarkeitsriten und Opfer.

Festtage

Die von den gewalttätigen Kultgemeinschaften begangenen Festtage unterscheiden sich stark je nach dem jewei-
ligen Glaubenssystem. Die meisten Kultgruppen in den
Vereinigten Staaten begehen die Tagundnachtgleiche im
Frühling und Herbst (21. März und 23. September) und
die Winter- und Sommersonnenwende (21. Juni und
21. Dezember). Man glaubt, diese Festtage würden Macht
verleihen, weil man sich dann mit den Naturkräften verbindet.

Die meisten Kultgemeinschaften begehen auch die
christlichen Feste Weihnachten und Ostern. Viele Gruppen erkennen Jesus als oberstes Symbol des Guten an
und feiern seine Geburt und seinen Tod, um die Macht
der Gruppe zu verstärken.

Einige Kulte begehen auch die Walpurgisnacht (30.
April), einen satanischen und matriarchalischen Ge-
denktag, und die Hochzeit der Bestie (7. September),
einen satanischen Festtag. An satanischen Feiertagen
können auch die nichtsatanischen Kultgruppen sich
diese scheinbar »bösen« Kräfte zunutze machen. Die meisten Gruppen begehen auch die alten Bauernfeste Hallo-
ween und den Ersten Mai.

Roben und Gewänder

Zu Beginn der meisten Rituale tragen die Teilnehmer Roben oder Kostüme. Die Farbe der Gewänder hängt vom
Ritual und den Gruppen ab. Die meisten Gruppen tragen
Schwarz oder Weiß bei den Opferritualen und Blau oder
Violett bei den Fruchtbarkeitsriten. Wenn das Ritual beginnt, werden die Kleider oft abgelegt, entweder gleichzeitig oder innerhalb eines rituellen Spiels.

Meiner Erfahrung nach tragen die Anführer von Män-
ner- oder Frauen-Kultgruppen oft hohe Hüte (ähnlich wie

der Papst) bei den Ritualen. Farbe und Form dieser Hüte bezeichnen den Rang des Trägers innerhalb der Gruppe. Hohe Hüte mit reicher Verzierung deuten auf eine wichtigere Rolle hin. Beim rituellen Drama tragen die Frauen ausgefallene, kostümartige Kleider. Die Männer tragen ebenfalls Kostüme, aber dazu Messer oder Schwerter. Die Kleidung besteht oft aus Seide, Leder und Spitze.

Kinder dürfen in der Regel bei den Ritualen keine Kleider tragen. Manchmal tragen die Erwachsenen Clowns- oder Drakulakostüme, um die Kinder zu erschrecken und zu quälen. Sie verkleiden sich auch als wilde Tiere, um die Kinder einzuschüchtern und zum Schweigen zu bringen. Manchmal verkleidet sich ein Angehöriger auch als Jesus, um die Kinder zu betrügen. Diese Situationen zielen darauf ab, den Kindern klarzumachen, daß nichts wirklich sicher ist.

Farben und Symbole

Rot und Schwarz sind die Farben der satanischen, gewalttätigen Kultgruppen. Nichtsatanische Kulte benutzen die Farben ebenfalls, aber symbolisieren damit Unschuld und Reinheit. Blau und Violett sind die Farben der Fruchtbarkeit, Blau als heilende Farbe und Violett als Farbe der Liebe und der Macht. Die meisten Kultgruppen glauben an die spirituelle Bedeutung von geometrischen Formen, besonders den Kreis, das Dreieck, das Fünfeck und andere Sternformen.

Die Geschichte gewalttätiger Kultgruppen

Da ich selbst Überlebende von rituellem Mißbrauch bin, wollte ich wissen, wie lange es diese Praktiken schon gibt. Ich las eine Reihe von Büchern, um herauszufinden, ob andere Gruppen in der Geschichte ähnliche Rituale wie die, an die ich mich erinnerte, praktizierten. Ich behaupte nicht, Expertin für Geschichte oder Religion zu sein, aber ich finde es wichtig, diese Informationen hier darzustellen, die mir halfen, mich an meinen eigenen Mißbrauch zu erinnern.

Im Verlauf der Geschichte versuchten die Eroberer eines Volkes immer, die Eroberten zu ihrer eigenen religiösen Überzeugung zu bekehren, und sie verfolgten diejenigen, die weiterhin ihre alte Religion praktizierten. Immer wieder wurden in der Geschichte religiöse Gruppen aufgrund ihres Glaubens verfolgt, manchmal mit Hilfe von Folter und Exekution. Es ist schwer, Menschen dazu zu zwingen, ihre religiöse Überzeugung aufzugeben. Vor der wissenschaftlichen Revolution waren die religiösen Überzeugungen der Menschen die wichtigsten, die sie hatten. Die Sonne ging morgens auf, weil es einen Gott gab. Der Regen ließ das Korn wachsen und bewahrte die Menschen vor Hunger und war ebenfalls ein Geschenk Gottes. Die gesamte Existenz der Menschheit und der Welt war ein magisches Geheimnis, das sie mit ihren religiösen Überzeugungen erklärten. Und wenn man die Leute zwang, diese zu ändern, zwang man sie, ihr Grundverständnis von der Welt zu ändern. Wenn man wirklich an etwas glaubt, hält man es für die Wahrheit. Die meisten Religionen glauben, im Besitz der Wahrheit zu sein. Daraus folgt, daß einige Mitglieder einer Religion alles tun würden, um sie zu behalten.

Es ist möglich, daß sich in einigen Familien die Sitte des rituellen Mißbrauchs in Zeiten entwickelte, als es für die Menschen gefährlich war, ihre religiösen Überzeugungen zu äußern, die denjenigen der herrschenden Klasse widersprachen. Die Anhänger einer verfolgten Religion, die ihren Glauben an die Kinder weitergeben wollten, mußten dies heimlich tun. Sie mußten fürchten, daß ihre Kinder den Nachbarn von ihren verborgenen spirituellen Praktiken erzählten und man sie deshalb vielleicht bestrafte, vielleicht sogar folterte oder tötete. Um dies zu verhindern, ermahnten diese verzweifelten Eltern ihre Kinder mit strengen körperlichen Maßnahmen, anderen nichts von ihren religiösen Überzeugungen und Praktiken zu erzählen. In der Geschichte hat es nie Gesetze gegeben, die Kinder vor Gewalt schützen, sofern sie nicht mit dem Tod endete. Vielleicht wurden die Schläge und Lehren, die die Eltern ihren Kindern verabreichten, mit wachsender Gefahr immer heftiger. Darauf haben sich wohl in einigen Familien religiöse Überzeugungen, Rituale und Gewalt vermischt und sich zu dem entwickelt, was wir heute rituellen Mißbrauch nennen.

Wenn eine Familie einmal in dem Teufelskreis von extremer Gewalt gefangen ist, ist es sehr schwer, dieses Muster zu durchbrechen. Das vorherige Kapitel über die Täter schildert das extreme Trauma, das auf dem Mangel an Gefühlen beruht. Oft hat dieser Mangel an Emotionen die Fähigkeit zur Folge, andere ohne Reue mißbrauchen zu können. Aufgrund von mangelndem Verständnis sind Menschen, die in solchen Familien groß werden, hilflos und können ihre Situation nicht ändern. Sie sind im Teufelskreis des rituellen Mißbrauchs gefangen.

Ritueller Mißbrauch in der Geschichte

Im Verlauf der Geschichte sind immer wieder religiöse Bewegungen beschuldigt worden, gewalttätige, sexualisierte Rituale zu praktizieren, ähnlich denen, wie sie Überlebende auch heute schildern. Bestimmte Sekten der Gnostiker, eine spirituelle Bewegung, die mit der frühen katholischen Kirche im Kampf lag, wurden von der Kirche schon vor fünfzehnhundert Jahren solcher Rituale beschuldigt. Im Mittelalter wurden einige Geheimgesellschaften und Bruderschaften ähnlicher Handlungen bezichtigt.

In einem Aufsatz in der Zeitschrift *Dissociation: Pro-*

gress in the Dissociative Orders stellten Sally Hill und Jane Goodwin Ähnlichkeiten zwischen den gewalttätigen Ritualen einiger gnostischer Sekten und den Berichten von heutigen Überlebenden von rituellem Mißbrauch fest. Einige gnostische Gruppen wurden beschuldigt, (1) an einem geheimen nächtlichen Fest teilgenommen zu haben, (2) die christliche Lehre umzukehren, (3) an sexuellen Orgien teilzunehmen, bei denen auch Inzest praktiziert wurde, (4) bei den Ritualen Blut, Sperma und Exkremente zu benutzen, und (5) Embryos und Säuglinge zu opfern und anschließend zu verzehren. Alle diese Anschuldigungen wurden auch in modernen Zeiten von Überlebenden vorgebracht.[2]

Die Gnostiker zerfielen in eine Reihe von verschiedenen Sekten, die sich über Praktiken und Glaubensthesen stritten, obwohl sie einige gemeinsame Elemente hatten. Sie stimmten darin noch überein, daß ihrer Meinung zufolge die Menschen in einem unzulänglichen Zustand lebten und durch die Gnosis, eine spirituelle Offenbarung, wieder ihre wahre, spirituelle Natur erlangen konnten. Die meisten Sekten glaubten, daß der Gott des Alten Testaments dem Obersten Unbekannten Gott des Universums unterlegen sei. Die Welt der Materie – alles Körperliche – sei von der gleichen Unzulänglichkeit durchdrungen wie der Gott des Alten Testaments. Da alle Materie unzulänglich ist, betrachtet man auch den Körper als nicht perfekt. Der einzig rettende Faktor, den die Menschheit vom Obersten Unbekannten Gott des Universums erhält, sei der Lebensfunke. Einige Sekten behaupteten, der Gott des Alten Testaments sei Satan selbst, weil er sein Volk mit Kriegen, Pest und Hungersnöten grausam strafte.[3] Das Glaubenssystem der Gnostiker bedrohte die katholische Kirche. Man hat auch spekuliert, die katholische Kirche habe die Geschichten von sexualisierten, gewaltsamen Ritualen erfunden, um die Gnostiker besser verfolgen zu können.

Die meisten gnostischen Sekten lehnten die Zehn Gebote von Moses ab, weil sie von dem geringeren Gott des Alten Testaments stammten. Die Gnostiker entwickelten ihre eigenen Maßstäbe, etwa, daß es eine Sünde sei, ein Kind in diese Welt der Dunkelheit zu setzen. Die Gnostiker sollen auch geglaubt haben, die Welt würde durch den Gott des Alten Testaments beherrscht, und einem Kind das Leben zu schenken bedeute, seiner Seele eine schwere Untat anzutun, weil es sich eigentlich danach sehne, bei dem Obersten Unbekannten Gott zu sein. Die Geburt in diese Welt des Bösen sei ein grausames Verbrechen an der Seele. Einige gnostische Sekten sollen auch Sperma und das Menstruationsblut angebetet haben, weil es die Lebenskräfte enthalte.[4] Ausführlichere Informationen über gnostische Thesen findet man in den im Anhang angegebenen Büchern.

Im Mittelalter wurden einige Geheimgesellschaften und Bruderschaften von der katholischen Kirche angeklagt, gewalttätige, sexualisierte Messen abzuhalten. Im dreizehnten Jahrhundert wurden die Katharer angeklagt, den Teufel zu verehren, Menschenopfer, Inzest, Homosexualität zu praktizieren und schwarze Messen abzuhalten. Michael Howard zufolge, Autor von *The Occult Conspiracy* (»Die dunkle Verschwörung«), beruhten diese Beschuldigungen auf dem Brauch der Katharer, ein Liebesfest zu begehen – ein Ritual, das sie von der heidnischen Mystik übernommen hatten. Die katholische Kirche veranstaltete einen Kreuzzug und brachte Tausende von Mitgliedern dieses Ordens um.[5]

Im vierzehnten Jahrhundert wurden die Tempelritter ebenfalls von der Kirche beschuldigt, die Grundsätze des christlichen Glaubens zu verletzen, indem sie das Kreuz bespuckten und darauf urinierten, einen Schädel anbeteten und mit dem Blut oder Fett ungetaufter Kinder besprengten. Howard zufolge gaben Tempelritter bei der Beichte an, die Zeremonien fänden nachts in kerzenbeschienenen Tempeln statt. Sie müßten ihrem christlichen Glauben als Zeichen der Ergebenheit an den Orden abschwören, und sie seien gezwungen worden, auf das Kreuz zu spucken, zu urinieren und zu trampeln. Leider erschwerten Folter und Erpressung, die die Kirche anwandte, um Geständnisse zu erzwingen, Tatsachen von Fiktion zu unterscheiden.[6]

Die Illuminaten[7]

Im achtzehnten Jahrhundert verschrieb sich eine weitere Geheimgesellschaft offen dem Sturz der Monarchien und der etablierten Religionen. Hauptziel dieser Gruppe war es, eine Regierung und eine Religion zu schaffen, die das Volk vertrat. Sie nannten sich die Illuminaten. Da sie als subversiv galten, mußten sie in den Untergrund gehen. Man sagt, daß Mitglieder der Illuminaten die bereits etablierten Geheimgesellschaften und Bruderschaften, darunter auch die Freimaurer, unterwandert hatten, um ihre politischen und spirituellen Ziele durchzusetzen.[8]

Die Illuminaten sind die bekannteste Geheimgesellschaft, die man mit Satanismus in Verbindung bringt, doch die Urgruppe selbst war nicht satanisch ausgerichtet und betete nicht, um persönliche Macht zu erlangen, den Teufel an. Illuministische Philosophie ging vom Dualismus aus. Carl Raschke, ein Satanismus-Experte und Autor des Buches *Painted Black* (»Schwarz gemalt«), schreibt:

»...muß man beachten, daß das Illuminatentum von Anfang an auf das abzielte, was die Alchimisten und Okkultisten die ›Große Sache‹ nannten, ein gesellschaftliches und politisches Ziel. Das ›magische‹ Ziel der Illuminaten war die Abschaffung des jahrtausendealten Feudalismus und die Schaffung einer weltweiten, utopischen Gesellschaft, die die Menschheit einte. Zugleich wurde die Illuminatenpolitik von selbstbewußter Verehrung der

tiefsten und zwingendsten Instinkte des Menschen getrieben. Nur die Herrschaft des Gewalttätigen und Unterdrückten könne die Menschheit von der Tyrannei der Religion, der Gesetze und Klassenherrschaft befreien... die
Benutzung einer nackten Frau als Altar (bei den sogenannten schwarzen Messen) und der Tausch der heiligen
Hostie gegen Fäkalien stellen nicht einfach nur Blasphemie dar. Es handelte sich um den direkten Ausdruck der
dualistischen Vorstellung, daß das Schreckliche und das
Glorreiche, das Zwielichtige und das Strahlende zugleich
als oberste Offenbarung des ›Geheimen Wissens‹ darge-
stellt werden müssen.«[8]

Dieses »Geheimwissen« entspricht vermutlich der gleichen Offenbarung, die Kurt Seligmann in *The History of
Magic and the Occult* (»Die Geschichte des Magischen
und des Okkulten«) beschreibt:

»Die besten Geister der westlichen Welt waren von einer
höheren Art Magie beeinflußt. Die Naturforscher folgten
jahrhundertelang dem Weg, den vor ihnen die alten Philo-
sophen und Magier gegangen waren. Sie glaubten, in der
magischen Weisheit liege der Schlüssel zum Harmonie-
zustand der Welt. Die Religionen der westlichen Welt ge-
stehen zu, daß die Revolte Satans das Universum spal-
tete, daß er die Welt der Materie beeinflußt und die unter
Anfechtung stehenden Gläubigen letztendliches Glück
nur nach dem Tod erreichen. Die magischen Systeme der
Alten gestanden keine Disharmonie zu. Sie umfaßten die
Totalität des Seins, Gut und Böse, Leben und Tod, das
Sichtbare wie das Unsichtbare. Alles ist in allem enthal-
ten. Alles ist eins. Das Übernatürliche ist nicht von der
Welt der Materie getrennt, sondern in jedem Objekt ent-
halten. Gut und Böse entstammen der gleichen Quelle;
beide gehorchen den gleichen Gesetzen.«[9]

Das »Geheimwissen« ist höchstwahrscheinlich eine
Offenbarung der Quelle von Gut und Böse. Um diese
Quelle zu finden, haben vermutlich einige Geheimgesell-

schaften und Bruderschaften von ihren Angehörigen verlangt, sich sowohl an Handlungen zu beteiligen, die als böse bezeichnet werden, wie an solchen, die als gut bezeichnet werden. Man glaubte vermutlich, wenn die Initiierten die Quelle ihres eigenen Verhaltens fänden, würden sie aus ihrem wahren spirituellen Wesen heraus handeln.

Ein Thema ist den meisten Geheimgesellschaften gemeinsam, die gewalttätige Messe abhalten, und das ist der globale Anspruch, die Welt unter den Prinzipien des Friedens und der Weltharmonie zu einen. Die früheren Gruppen akzeptierten die traditionell christlichen Werte nicht als Weg zum Frieden. Sie glaubten vielmehr, daß das Christentum, wie die katholische Kirche es verbreitet, die Menschen daran hindere, sich ihres wahren spirituellen Wesens bewußt zu werden. Die Gruppen glaubten, das Verständnis Gottes müsse eine aktive Erfahrung sein, die man durch eine Reihe spiritueller Praktiken und Offenbarungen erziele, die auf den entsprechenden Stufen der Initiationsriten der Gruppe gelehrt wurden.

Während die katholische Kirche immer korrupter wurde – indem sie zum Beispiel dem Volk Geld für die Vergebung der Sünden abknöpfte –, schienen Geheimgesellschaften und Bruderschaften wohl als eine verlockende Alternative, die die spirituellen Bedürfnisse der Menschen befriedigen konnte. Das edle Ziel der Geheimgesellschaften, weltweit Frieden zu schaffen, verlockte vor allem die Gebildeten. Eine weitere Anziehungskraft bildete die Verehrung des weiblichen Prinzips in Form der Großen Göttin. Für viele existierte hier eine Leerstelle im traditionellen Christentum, das Gott als männliches Wesen betrachtet. Die Gruppen zogen vornehmlich die geistige Elite an, die mit dem Status quo nicht glücklich war.[11]

Die Freimaurer[12]

Im Verlauf der Geschichte wurden die verschiedensten Geheimgesellschaften und Bruderschaften beschuldigt, gewalttätige, sexualisierte Messen abzuhalten. Unsere Studie ergab, daß oft Beziehungen bestanden zwischen der Mitgliedschaft in einer Geheimgesellschaft und der Praxis von rituellem Mißbrauch. 67% der Befragten gaben an, ihre Mißhandler seien Mitglieder einer Geheimgesellschaft oder einer Bruderschaft gewesen. 33% sagten, die schuldigen Familienangehörigen seien Freimaurer. Sie berichteten von anderen Geheimgesellschaften, in denen die Väter Mitglied waren. Da die Freimaurer so häufig genannt wurden, möchte ich diese Gruppe ausführlich behandeln.

Freimaurerei befaßt sich mit der ausführlichen Untersuchung des Wesens Gottes. Albert Pikes *Morals and Dogma of the Ancient and Accepted Scottish Rite of Freemasonry* (»Moral und Dogma des alten und anerkannten schottischen Ritus der Freimaurerei«), ein 861 Seiten umfassendes Buch, das Freimaurer der höchsten Stufe studieren, ist eine Zusammenstellung von historischen, mythologischen, philosophischen und logischen Untersuchungen über Gott. Das Buch ist schwierig zu lesen, denn Pike bezieht sich ständig auf die Göttermythologien anderer Kulturen. Er versucht, mit Logik und Verstand dem Leser die Existenz eines universalen Gottes zu beweisen, der alle Menschen einen könnte.

Hier nach Pike die Doktrin der Freimaurer:

»Während all diese Glaubensrichtungen ihren Anspruch auf den ausschließlichen Besitz der Wahrheit erheben, betont das Freimaurertum die alte Doktrin und nichts weiter..., daß Gott EINS ist, daß SEINE GEDANKEN sich in seinen WORTEN äußern, er das Universum schuf und es jene ewigen Gesetze enthält, die diese Gedanken ausdrücken, daß die Seele des Menschen, die ihm

Gott eingehaucht hat, so unsterblich ist wie seine Gedanken. Daß der Mensch die Freiheit hat, Gutes oder Böses zu begehen, er für seine Handlungen verantwortlich und für seine Sünden zur Rechenschaft zu ziehen ist, daß alles Böse und Schlechte und Leiden vorübergehend ist, nur ein Mißakkord in der großen Harmonie, und daß Er in seinem Willen durch unendlich feine Abstimmungen zum großartigen, letzten harmonischen Akkord führt, zur Kadenz von Wahrheit, Liebe, Frieden und Glück, der auf immer und ewig unter den Himmeln schwingt, unter den Sternen und Welten und in allen Seelen der Menschen und Engel.«[13]

In den letzten Abschnitten des Buches beschreibt Pike, wie sich die große Harmonie abspielen soll:

»Und wie in jedem Dreieck der Perfektion ist eins drei und drei eins, daher ist der Mensch eins, doch von doppeltem Wesen, und er erreicht den Sinn seines Seins nur, wenn die beiden Wesen in ihm zur Ausgewogenheit gelangen...«[14]

Die beiden Wesen, von denen Pike spricht, sind einerseits die Lust des Menschen nach Vergnügen, die andererseits von einem Moralgefühl in Schach gehalten wird. Wenn die Menschen lernen, beides auszugleichen, können sie unter einer Regierung leben, die auf Freiheit beruht, während das Volk immer noch den Gesetzen gehorcht.

Die Freimaurer sind eine der mächtigsten und einflußreichsten Organisationen der Welt. Zahlreiche Bücher sind über die vergangene und die gegenwärtige Macht der Freimaurer geschrieben worden. Ihre Träume von Freiheit und Einigkeit waren Prinzipien, die auch die Gründung der Vereinigten Staaten beeinflußte. Howard, der Autor von *The Occult Conspiracy* (»Die dunkle Verschwörung«), stellt fest, daß 55 von den 56 Unterzeichnern der amerikanischen Unabhängigkeitserklärung Freimaurer waren. George Washington und John Adams waren beide

Freimaurer von höchstem Rang. Manche meinen auch, daß Geheimgesellschaften und Bruderschaften für die protestantische Reformation, die Gründung der USA und die beiden Weltkriege verantwortlich waren.[15]

Aleister Crowley

Crowley, ein bekannter britischer Okkultist um die Jahrhundertwende, war ebenfalls ein hochstehender Freimaurer. In der Öffentlichkeit hielt man Crowley für einen Satanisten, der an der dunkleren Seite des Okkulten interessiert war. Er war auch für seine Teilnahme an sexualisierten Messen bekannt, die er gnostisch nannte.[16]

Crowley stellte sich ebenfalls eine Welt vor, die auf den Prinzipien des Friedens und der Harmonie beruhte. Als er sein *Book of Lies* (»Buch der Lügen«) veröffentlicht hatte, trat eine Bruderschaft an ihn heran und meinte, er habe wohl das »Oberste Geheimnis« herausgefunden und sei ihnen nun verpflichtet. Crowley erwiderte, er wisse nichts von einem solchen Geheimnis, aber der Leiter der Gruppe schlug eine Seite im *Book of Lies* auf und wies darauf hin, er habe es dort ganz offen beschrieben.[17] Der gemeinte Absatz ist wohl der einzige, der dem Gesamtthema des Buches widerspricht. Crowley bemerkt im Schlußkapitel:

»Ach, ich habe viele Jahre gelebt und bin in jedes Land unter der Sonne gereist; ich habe die Meere von einem Pol zum anderen besegelt. Und nun erhebe ich meine Stimme und bezeuge, daß auf Erden alles eitel ist, außer der Liebe einer guten Frau, jener Frau LAYLAH. Ich bezeuge, daß auch im Himmel alles eitel ist (denn ich bin oft in alle Himmel gereist und hielt mich dort auf), außer der Liebe unserer lieben Frau Babylon... und am Ende steht sie, die Laylah war und Babylon und Nuit...«[18]

Laylah war eine Frau, die Crowley liebte, und er nennt sie in seinem Buch mehrere Male. Am Schluß bemerkt er, daß alles im Leben eitel sei außer der Liebe. Seine Bemerkungen in diesem Zusammenhang lauten:

»Dieses Kapitel ist eine Art abschließendes Bekenntnis des Glaubens. Es ist die Vereinheitlichung aller Symbole und Ebenen. Das Ende ist nicht auszudrücken.«[19]

Nachdem sich Crowley seines »Obersten Geheimnisses« klargeworden war, bemerkte er in seinem Buch *The Confessions of Aleister Crowley* (»Bekenntnisse von Aleister Crowley«):

»Ich begriff, daß ich in meinen Händen den Schlüssel zum künftigen Fortschritt der Menschheit hielt...«[20]

Crowley schrieb auch *The Book of the Law* (»Das Buch des Gesetzes«), einen Text, den einige Okkultisten für die Grundlage einer Religion halten, die alle Menschen eint. Die Liebe ist hier ein vorrangiges Thema. Teil I ist die Stimme der Göttin Nuit, die die Welt auf ihre Hochzeit mit ihrem Gefährten Hadit vorbereitet. Diese Rituale werden nicht mit Gewalt begangen:

»Bei all meinen Zusammenkünften mit euch soll die Priesterin sagen – und ihr Blick soll dabei vor Verlangen glühen, wenn sie nackt in meinem geheimen Tempel steht und genießt – Zu mir! Zu mir! Und sie weckt die Flamme der Herzen aller in ihrem Liebesgesang. Singt mir hinreißende Liebeslieder. Verbrennt duftendes Öl. Tragt Edelsteine für mich! Trinkt mir zu, denn ich liebe euch, ich liebe euch!«[19]

Teil II des Buches ist die Stimme Hadits, des Gefährten Nuits. Er ist vor der Göttin verborgen. Der letzte Teil des Buches ist die Stimme des Gottes von Krieg und Rache. Die Stimme dieses Gottes ist die von Gewalt und Macht. In Teil III *des Book of the Law* bezieht sich Crowley auf die gewalttätigen, sexualisierten Messen, die im Verlauf der Geschichte immer wieder beschrieben worden sind.

»Verehrt mich mit Feuer und Blut. Betet mich mit Schwert und Dolch an. Laßt die Frau mit einem gegürteten Schwert vor mich treten. Laßt Blut in meinem Namen fließen. Trampelt die Heiden nieder, stürzt euch auf sie, oh, ihr Krieger. Ich gebe euch ihr Fleisch zu essen! Opfert Vieh, groß und klein, danach ein Kind... Für den Duft vermischt Mehl und Honig und schweren roten Wein, dann Öl von Abramelin und Olivenöl, was danach mit dickem, frischem Blut gerührt wird. Das beste Blut ist das Monatsblut des Mondes, dann das frische Blut eines Kindes, oder was aus dem Himmel herabfällt, dann von anderen Feinden, der Priester oder Gläubigen, schließlich von Vieh, gleich welches, das ihr verbrennt, und daraus backt ihr einen Kuchen und verzehrt ihn in meinem Namen.«[22]

Crowley wurde von den mächtigen Freimaurern gebeten, die weltweiten freimaurerischen Praktiken zu vereinheitlichen. Damals herrschte Uneinigkeit unter den verschiedenen Freimaurerlogen. Crowley bemerkt dazu:

»Angesichts dieser und ähnlicher Schwierigkeiten nahm ich gern die Aufgabe auf mich, die mir die intelligentesten Freimaurer der Welt aufgetragen hatten, geeint durch ihre Aufrichtigkeit, ihr Verständnis und ihren guten Willen, doch uneins wegen sektiererischem Streit über die Gesetze.«[23]

Crowleys Vorschläge wurden jedoch von den Freimaurern nicht angenommen, denn die Männer, die ihn beauftragt hatten, waren nicht in der Position, die vorgeschlagenen Änderungen durchzuführen.[24]

Initiationsriten

Hauptbestandteil der Freimaurerei ist die Teilnahme an dramatischen »Sketchen« oder Ritualen, die die Mitglieder auf einer höheren spirituellen Ebene einen sollen. Wenn man beispielsweise bei einem Ritual eine wichtige historische oder mythologische Gestalt spielt, soll der Initiierte mit der spirituellen Bedeutung der Legende oder Geschichte enger verbunden werden. In *The Deadly De-*

ception (»Der tödliche Betrug«) von Jim Shaw, Ex-Frei-maurer, werden die Initiationsriten beschrieben, in de-nen Mitglieder bestimmte Rollen spielen:

»Mit langen schwarzen Roben angetan, marschierten wir in einer Reihe. Die Gesichter waren unter den Kapu-zen nur teilweise zu sehen. Wir nahmen unsere Plätze ein...[25], dann schworen wir dem obersten Rat des 33. Ranges unsere Treue vor allen anderen Verpflichtun-gen... einer der Leiter reichte dann dem ›Kandidaten‹ einen umgedrehten menschlichen Schädel, der Wein ent-hielt.«[26]

Als man Shaw in den Rang eines Meisters erhob, wurde er bei einem Ritual angegriffen, in dem er die Rolle von Hiram Abiff spielen sollte, dem Architekten von Salomos Tempel:

»Jubela wurde immer aggressiver und forderte das ge-heime Wort hier und jetzt! Wieder sagte der Seniordekan an meiner Stelle: ›Handwerker, ich kann und will sie nicht geben‹, und daraufhin schlug Jubela mir mit dem 24-Zoll-Schlüssel vor die Kehle. Es tat sehr weh und er-schreckte mich...«[27]

Bei den Initiationsriten zum Schreinbewacher (eine der höchsten Rangstufen) bezeugte Shaw Vulgärrituale.

»An einer Stelle setzte man uns in einen großen Draht-käfig, und einer der Schreinbewacher stieg darauf. Dann zeigte er einen sehr echt aussehenden Gummipenis, der mit einem Wasserbeutel unter seinen Kleidern verbun-den war, und bespritzte uns in dem Käfig zu den entzück-ten Schreien der Zuschauer.«[28]

Shaw sagte, als er den höchsten Rang der Freimaurer erreichte, wurde er nach Washington geflogen. Dort traf er hinter geschlossenen Türen mit sehr hochstehenden Freimaurern zusammen, unter anderem einem skandi-navischen König, zwei ehemaligen Präsidenten der USA und zwei international bekannten Kirchenführern.[29]

Shaw und andere Freimaurer schweigen über die

Macht und die Praktiken der Freimaurer, weil ihnen schon auf der ersten Stufe als Freimaurer gedroht wird:

»Im Verlauf dieses Eides erkannte ich, daß ich gelobte, die Geheimnisse der Loge zu bewahren. Dann wurde mir klar, wie ich sagte, ich ›stellte mich unter keine geringere Strafe, als daß mir die Kehle von einem Ohr zum anderen durchtrennt würde, mir die Zunge an der Wurzel herausgerissen und im Sand des Meeres vergraben würde... wenn ich jemals bereitwillig, wissentlich oder ungesetzlich meinen Lehrlingseid verriete, auf daß mir Gott helfe und mich standhaft mache‹.«[30]

Das Netzwerk der Kultgemeinschaften

67 % der Überlebenden in dieser Untersuchung gaben an, von mehr als nur einer Kultgemeinschaft mißbraucht worden zu sein. Das macht deutlich, wie viele Gruppen, die Kinder mißbrauchen, ihre Opfer austauschen und miteinander in Verbindung stehen. Die meisten Überlebenden gaben an, die Täter seien an der Produktion von Kinderpornographie und dem Handel damit beteiligt. Einige Mißhandler seien in Drogenhandel und organisiertes Verbrechen verwickelt gewesen. Andere gaben an, es existiere ein Netzwerk gewalttätiger Kultgruppen, ähnlich den Syndikaten von organisiertem Verbrechen.

Kultgruppen, die Kinder rituell mißbrauchen, finden sich in der ganzen Welt. Die Überlebenden in dieser Untersuchung wurden in 45 der 50 amerikanischen Bundesstaaten mißbraucht. Es gibt ähnliche Angaben aus Schottland, England, Deutschland, Mexiko, Südamerika und Kanada.

Die Opfer wurden im Freien mißbraucht, in den Heimen der Mitglieder und in Kirchen. Die Täter hatten Zugang zu öffentlichen Gebäuden, weil ihre Berufe ihnen die Benutzung dieser Gebäude ermöglichten.

Wie gewalttätige Kultgemeinschaften sich vor Entdeckung schützen

Gewalttätige Kultgruppen ergreifen Vorsichtsmaßnahmen, um sich zu schützen. Die Rituale finden gewöhnlich mitten in der Nacht statt, wenn die meisten anderen Menschen schlafen. Die Programmierung zielt darauf ab, die Mitglieder zum Schweigen zu zwingen, und bewirkt bei den Opfern oft eine Amnesie. Die Kultgruppen sind zudem sehr vorsichtig bei der Vollziehung der Rituale. Oft finden sie in Gebäuden statt, die einem Mitglied gehören, häufig in Kellern oder Räumen ohne Fenster. Wenn sie im Freien stattfinden, sorgen die Mitglieder für Abgelegenheit, und Wächter patrouillieren ununterbrochen, um eventuelle Zuschauer zu entdecken. Menschenopfer werden gewöhnlich verbrannt oder verzehrt.

Wenn eine gewalttätige Kultgruppe ein solches Ritual praktiziert, kann man die Mitglieder nur schwer wegen der damit verbundenen Verbrechen anklagen. Man beschuldigt sie meistens bloß wegen sexueller Belästigung, Pornographie oder organisiertem Verbrechen und ignoriert die Beschuldigungen der Opfer, die auf den rituellen Charakter des Mißbrauchs hinweisen.

Ritueller Mißbrauch, besonders satanische Rituale, ist seit vielen Jahren ein Tabu bei den Gesetzeshütern. Es ist politisch sehr unvorteilhaft für Polizeibeamte oder Richter, wenn sie anerkennen, daß in ihrer Gemeinde ritueller Mißbrauch stattfindet.

Die meisten Menschen wissen kaum etwas über rituellen Mißbrauch, weil sie nichts wissen wollen. In der Vergangenheit zeigten sich angesehene Zeitungen, Fernsehsender und Verlage kaum bereit, etwas über dieses Thema zu veröffentlichen, denn die Öffentlichkeit war nicht bereit, zu glauben, daß ritueller Mißbrauch tatsächlich stattfand. Die meisten Menschen finden es schwer zu akzeptieren, daß Grausamkeiten in größerem

Ausmaß regelmäßig vorkommen, weil sie sich dann moralisch verpflichtet fühlen müßten, etwas dagegen zu unternehmen. Dieser Unwille, an den Mißbrauch zu glauben,
ist der beste Schutz für die gewalttätigen Gruppen. Erst
wenn wir anerkennen, daß solche Dinge stattfinden – und
daß die Überlebenden, die das offen aussprechen, unsere Unterstützung und unser Mitleid verdienen, anstatt
Verhöre und Verurteilung über sich ergehen lassen zu
müssen –, können sich mehr Opfer zu Wort melden. Zur
Zeit stoßen Überlebende von rituellem Mißbrauch, die
den Mut aufbringen, sich daran zu erinnern und offen
darüber zu sprechen, nur auf Ungläubigkeit und Hilflosigkeit.

Anmerkungen

1 The New Merriam-Webster Dictionary. Springfield 1989,
   S. 440.
2 Sally Hill/Jean Goodwin: »Satanism: Similarities Between
   Patient Accounts and Preinquisition Historical Sources.«
   Dissociation: Progress in Dissociative Orders 2, Nr. 1, 1989,
   S. 839–842.
3 Benjamin Walker: Gnosticism: Its History and Influence.
   Wellingborough 1989, S. 41–44.
4 Walker, a. a. O., S. 120, 131.
5 Michael Howard: The Occult Conspiracy. Rochester 1989,
   S. 26.
6 Howard, a. a. O., S. 37.
7 In diesem Kapitel werden allgemein Illuminatenverbindun-
   gen behandelt, die nicht zu verwechseln sind mit dem 1776
   von Weishaupt gegründeten »Illuminatenbund«, dem auch
   Herder und Goethe angehörten. (Anm. d. Verl.).
8 Howard, a. a. O., S. 62.
9 Carl Raschke: Painted Black. San Francisco 1990, S. 87.
10 Kurt Seligmann: The History of Magic and the Occult. New
   York 1975, S. 321.
11 Raschke, a. a. O., S. 83.
12 Hier ist zu beachten, daß Freimaurerverbindungen in vielen

verschiedenen Ländern existieren und dort jeweils völlig unterschiedlichen Charakters sind. Das heißt, daß die hier von der Autorin wiedergegebenen Überlegungen über die Freimaurer in den USA keineswegs auf andere Verbindungen dieses Namens übertragen werden können. (Anm. d. Verl.)

13 Albert Pike: Morals and Dogma of the Ancient and Accepted Scottish Rite of Freemasonry. Washington 1966, (1871), S. 577.
14 Pike, a. a. O., S. 861.
15 Howard, a. a. O., S. 82.
16 Aleister Crowley, The Confessions, a. a. O., S. 13 (Anm.).
17 Crowley, Confessions, S. 170.
18 Aleister Crowley, The Book of Lies. York Beach 1988, S. 190.
19 Crowley, Book of Lies, a. a. O., S. 191.
20 Crowley, Confessions, a. a. O., S. 710.
21 Aleister Crowley, The Law is for All. An Extenuation of the Book of Law. Las Vegas 1988, S. 50–51.
22 Crowley, The Law…, a. a. O., S. 58–60.
23 Crowley, Confessions, a. a. O., S. 700.
24 Crowley, Confessions, a. a. O., S. 707.
25 Jim Shaw/Tom McKenny, The Deadly Deception. Lafayette 1988, S. 106.
26 Shaw/McKenny, a. a. O., S. 104.
27 Dies., S. 49–50.
28 Dies., S. 75.
29 Dies., S. 104.
30 Dies., S. 26.

KAPITEL 7

Der Ausweg aus der Kultgruppe

Das Schreiben dieses Kapitels war sehr schwierig für mich, denn ich wollte niemandem angst machen. Nach langem Nachdenken beschloß ich jedoch, alles zu sagen, was ich weiß, um Überlebenden das notwendige Wissen an die Hand zu geben, damit sie sich vor ihren Mißbrauchern schützen können.

Es ist nicht erstaunlich, daß gewalttätige Kultgruppen wie andere destruktive Kultgemeinschaften versuchen, fast jeden Aspekt im Leben ihrer Mitglieder zu beherrschen. Wenn die Opfer den Mut aufbringen, sich als Erwachsene an den rituellen Mißbrauch zu erinnern, erinnern sie sich scheinbar an die bereitwillige Teilnahme an gewalttätigen Ritualen. Sie erinnern sich gewöhnlich, daß geliebte Menschen und enge Familienangehörige dem Kult angehörten. Dann werden sie von Angst und Ungläubigkeit überwältigt.

Ich will nicht, daß die Betroffenen von Panik heimgesucht werden. Ich will, daß sie an die Teile ihrer Persönlichkeit glauben, die sie vor weiterer Bestrafung schützen wollen. Gestützt auf meine eigenen Erfahrungen, folgen hier nun einige Vorschläge, die den Opfern helfen sollen, diese schwierige Phase durchzustehen.

1. Lassen Sie sich nicht von Angst überwältigen. Sagen Sie Ihren Persönlichkeitsanteilen, daß sie ihre Angst beherrschen müssen, bis sie in Sicherheit sind. Wenn Sie von Furcht überwältigt werden, können Sie sich nicht schützen. Sie werden dann wie gelähmt sein und aufgeben.

2. Erlauben Sie Ihren Persönlichkeitsanteilen, sich an Informationen über den geschehenen rituellen Mißbrauch ohne die begleitenden körperlichen Gefühle und Emotionen zu erinnern. Aufgrund dieser Erinnerungen müssen Sie Entscheidungen treffen, wie Sie sich vor weiteren Opfersituationen schützen können.

3. Seien Sie nicht überrascht, wenn Ihre Erinnerung zutage bringt, daß enge Freunde und Familienangehörige an dem rituellen Mißbrauch beteiligt waren. Wenn das der Fall ist, werden Sie vermutlich von Trauer überwältigt, weil Sie vielleicht die Beziehung zu ihnen verlieren. Sie müssen den Kontakt zu den geliebten Personen, die immer noch zur Kultgruppe gehören, zwar einschränken, aber Sie können sie weiterhin lieben und ihnen einen Platz in Ihrem Leben geben. Um sich zu schützen, müssen Sie jedoch bestimmte Vorsichtsmaßnahmen ergreifen, doch Sie stellen vielleicht fest, daß diese geliebten Menschen sich in der gleichen Situation befinden wie Sie. Sie sind ebenfalls Opfer, die auf eine Änderung warten.

4. Es ist im besten Interesse Ihrer Freunde, wenn Sie sich lösen. Wenn Sie ausbrechen, kann der Kult diese Freunde nicht länger zwingen, Sie zu verletzen. Sie selbst zeigen den Freunden, daß es Hoffnung gibt. Es gibt einen Ausweg.

5. Befremden Sie nicht Ihre Persönlichkeitsanteile, die scheinbar bereitwillig an den Kultpraktiken beteiligt waren. Man sollte sich an die eigene Opfersituation erinnern. Wenn Sie sich mit allen Teilen Ihrer Persönlichkeit, die zum Kult gehören, anfreunden, können diese Ihnen helfen, sich zu befreien. Wenn Sie sie ablehnen oder ihnen nicht glauben, werden sie sich an den Kult um Hilfe wenden.

6. Sie brauchen sich nicht immer des Verhaltens aller zum Kult gehörigen Persönlichkeitsanteile bewußt zu sein, damit sie Ihnen helfen. Wenn Sie sie respektieren, können nach und nach die Täter beeinflußt und die Bindungen an den Kult gelockert werden. Sie können Ihre Flucht planen, während Sie selbst lernen, sich vor weiteren Opfersituationen zu schützen.

Vergessen Sie nicht:

1. Kultgruppen töten gewöhnlich keine Mitglieder, die als Kinder rituell mißbraucht wurden. Aus ihrer Sicht stellen solche Personen eine Investition dar, und sie warten unendlich lange, um den Lohn einzustreichen.

2. Im Laufe der Zeit wird man aufhören, Sie zu verfolgen, um sich nicht klarmachen zu müssen, daß man den Kampf verliert. Man wird herablassend sein und Sie allein lassen, immer noch in der Überzeugung, daß Sie eines Tages zur Gruppe zurückkehren.

3. Wenn Sie sich lösen, aber Persönlichkeitsanteile haben, die sich immer noch der Gruppe zugehörig fühlen, werden diese neu programmiert und gefoltert. Das macht sie ganz besonders ängstlich und verwirrt. An diesem Punkt sollte man den Bruch so schnell wie möglich vollziehen. Beherrschen Sie Ihre Angst, und manipulieren Sie die Täter, wie Sie nur können, um sich in Sicherheit zu bringen.

4. Sie brauchen sich nicht dafür zu bestrafen, daß Sie Freiheit suchen.

5. Ihre Gedanken werden jeden Tag klarer, und Sie stellen fest, daß die anderen weniger Kontrolle über Ihr Leben haben. Eines Tages werden Sie die Bedeutung des Wortes Freiheit vollständig begreifen.

Ist der Ausweg möglich?

Die Dauer des stattgefundenen Mißbrauchs bestimmt im allgemeinen, ob man die Kultgruppe verlassen kann, wenn die Erinnerungen an den Mißbrauch beim Erwachsenen auftauchen. Überlebende, die nur über kurze Zeit außerhalb ihres Zuhauses mißhandelt wurden, die in den ersten achtzehn Jahren ihres Lebens nicht zur Teilnahme an Ritualen gezwungen wurden, sind nicht so anfällig für die Indoktrination der Gruppe. Ein Überlebender jedoch, der vom Kleinkindalter bis zum Erwachsenenleben Mitglied einer Kultgruppe war, steht vor einer anderen Situation, denn der Kult beherrscht fast jeden Aspekt seines Lebens.

Kinder, die über kurze Zeit während der Kindheit mißbraucht wurden

Manche Kinder werden über zwei, drei Jahre hinweg in Tagesstätten oder von einem Familienangehörigen mißbraucht. Diese Kinder verbringen den größten Teil ihres Lebens außerhalb der Kultgruppe und lernen ein anderes Leben kennen. Die Programmierung und der Schmerz des rituellen Mißbrauchs bleiben zwar in ihnen, aber sie können Beziehungen zu anderen, nicht kultgebundenen Personen aufbauen. Der Kult kontrolliert nicht jeden Aspekt ihres Lebens.

Aufgrund der relativ kurzen Zeitspanne ist die Programmierung dieser Kinder weniger wirksam als bei Kindern, die in Kultgruppen groß werden. Wenn diese Menschen jedoch nie die Möglichkeit haben, sich den Geschehnissen zu stellen und den Schmerz des Mißbrauchs in der Kindheit zu lindern, können sie sich als Erwachsene von gewalttätigen Gruppen angezogen fühlen, um das Trauma des eigenen Mißbrauchs neu zu erleben. Sie schließen sich vielleicht einer Kultgruppe an und stellen bald fest, daß diese Gruppe Kinder rituell mißbraucht, sind sich aber der eigenen Mißbrauchsgeschichte immer noch nicht bewußt. Auch wenn die Kultgruppen weniger offene Kontrolle über diese Überlebenden haben, wird ihr Leben immer noch stark durch den Mißbrauch beeinträchtigt.

Kinder, die über kurze Zeit mißbraucht werden, programmiert man gewöhnlich unter Folter. Sie kehren dann in einem bestimmten Alter in die Gruppe zurück, halten aber ihre frühen Kulterfahrungen verdrängt. Überlebende, die auf diese Weise in eine Kultgruppe gezogen werden, bleiben aufgrund ihrer Amnesie im Kult gefangen.

Kinder, die die gesamte Kindheit über mißbraucht wurden

Manche Kinder werden von einem oder beiden Elternteilen vom Säuglingsalter bis zu dem Zeitpunkt mißbraucht, wenn sie das Zuhause verlassen können, also oft die ersten achtzehn Jahre ihres Lebens. Wenn niemand eingreift, um sie vor den Tätern zu schützen, dann hat die Gruppe auf Grund der Amnesie und der intensiven Programmierung vollständige Kontrolle über ihr Leben.

Die Kultgruppen wollen diese stark programmierten Mitglieder nicht verlieren. Wenn ein solches Mitglied die Gruppe verlassen will, versuchen die anderen alles mögliche, um es zurückzubringen. Diese Überlebenden müssen nicht nur Angst haben, daß ihre programmierten Persönlichkeitsanteile in die Kultgruppe zurückkehren, sondern auch, daß sie körperlich dazu gezwungen werden können. Manchmal scheint es für solche Überlebende einfacher, die Amnesie beizubehalten und den Mißbrauch weiterhin zu verleugnen, denn damit vermeidet man die große Angst und die Unsicherheit, die ein Bruch bedeuten würde.

Wenn ein Überlebender, der in einer gewalttätigen Kultgruppe groß geworden ist, versucht, sich davon zu lösen, steht er vor großen Schwierigkeiten, je nachdem, wie stark die Eltern an der Gruppe beteiligt waren. Die meisten Familien in Kultgemeinschaften gehören schon über mehrere Generationen hinweg dazu. Schon deren Eltern waren Opfer rituellen Mißbrauchs. Viele dieser Familien haben schon seit Jahrhunderten bestimmte Rollen in der Gruppe inne. Die Kultgruppen wollen sie behalten, und wenn ein Angehöriger einer solchen Familie sich lösen will, ergreift die Gruppe alle nötigen Maßnahmen, um ihn zurückzubringen. Kinder aus diesen stark in den Kult eingebundenen Familien fällt es wohl am schwersten, sich zu lösen.

Amnesie ist die stärkste Waffe dieser Kulte, um die Anhänger zu kontrollieren. Manchmal erinnern sich die Überlebenden an den Mißbrauch in der Kindheit, erkennen aber erst später, während des Heilungsprozesses, daß sie gegenwärtig immer noch mißbraucht werden. Einige Überlebende können glauben, daß sie als Erwachsene die Gruppe verließen, erkennen aber später, daß bestimmte Teile ihrer Persönlichkeit die Gruppe nie verließen. Wenn sie sich an den Mißbrauch als Erwachsene erinnern, haben sie manchmal Angst, ohne ihr Wissen in die Gruppe zurückgezogen zu werden. Das ist möglich, wenn die Opfer unter einer teilweisen Amnesie leiden.

Wie die Kultgruppen ihre Mitglieder an sich binden

Kultgruppen investieren viel Zeit in die Programmierung ihrer Mitglieder, daher überrascht es kaum, daß sie alles versuchen, um diese zu halten. Sie beeinflussen die verschiedenen Persönlichkeitsanteile der Opfer, programmieren sie neu und drohen ihnen. Sie versuchen, die Selbsthilfeorganisationen von Opfern zu unterlaufen und deren Freunde und Angehörige zu beeinflussen.

Abrufbare Menschen durch Programmierung

Ein Teil der Programmierung zielt darauf ab, dem Opfer bestimmte Symbole, Worte oder Geräusche einzuprägen, die einen Persönlichkeitswechsel bei ihm auslösen. Diese Worte werden unter Schmerzen einprogrammiert, wenn der Verstand am leichtesten beeinflußt werden kann. Wenn ein unter Amnesie leidendes Mitglied nicht bereitwillig in die Kultgruppe zurückkehrt, gewinnt die Gruppe mit Hilfe dieser Reizworte Zugriff auf andere Persönlichkeitsanteile des Opfers, ohne daß dies dem Betroffenen bewußt würde.

Diese Alternativpersönlichkeiten sind dem Kult völlig ausgeliefert. Sie sind die gefolterten Teile der Persönlichkeit, die den Schmerz des Opfers spüren. Sie spüren die Schwäche, die der Betroffene in Zeiten der Stärke abgeschüttelt hat, als er sich vom Kult löste. Diese Persönlichkeitsanteile gehorchen den Befehlen der Kultgruppe, weil sie Angst haben, daß ihnen weh getan wird. Wenn das Opfer diese Teile seiner Persönlichkeit vor Schaden bewahren kann, vermag er langsam die Kraft zu entwickeln, sich den auslösenden Reizworten zu verweigern. Das ist einer der schwersten Schritte des Lösungsprozesses von einer Kultgruppe. Oft will der Betroffene das Ausmaß des an ihm begangenen rituellen Mißbrauchs nicht erkennen. Erst wenn die Überlebenden auf alle ihre Persönlichkeitsanteile hören und die Amnesie durchbrechen, können sie sich selbst schützen.

Es gibt zwar in den meisten Überlebenden einige gefolterte Persönlichkeitsanteile, die sie für die Kultgruppe ebenso empfänglich machen wie Kinder, aber die meisten Menschen mit MPS entwickeln auch Seiten, die genauso stark sind wie die Täter selbst. Diese Teile ihrer selbst können Maßnahmen ergreifen, um die anderen Anteile zu schützen. Sie können die Spiele mitmachen, die gegenüber den Mißhandlern nötig sind, um in eine Position zu kommen, die es ihnen möglich macht, die Kultgemeinschaft zu verlassen.

Wiederholte Programmierung

Wenn ein Opfer über den rituellen Mißbrauch gesprochen hat und plant, den Kult zu verlassen, wird es, sollte die Gruppe dann Zugang zu Teilen seiner Persönlichkeit gewinnen, neu programmiert. Diese Programmierung findet wie die ursprüngliche unter schwerer, längerer Folter statt. Bei der Neuprogrammierung des Opfers werden die gleichen Lügen erzählt wie in der Kindheit: Daß sie als Menschen nicht liebenswert und schlecht seien und daß sie nicht in diese Welt gehörten. Der Kontext der Lügen wird der gegenwärtigen Lebenssituation angepaßt. Die Kultgruppen sagen dem Opfer, daß die Menschen, die es liebt, es eigentlich hassen. Sie sagen alles, was das Opfer der Gruppe gegenüber schwach und machtlos macht.

Drohungen

Manchmal können die Täter die Überlebenden mit Drohungen beherrschen. Einige Opfer kehren in die Kultgruppe zurück, weil sie Angst haben, daß Freunde dort verletzt würden. Nur wenn sich das Opfer wirklich von der Gruppe löst und den Weg für andere ebnet, bekommen diese Freunde wirklich eine Chance auf Schutz und Loslösung. Man gibt ihnen damit ein Beispiel dafür, daß ein Ausweg existiert und die Lage nicht hoffnungslos ist.

Unterwanderung von Hilfsgruppen für die Opfer

Die Täter können auch verhindern, daß Opfer die Kultgruppe verlassen, indem sie Verbündete in Stellen einschleusen, die Überlebende von rituellem Mißbrauch beraten. Kultangehörige sind als Therapeuten programmiert, sich der Opfer von rituellem Mißbrauch anzunehmen. Auf diese Weise kann der Kult kontrollieren, welche Erinnerungen bei den Überlebenden zugelassen werden. Das schützt die wichtigsten Kultgeheimnisse. Manchmal unterlaufen Kultgruppen auch Organisationen für die Überlebenden von rituellem Mißbrauch, um die Informationen zu kontrollieren, die man diesen gibt.

Im allgemeinen erkennt man die Berater und Therapeuten der Kultorganisationen an den folgenden Thesen, die sie vertreten, um die Mitglieder in der Gruppe zu halten: »Es ist in Ordnung, sich an den rituellen Mißbrauch in der Kindheit zu erinnern, aber nicht an gegenwärtige Vorkommnisse.« Sie vermitteln auch Personen, die gegenwärtig rituell mißbraucht werden, sie seien »schlecht« oder schwächer als andere Opfer. In den Augen des Kults sind die Gruppen nicht bedroht, wenn sich die Opfer nur an den Mißbrauch in der Kindheit erinnern. Wenn jedoch der gegenwärtige Mißbrauch bewußt wird, stehen die Kultgruppen in Gefahr, Mitglieder zu verlieren oder in ihrem Tun eingeschränkt zu werden.

Familienmitglieder und Freunde aus der Kultgruppe

Kultmitglieder in einer Mißbrauchssituation entwickeln eine enge Bindung aneinander, ähnlich der, die Kriegsteilnehmer zueinander haben. Der Überlebende will seine engsten Freunde nicht verlieren, aber genau diese Freunde fesseln ihn vielleicht an die Kultgruppe. Um sich zu schützen, muß man den Kontakt zu denen stark einschränken, die einem in der Welt am nächsten stehen.

Daher überrascht es nicht, daß die Gruppe die Freunde des Opfers einsetzt, zurückzuhalten, wer die Gruppe verlassen will. Wenn dieser Freund, der den Zugang zum Opfer gewinnt, auf Befehl handelt, kann die Alltagspersönlichkeit des Überlebenden nur sehr schwer erkennen, daß der Freund sie in die Kultgruppe zurückbringen will. Diese Taktik ist daher sehr wirksam.

Manchmal rufen alte Freunde oder Familienangehörige die Überlebenden an, um sie daran zu erinnern, wie eng sie mit den Menschen in der Gruppe verbunden sind. Die Botschaft lautet dann, daß der Kult die »Heimat« ist und die Kultmitglieder die »Familie« sind. Es ist für Überlebende, die ausbrechen wollen, sehr schmerzlich, daran erinnert zu werden, daß sie Menschen zurücklassen, an denen ihnen ehrlich liegt, um sich dann einer Welt zu stellen, die sie nicht wirklich akzeptiert. Manchmal erinnern diese Anrufe an alte Bindungen an den Kult und reichen aus, um ein wirkliches Lösen zu verhindern.

Wenn ein Überlebender mit einem Kultangehörigen verheiratet ist, sind die Chancen, die Gruppe zu verlassen, gleich Null. Beide Partner müssen sich im Alltagsleben wie im Kultleben entscheiden, die Kultgruppe zu verlassen und in erster Linie einander gegenüber loyal zu sein, nicht der Gruppe gegenüber. Auch wenn die Partner diese Verpflichtung eingehen können, versucht die Kultgruppe, einen Keil zwischen sie zu treiben, indem sie versucht, den einen Partner davon zu überzeugen, daß der andere lügt. Wenn dieser Partner dem Kult glaubt und wieder zur Gruppe zurückkehrt, kann keiner von beiden ausbrechen. Der im Kult verhaftete Partner gewinnt weiterhin Zugang zum anderen, bis keiner dem anderen mehr traut. Wieder einmal gewinnt die Kultgruppe die Macht über eine Beziehung und ihre Zukunft. Um aus einer solchen Falle zu entkommen, muß man sich vom Partner trennen, um sich selbst zu schützen.

Wie man sich vor der Kultgruppe schützt

Trotz allem, was in der Kultgemeinschaft behauptet wird, ist es für Überlebende möglich, sich zu schützen. Hier einige Wege:

Umzug in eine andere Stadt

Die meisten Kultgruppen, die Kinder rituell mißbrauchen, scheinen über ein strukturiertes Netzwerk zu verfügen, ähnlich wie bei organisiertem Verbrechen. Wenn ein Überlebender, der in einer Kultgruppe groß wurde, in eine andere Stadt oder ein anderes Land zieht, wird er vor dem Umzug programmiert, zur Kultgruppe am neuen Wohnort Kontakt aufzunehmen. Man kann Abtrünnige beispielsweise darauf programmieren, Kultkontakte in Selbsthilfegruppen zu knüpfen oder irgendeinen Kultangehörigen anzurufen, der ihnen helfen wird, in der neuen Stadt eine Kultgemeinschaft aufzubauen. Diese Programmierung ist auf die im Kult gewachsenen Persönlichkeitsanteile beschränkt. Die Alltagspersönlichkeiten des Überlebenden spüren lediglich die Folgen dieser Programmierung als Einsamkeit oder die Sehnsucht, jemanden zu finden, der ihnen nahesteht. Dem Opfer ist nicht bewußt, daß der Anschluß an eine Selbsthilfegruppe oder der Anruf bei einem Angehörigen sie wieder in die Gruppe zurückzieht.

Für die meisten Überlebenden ist der Umzug in eine andere Stadt keine endgültige Lösung, hat aber dennoch Vorteile. Oft hat die Gruppe, bei der der Überlebende groß wurde, mehr Interesse am Verbleiben des Opfers als eine andere Gruppe, die man gar nicht kennt. Der Kult in einer anderen Stadt versucht nicht so hartnäckig wie die alte Gruppe, die Opfer wieder einzubeziehen.

Leben in einer sicheren Umgebung

Um die Gruppe zu verlassen, müssen Überlebende eine sichere Umgebung kennen. Sie müssen besondere Vorsichtsmaßnahmen ergreifen, damit der Kult niemanden zu ihnen schickt, um mitten in der Nacht Zugang zu ihnen zu gewinnen. Glücklicherweise ist das in den meisten Fällen sehr leicht. Kultangehörige dringen gewöhnlich in die Wohnung eines ehemaligen Mitglieds so ein, daß es für die Polizei wie ein normaler Einbruch aussieht. Wenn man sein Zuhause sichert, kann dies nicht so leicht passieren.

Kontakt zu Menschen in abgeschiedenen Situationen meiden

Oft können Kultmitglieder ausbrechende Überlebende nur dann erfolgreich kontrollieren, wenn diese allein sind. Wenn ein Mitglied an einem öffentlichen Ort Zugang zu einem Opfer gewinnen will, empfinden die Persönlichkeitsanteile, die dafür empfänglich sind, keine körperliche Bedrohung und können sich weigern. Wenn der Überlebende mit einem anderen Kultmitglied allein zu Hause ist, kann er jedoch körperlich gezwungen werden, etwas zu tun, das er nicht will. Wenn die Überlebenden darauf achten, mit wem sie sich allein an abgelegenen Orten aufhalten, können sie es oft vermeiden, daß der Kult Zugang zu ihnen gewinnt.

Auf die verschiedenen Persönlichkeiten hören

Überlebende müssen genau auf das hören, was ihre verschiedenen Persönlichkeitsanteile ihnen mitteilen. Wenn ein Teil der Persönlichkeit meint, man sei nicht sicher, dann muß entschieden werden, ob der Betroffene seine Persönlichkeit als Ganzes schützen soll. Manchmal ist es für einen Menschen sehr schmerzlich, auf die Teile seiner Persönlichkeit zu achten, die über das Kultleben Bescheid wissen. Kultangehörige werden von Gleichgesinnten angezogen, genau wie andere Menschen von denjenigen mit gemeinsamen Interessen angezogen werden. Es ist daher naheliegend, daß viele der engsten Freunde des Überlebenden ebenfalls Kultangehörige sind. Die Begrenzung des Kontakts mit diesen Freunden kann sehr schmerzlich sein. Es ist jedoch weniger schlimm, diese Kontakte einzuschränken, als für den Rest des Lebens durch die Kultgruppe kontrolliert zu werden.

Man darf nicht vergessen, daß die Alltagspersönlichkeiten diejenigen sind, denen der rituelle Mißbrauch nicht bewußt ist. Sie wissen daher nicht, wer in ihrer Umgebung ein Mitglied des Kultes ist oder wie die Kultgruppe aufgebaut ist. Nur die Persönlichkeiten, die der Überlebende verdrängt hat, kennen diese Antworten.

Überlebende müssen deshalb lernen, auf ihre zum Schweigen gebrachten Persönlichkeiten zu hören, um die Sicherheit des Gesamtsystems zu garantieren. Manchmal dauert es Jahre, bis sie genügend Kommunikation und Kooperation zwischen ihren Persönlichkeitsanteilen hergestellt haben, um sich wirksam vor der Kultgruppe zu schützen.

Wo es Unterstützung gibt

Im Anhang dieses Buches finden Sie die Anschriften von Selbsthilfegruppen und Hilfsorganisationen in Deutschland, Österreich und der Schweiz.

Überlebende, die sich von der Kultgruppe lösen wollen, brauchen einen sicheren Ort, an dem sie ihre Gedanken und Gefühle ausdrücken können und nicht zensieren müssen, was ihre Persönlichkeiten sagen. Es ist für die Überlebenden wichtig, mindestens einen Menschen im

Leben zu haben, der sich alle ihre Erinnerungen an den rituellen Mißbrauch anhört und sie bei der Lösung von der Gruppe unterstützt. Wenn ein Überlebender diese notwendige Unterstützung nicht findet, ist es trotzdem möglich auszubrechen, es wird aber ein sehr schmerzlicher und isolierender Prozeß.

Um die Amnesie zu lösen, muß der Überlebende auf seine Persönlichkeiten hören und sie mit Respekt behandeln. Das ist nicht möglich, wenn man einen Therapeuten hat, der nicht bereit ist, sich Erinnerungen an rituellen Mißbrauch anzuhören. Es ist wichtig, vorab zu wissen, wie der Therapeut auf diese Erinnerungen reagiert. Die Opfer müssen den Therapeuten bitten, anzugeben, unter welchen Umständen dieser sich verpflichtet fühlt, das Gehörte der Polizei zu melden. Sie müssen wissen, daß sie sich möglicherweise selbst beschuldigen, wenn sie in der Therapie einen noch stattfindenden Mißbrauch diskutieren. Es ist nicht ungewöhnlich, daß Überlebende den Therapeuten wechseln, weil sie mit zunehmender Erinnerung an den Mißbrauch weniger Unterstützung durch den Therapeuten bekommen. Da Therapeuten oft nur wenig Informationen über die schwierigen Folgen eines langdauernden rituellen Mißbrauchs haben, bringen sie die Betroffenen häufig erneut in eine Opfersituation. Die Überlebenden müssen jedoch Unterstützung in einer neutralen Umgebung finden. Wenn sie aus dem Kult ausbrechen wollen, ist es äußerst wichtig, daß man sie anhört und ihnen glaubt und daß die Persönlichkeiten, die über einen noch stattfindenden rituellen Mißbrauch sprechen, nicht durch andere Persönlichkeiten oder den Therapeuten isoliert oder beschämt werden. Wenn diese Persönlichkeiten sich nicht anerkannt fühlen, reden sie nicht mehr über die frischen Erinnerungen, und der Betroffene wird weiterhin vom Kult mißbraucht.

Der Schmerz dauert nicht ewig

Die ersten Jahre der Lösung von einer Kultgruppe sind äußerst schmerzlich. Die Überlebenden müssen einschneidende Veränderungen in ihrem Leben vornehmen, um sich zu schützen. Besonders schwer fällt dabei sicher, den Kontakt zu den Menschen, denen man in der Kultgruppe nahestand, einzuschränken. In diesen ersten paar Jahren erlebt man viele Verluste, aber wenn man sich endlich von der Gruppe gelöst hat, bekommt man eine neue Chance, Liebe und Glück zu finden.

Wenn Überlebende versuchen, aus der Kultgruppe auszubrechen, haben sie zunächst das Gefühl, niemandem trauen zu können. Viele Opfer schauen sich um und erkennen, daß die meisten Menschen, denen sie nahestehen, ebenfalls Kultmitglieder sind. Um sich zu lösen, müssen sie den Kontakt zu den Menschen, an denen ihnen wirklich liegt, aufgeben. Sie müssen stets auf der Hut sein und ihr Zuhause nachts sichern. Sie müssen vielleicht sogar eine gute Stelle aufgeben und umziehen, um sich von einem sehr besitzergreifenden Kult zu lösen.

Überlebende von rituellem Mißbrauch müssen immer besorgt sein, sich zu schützen, doch an irgendeinem Punkt gibt die Kultgruppe auf. Sie würde machtlos wirken, wenn sie weiterhin einem Mitglied hinterherjagte, das einfach nicht zurückkehren will. Das fortgesetzte Reden über ein verlorenes Mitglied ermutigt andere, die vielleicht selbst an eine Flucht denken. Keine Hoffnung auf einen Ausweg zu haben bindet diese Mitglieder jedoch an die Gruppe. Wenn jemand über längere Zeit nicht auf die Programmierung reagiert, ist es für die Gruppe angebrachter, diese Person zu vergessen und so zu tun, als habe sie nie existiert.

Warum man bleiben will

Überlebende, die sich von der Gruppe lösen wollen, müssen ihre tiefsten Gefühle, die sie zur Gruppe hinziehen, erkennen und akzeptieren. Wenn sie erkannt haben, warum sie in der Gruppe bleiben wollen, können sie sich auch an die Dinge erinnern, die sie an ihrem Leben haßten. Sie erinnern sich an die Drohungen der Folter, an die Lügen, an die Beeinflussungen. Sie erkennen, daß sie, solange sie in der Kultgemeinschaft bleiben, nie frei von Schmerz sein werden.

Es ist für Überlebende unmöglich, ihr Leben realistisch einzuschätzen, solange der Kult sie noch im Griff hat. Nie können sie sich ihren wahren inneren Gefühlen stellen oder Wahrheit von Lügen unterscheiden, wenn sie ständig mit Gewalt bedroht werden.

Wenn die Kultgruppen so schrecklich sind, warum lösen sich dann nicht mehr Mitglieder daraus? Wie wir bereits sagten, bleiben Menschen aus einer Vielzahl von Gründen in den Kultgruppen, bei denen fast immer Angst im Spiel ist.

Eigenen Mißbrauch ausagieren

Kultgruppen wollen möglichst viele Kinder von ihrer Sicht der Welt überzeugen. Sie wollen so viele Mitglieder wie möglich rekrutieren, um ihr eigenes unveränderbares Leben zu rechtfertigen. In der Gruppe wird verkündet, die Kinder brauchten die freie Wahl zwischen der »Wahrheit«, die bedeutet, daß man Schmerzen und Leid akzeptieren muß, oder der »Lüge«, einem Leben in einer Welt, die »falsch« ist.

Diese Philosophie spiegelt gewöhnlich die persönliche Erfahrung der Menschen wider, die in Kultgruppen groß wurden. Bei gewalttätigen Ritualen sehen sie den Schmerz, den sie in sich spüren. In der Alltagswelt leben sie, indem sie so tun, als sei ihnen nie Leid geschehen, und das fühlt sich für sie »falsch« an. Diese verkehrte Logik tritt zutage, wenn sie glauben, ihre individuelle Wirklichkeit des Leids sei die »Wahrheit« und die müsse man Kindern beibringen.

Indem Kultmitglieder Kinder mißbrauchen, versuchen sie, die Szenen zu wiederholen, in denen sie selbst mißhandelt wurden. So können sie sich den Teilen ihrer Persönlichkeit nahe fühlen, von denen sie sich durch das ursprüngliche Trauma dissoziierten. Sie können den eigenen Schmerz im Gesicht des Opfers erkennen und die Macht spüren, die ihre Mißbraucher empfanden. Sie kommen sich selbst näher.

Es ist schwerer zu gehen als zu bleiben

Wenn die Opfer erwachsen oder finanziell unabhängig werden und dann die Gruppe verlassen könnten, finden sie es ironischerweise oft weniger schlimm, darin zu verbleiben. Sie haben gelernt, sich anzupassen. Das Leben in der Kultgruppe hat seine eigene, abgegrenzte Abteilung, unterdrückt durch die Amnesie, und das Alltagsleben ist nicht mehr so schwierig wie vorher, ehe die alternativen Persönlichkeiten entstanden.

Die Dissoziation hat den Schmerz aber nur verdrängt, und er verbleibt im Körper. Die Betroffenen suchen jedoch andere Gründe dafür als den rituellen Mißbrauch. Wenn sie noch in einer Kultgruppe gefangen sind, spüren sie vielleicht eine tiefe Sehnsucht nach etwas Unbestimmtem, oder sie empfinden bitteren Selbsthaß, ohne einen Grund dafür zu entdecken. Sie fühlen sich innerlich abgestorben.

Die Erinnerung an den rituellen Mißbrauch ermöglicht es dem Überlebenden, diese Gefühle zu identifizieren und zu erkennen, daß es sich dabei um Folgen eines rituellen Mißbrauchs handelt. Durch die Erinnerung können sich die Überlebenden vom Schmerz befreien. Diejenigen, die sich nicht erinnern, können sich nie von der Kultgemeinschaft und ihren Manipulationen lösen. Das Sehnen, die Schmerzen, das Gefühl, innerlich tot zu sein, bleiben, bis sie fähig sind, sich ihrer Vergangenheit zu stellen und auszubrechen.

Bindungen an andere Gruppenmitglieder

Der Mensch sucht sich Freunde, die ihn verstehen. Kinder, die in Kultgemeinschaften mißbraucht werden, reagieren ebenso. Rituell mißbrauchte Kinder hängen aneinander, weil sie mit dem Schmerz des anderen umgehen können. Sie haben sich vielleicht in Gegenwart anderer, die nicht die gleichen, gewaltsamen Handlungen erlebt hatten, geschämt oder unterlegen gefühlt. Überlebende von ritueller Gewalt fühlen sich beim Heranwachsen, wenn sie mit anderen Menschen zusammen sind, als Außenseiter.

Manchmal haben sich Überlebende, die versuchen auszubrechen, nie irgend jemandem außer anderen Opfern nahe gefühlt. Wenn diese anderen Überlebenden immer noch einer Kultgruppe angehören, dann ist das Verlassen der Gruppe gleichbedeutend mit dem Verlassen aller Menschen, an denen einem jemals gelegen hat. Auch wenn sie weiterhin eingeschränkten Umgang mit diesen Freunden haben, wird ein starker Keil zwischen sie getrieben. Erst wenn die Freunde die Gruppe ebenfalls verlassen haben, kann man eine zuverlässige Freundschaft entwickeln, ohne von anderen Gruppenmitgliedern manipuliert zu werden.

Angst vor dem Alleinsein

Einige Überlebende bleiben in der Kultgemeinschaft gefangen und erinnern sich nur an den in der Kindheit geschehenen Mißbrauch. Der gegenwärtig stattfindende Mißbrauch ist ihnen nicht bewußt. Für diese Überlebenden scheint es leichter, die neueren Geschehnisse zu verdrängen. Die Erinnerung an den Kindheitsmißbrauch nimmt dem Schmerz die Schärfe. Doch wenn die Betroffenen sich nicht ihrer gegenwärtigen Kultbeteiligung stellen, können sie nicht die Veränderungen bewirken, die ihnen ein erfüllteres Leben ohne Kontrolle ermöglichten. Diese Betroffenen erlauben sich die Erinnerung an den gegenwärtig stattfindenden Mißbrauch nicht, und zwar aus mehreren Gründen: Sie haben Angst, daß man sie als Täter bezeichnet und sie so die Unterstützung von Hilfsgruppen verlieren. Sie haben Angst vor der Isolation, die mit dem Rückzug aus dem Kult verbunden ist. Tatsächlich ist es die Angst vor dem Alleinsein, die viele gewalttätige Kultmitglieder davon abhält, die Gruppe zu verlassen.

Wenn Kinder zur Kultgemeinschaft gehören

Wenn ein Kultmitglied ein Kind bekommt, so wird es als Eigentum der Kultgemeinschaft betrachtet. Die Kultgruppe zwingt die Eltern, die Kinder zu indoktrinieren, auch wenn sie das vielleicht nicht wollen. Selbst wenn die Eltern schon einmal bereitwillig am Mißbrauch ihrer Kinder teilnahmen, sorgt der Kult dafür, daß sie über ihre eigenen Grenzen hinaus gezwungen werden und ihre Kinder auf eine Weise mißbrauchen, wie sie es selbst nicht getan hätten. Diese Manipulation bringt die Eltern dazu, sich selbst zu hassen. Die Scham, die sie über die Verletzung der eigenen Kinder empfinden, wird zum stärksten Kontrollmittel der Kultgruppe. Sollten die El-

235

tern je versuchen, aus der Gemeinschaft auszubrechen, wird diese sie zwingen, sich zu schämen, und wird ihnen das Gefühl vermitteln, sie seien eines neuen Lebens für die Familie unwürdig.

Man sollte immer daran denken, daß Scham das erste Mittel ist, Kultmitglieder zu kontrollieren. Der erwachsene Überlebende, der ein Kind in der Kultgemeinschaft bekommt, wird sich vermutlich kaum lösen können. Die Erkenntnis, einen anderen Menschen in dieses Leben des Schreckens, der Schmerzen, der Scham und des Leids gebracht zu haben, lähmt zu sehr.

Entfremdung von der Gesellschaft

Wenn die Gesellschaft außerhalb der Kultgruppe die Überlebenden erneut in die Rolle eines Opfers drängt, dann bindet sie das wieder an die Gruppe. Leider kennen nur wenige Betroffene einen sicheren, hilfreichen Platz, an dem sie sich geschützt fühlen. Die meisten Opfer, die versuchen, Hilfe zu finden, werden erneut bestraft. Manchmal sind der Schmerz und die Scham zu stark, wenn sie mit anderen Menschen zusammentreffen. Diesen Betroffenen erscheint es vielleicht leichter, die Bindungen mit den Kultfreunden aufrechtzuerhalten, als eine Beziehung zu Menschen zu beginnen, die ihren Schmerz nicht zu verstehen scheinen.

Rollen und Positionen in der Kultgruppe üben Anziehungskraft aus

Viele Überlebende fühlen sich an die Rollen und die Stellung innerhalb der Kultgemeinschaft gebunden. Sie sind stolz auf ihre Macht und den Respekt, den sie in der Gruppe haben. Als erwachsene Mitglieder können sie das Verhalten anderer Menschen kontrollieren und sind nicht nur von der Gnade anderer abhängig. Sie sind keine hilflosen Kinder mehr, die bestraft werden, und die Scham darüber, andere mißhandelt zu haben, wird unter vielen Schichten von Verleugnung begraben.

Manchmal ist das tiefste Verständnis der Überlebenden von der Welt eng mit der Rolle verbunden, die sie in der Kultgemeinschaft spielen. Diese Rollen sind oft stark magisch und mystisch geprägt und vermitteln dem Überlebenden das Gefühl, mit einer höheren spirituellen Kraft verbunden zu sein. Während der Einsamkeit und im Schmerz des rituellen Mißbrauchs suchen die Opfer oft nach einer starken Kraft außerhalb ihres Selbst. Manchmal wird die Kraft und die Macht, die sie finden, als eine Erfahrung beschrieben, die sie nur haben, wenn sie diese magische, mystische Rolle spielen. Sie glauben, wenn sie nicht mehr in der Kultgemeinschaft seien und nicht mehr diese Rollen spielten, dann verlören sie alle spirituellen Erfahrungen. Diese Bindung an ein höheres Wesen, das sie im Ritual finden, hält diese Personen an die Gemeinschaft gebunden.

Man vertraut niemandem

Kinder, die in Kultgruppen groß wurden, haben gelernt, daß man sich nie auf die Liebe eines anderen Menschen verlassen kann. Da die Kultgruppe beständig alle positiven Gefühle verrät, verletzen Gruppenmitglieder, die sich lieben, einander oft – sowohl absichtlich wie unabsichtlich. Jede Liebe, die die Kinder empfanden, hatte mit Schmerz zu tun, keine mit Schutz und Sicherheit. Nichts im Leben dieser Kinder war sicher. Das Leben war nicht gerecht zu ihnen. Wenn alles Dasein aber auf solchen schmerzlichen Erfahrungen beruht, hat man keinen Grund, nach etwas Besserem zu suchen.

Rituale zielen darauf ab, Emotionen auszulösen. Der Sinn eines Rituals kann sehr vielfältig sein, doch alle gewalttätigen Rituale sollen Schmerz verursachen. Spontanes Mitleid während schrecklicher Vorkommnisse ist ein beeindruckendes Gefühl, entweder zu beobachten oder selbst zu empfinden. Die positiven Gefühle, die man nach so vielen Schmerzen empfindet, haben eine starke Anziehungskraft auf die Überlebenden, die sie zur Kultgruppe zurückzieht, denn es sind oft die einzigen Momente des Mitgefühls und der Liebe, die die Überlebenden erfahren.

Viele gewalttätige Kultgruppen beruhen auf sehr alten Lehren. Einige stellen die Frage, die die meisten Menschen sich schon lange nicht mehr stellen: Was ist Gott? Unsere moderne Welt legt nicht viel Wert auf Spiritualität, und manche Menschen werden einfach deswegen von einer Kultgemeinschaft angezogen, weil sie glauben, daß es mehr im Leben gibt als nur das, was wir ringsum sehen. Wenn die Suche nach Gott jedoch die Menschen von der eigenen individuellen Wahrheit entfernt, dann ist diese Suche nichts weiter als eine Manipulation durch diejenigen, die Macht haben.

Geld

Mit Geld kann man Glück nicht kaufen, aber Geld gibt uns Nahrung, Kleidung und ein Dach über dem Kopf. Darüber hinaus kann es dem Überlebenden die beste psychologische Versorgung ermöglichen, aber auch die Zeit, sich an den Mißbrauch zu erinnern, ohne daß man sich in aufgelöstem Zustand jeden Morgen zur Arbeit schleppen muß.

Geld ist Macht, die auf dem Papier steht. Es ist ein Instrument, das man einsetzt, um Leid zu lindern, aber auch, um Menschen zu manipulieren und zu kontrollieren. Wenn Betroffene den rituellen Mißbrauch ihrer Vergangenheit aufdecken, brechen sie innerlich oft zusammen und brauchen auch wirtschaftlich gesehen Hilfe. Sie können sich keine Maske überstülpen, um zur Arbeit zu gehen. Die Vergangenheit wird so allgegenwärtig, daß das Verdrängen zu schwierig wird. In dieser Situation bieten die Täter, oft die Eltern des Überlebenden, ihnen Geld als Überbrückungshilfe an, bis sie wieder funktionieren können. Die Betroffenen werden verzweifelt sein, wenn sie ihre finanzielle Unabhängigkeit verlieren, und manchmal riskieren sie Obdachlosigkeit und Armut, wenn sie dieses Geld nicht annehmen. Wenn sie dies jedoch tun, sind sie erneut an die Kultgemeinschaft gebunden. Was sie in diesen verzweifelten Stunden lernen, ist, daß die Kultgemeinschaft ihnen weiterhilft.

Ausbrechen: Ein Wort an Betroffene

Es ist nie zu spät, aus einer Kultgemeinschaft auszubrechen. Als Überlebender empfindet man tiefe Angst, Scham und Kummer über den oft noch gegenwärtig stattfindenden Mißbrauch, aber man muß sich auch an die eigene Mißbrauchssituation erinnern. Man ist nicht allein. Überall versuchen Überlebende, sich zu erinnern und sich zu lösen. Niemand ist so schlecht, daß er oder sie es nicht wert wäre, sich von diesem Leben voller Leid zu befreien. Es gibt Auswege. Der Bruch beginnt, indem man an sich selbst glaubt und die eigene Opfersituation erkennt. Man muß sich an seine kindliche Unschuld erinnern.

Wenn man sich seiner Beteiligung an einer Kultgemeinschaft immer bewußt gewesen ist, muß man sich auch an die Zeit erinnern, in der man Opfer war. Jeden Tag erkennt man aufs neue die schmerzliche Wahrheit, daß das Leben von etwas kontrolliert wird, das man scheinbar nicht ändern kann. Man braucht eine Kehrtwendung. Man braucht Hilfe.

Ich möchte Ihnen nun noch einige Techniken beschreiben, die ich in der Erinnerungszeit anwendete, um mich sicher zu fühlen. Wichtig war, daß ich meinen Persönlichkeiten erlaubte, mir zu helfen. Meine Persönlichkeiten schrieben mir auf, was geschehen würde, wenn ich sie auftauchen und sich erinnern ließe:

* Du wirst Alpträume haben
* Du wirst dich umbringen wollen
* Du wirst andere umbringen wollen
* Du wirst das nicht allein durchstehen wollen
* Du wirst wieder an deinen Heimatort zurück wollen
* Du wirst in die Kultgruppe zurückkehren wollen
* Du wirst deine Eltern umbringen wollen
* Du wirst deine Erinnerungen aufzeichnen wollen
* Du wirst arbeiten können, denn du wirst dich wirklich und lebendig fühlen

Die Persönlichkeiten hatten auch einige Vorschläge, wie ich trotz der Erinnerungen weiterfunktionieren konnte. Sie sagten:

1. **Nimm dich deiner selbst an.**
   Mach dir ein Schaumbad. Mach dir einen Tee. Hör auf das, was deine inneren Kinder von dir wollen. Wollen sie mit Knetgummi spielen? Wollen sie bestimmte Musik hören? Versuche, diese inneren Kinder aufzuspüren. Sie können dir Kraft geben.
2. **Lege eine Liste deiner Hilfsquellen neben dein Bett.**
   Das kann sehr schwierig sein. Meine Persönlichkeiten vertrauen zum Beispiel nicht vielen Menschen. Doch neben meinem Bett bewahre ich die Telefonnummern von drei Freunden und einem Krisenteam für Vergewaltigung auf, wo man über rituellen Mißbrauch Bescheid weiß.
3. **Bewahre nur stumpfe Messer im Haus auf.**

4. **Bewahre keine selbstmörderischen Utensilien im Haus auf.**

Es ist wichtig, daß man sich erst etwas besorgen muß, wenn man sich umbringen will, denn das Verlassen der Wohnung würde vermutlich einen Persönlichkeitswechsel mit sich bringen.

5. **Versuche, genug Geld zu verdienen, damit diese Sorge wegfällt.**

6. **Halte das Haus in Ordnung.**

7. **Lasse deine Gefühle zu, auch wenn sie dir bizarr und pervers vorkommen.**

Sei bereit, dich seltsam zu fühlen.

8. **Die erwachsenen Persönlichkeitsanteile müssen sich um die Bedürfnisse des alltäglichen Lebens kümmern.**

Sie müssen einkaufen, zur Bank gehen und die Post lesen. Sie müssen dafür sorgen, daß wir essen. Sie müssen sich um das Finanzielle sorgen. Sie müssen dich zur Arbeit schicken und dürfen dir nur ein paar Krankentage erlauben, wenn die Erinnerungen zu schlimm werden.

Ich wußte, daß die Erinnerung an den Mißbrauch mehr bedeutet, als nur darüber zu weinen. Ich wußte, daß ich mich dazu zwingen mußte, durch die Körpererinnerungen tagelang starkes körperliches Unbehagen zu empfinden. Gleichzeitig mußte ich darauf achten, daß einige Persönlichkeiten weiterhin dafür sorgten, daß ich zur Arbeit ging, damit ich nicht auf der Straße saß. Am wichtigsten war, daß ich mich selbst schützen mußte, wenn ich mich in Gefahr durch meine Mißhandler glaubte.

Es ist mehr als ein Jahr her, seit ich meinen Mißhandlern gegenüberstand. Sie haben noch ein paarmal versucht, mich zurückzuholen, jedoch ohne Erfolg, denn ich habe auf meine Persönlichkeiten gehört und mich meiner selbst angenommen. Jeder Tag der Freiheit ist ein weiterer Schritt von ihnen fort auf mein eigenes Leben hin. Ich hätte nie gedacht, daß ich auf sie wütend sein könnte. Ich glaubte, ein Teil in mir würde ihnen gegenüber immer loyal sein. Ich kann nicht ausdrücken, wie wunderbar es ist, zu wissen, daß sie verantwortlich für meinen Schmerz sind und ich entsprechend wütend auf sie sein kann. Jede Zelle meines Körpers weiß, daß sie mich angelogen und beeinflußt haben, damit sie auf meine Kosten bekamen, was sie wollten. Sie raubten mir das Wichtigste im Leben: die Menschen, die ich liebe. Und mehr als je zuvor weiß ich, daß sie damit Unrecht taten! Ich verdanke meine klaren Gedanken allein der Tatsache, daß ich endlich aus der Gruppe ausbrach. Wenn die anderen dir immer noch sagen, was man fühlen, denken und atmen soll, dann ist kein Platz für die echten Gefühle. Die Freiheit gibt einem den Verstand und die Gefühle wieder. Ich bin der Beweis dafür, daß man sein Leben zurückgewinnen kann. Glaube an dich: Du verdienst die freie Entscheidung, Freiheit und Glück. Es gibt Hoffnung und einen Ausweg!

KAPITEL 8

Mögliche Schwierigkeiten beim Heilungsprozeß

Wenn Überlebende von rituellem Mißbrauch in ihrem Heilungsprozeß erneut zu Opfern werden, ist es wichtig, zunächst diese Täter zu identifizieren. Handelt es sich um Kultangehörige, dann setzen sie das Opfer unter Druck, weil sie auf Befehl handeln, oder vielleicht, weil sie die eigene Bindung an den Kult nicht ertragen können. Menschen, die nicht zu einem Kult gehören, wollen oft nichts über rituellen Mißbrauch hören, weil sie Angst davor haben. Sie wollen glauben, daß sie in einer sicheren Welt leben, in der sie ihre Kinder ohne Sorgen zur Schule und in die Kirche schicken können. Sie wollen nichts von Korruption oder der Macht von Kultgruppen hören, weil sie dann ihr gesamtes Weltbild ändern müßten.

Anfangs, als ich mich an den Mißbrauch erinnerte, erzählte ich allen davon. Mir kam es nicht in den Sinn, daß man mir nicht glauben könnte, daß die anderen Menschen kein Mitleid mit mir haben könnten. Viele meiner Freunde sagten, sie glaubten durchaus, daß mir etwas Schlimmes geschehen sei, aber sie glaubten nicht an rituellen Mißbrauch. Ein paar Freunde glaubten mir, verstanden aber nicht, wie wichtig dieses Problem für mich war. Es ist furchtbar, wenn die eigenen Erinnerungen in Frage gestellt werden. Drücken wir es so aus: Wenn ich den Schmerz der Mißhandlungen spüre und jemand es wagt, meine Erinnerungen anzuzweifeln, fühlt es sich an, als läge ich da mit Verletzungen an den Schenkeln und mit Wunden an After und Vagina, während die Zuschauer darüber befinden, ob ich ein Recht auf meine Schmerzen habe oder nicht.

Genauso vernichtend wie die Ungläubigen waren die Menschen, die mir zwar glaubten, aber mich selbst für das Geschehene verantwortlich machten. Man beschuldigte mich und verurteilte mich für Dinge, die niemals in meiner Macht standen. Eine Freundin sagte zu mir, ich sei nicht schuldbewußt genug. Sie wollte, daß ich aus Reue über die Greueltaten, zu denen ich gezwungen worden war, schrie und brüllte. Sie erkannte nicht, daß ich mich, als es geschah, so schuldig fühlte, daß ich aufhörte, überhaupt etwas zu fühlen. Ich erinnere mich, wie schlimm es war und daß die Gesellschaft, die mich heute verurteilt, die gleiche ist, die mich im Stich ließ, als ich noch ein Kind war.

Es gab auch Leute, die mir glaubten, aber meinen Heilungsprozeß kontrollieren wollten. Sie wollten mir sagen, wo meine Wunden waren. Sie wollten mir beibringen, wie ich sie heilen konnte. Wie die Kultgruppe schrieben sie mir vor, wen ich hassen und wen ich lieben sollte. Wenn einem nicht geglaubt wird, ist das schmerzlich genug. Doch für das Geschehene schuldig gemacht zu werden, empfand ich als genauso grausam wie das Verhalten der Kultgruppe. Wenn einem gesagt wird, wie man sein Leben zu führen hat und wie man rituellen Mißbrauch zu verstehen hat, dann ist das in jeder Hinsicht genauso verletzend wie beschuldigt zu werden oder für unglaubwürdig erklärt zu werden.

Die Gesellschaft muß akzeptieren, daß Menschen einander manchmal bewußt weh tun. Der Glaube, man lebe in einer sicheren Welt, geschieht auf Kosten der Opfer. Man müßte den eigenen Schmerz zulassen, um Mitleid mit denen von uns haben zu können, die den Mut aufbringen, sich ihrer Vergangenheit zu stel-

len. Und wenn die anderen damit nicht umgehen können, dann muß ihnen klargemacht werden, daß das
ihr Problem ist und nicht unseres.

»Aus Zeitungsberichten, die die sexuelle Belästigung von Kindern mit ›satanischen Ritualen‹ in Zusammenhang stellen,
scheint mir hervorzugehen, daß das Phänomen der Hexenpro-
zesse von Salem wieder neu belebt wird, was heißt, daß unschuldige Erwachsene von hysterischen Kindern beschuldigt
werden.«

Aidan Kelly[1], katholischer Theologe

Jeffrey Burton Russell, ein Historiker an der Santa-Barbara-
Universität, der ein vierbändiges Werk über die Vorstellung vom
Teufel verfaßt hat, sieht eine Parallele zwischen der Angst vor
Satanismus und den Hexenprozessen der Vergangenheit, die
»durch Hysterie ausgelöst« wurden... »Mein einziger Wunsch
ist, daß die Menschen die Sache herunterspielen, und dann
wird sie verschwinden.«

Los Angeles Times, 23. 4. 1991

Nicht nur die Öffentlichkeit verweigert den Überlebenden
ihre Unterstützung, sondern auch viele Menschen, die ihnen eigentlich helfen sollten. Viele Überlebende werden
auf der Suche nach einem Therapeuten erneut zu Opfern,
denn die meisten Therapeuten glauben nicht, daß Kinder
in Kultgruppen mißbraucht werden. Einige glauben zwar
an das Vorkommen von rituellem Mißbrauch, aber sie
sind sich der Bedeutung des Problems nicht bewußt.
Wenn Überlebende einen Therapeuten finden, der ihnen
glaubt, dann meinen andere, sie würden von diesen nur
zu dem Glauben verleitet, Opfer von rituellem Mißbrauch
zu sein.

»Es heißt offiziell, daß Amerika eine Epidemie von Teufelsvor-
stellungen erlebt, besonders unter Fundamentalchristen. Soge-
nannter ritueller Mißbrauch ist nur ein Teil davon. Aber stimmen diese Geschichten über Inzest und Menschenopfer wirklich? Viele Experten glauben nicht daran.«

Los Angeles Times, 23. 4. 1991

Wenn die Existenz von rituellem Mißbrauch in aller Öffentlichkeit abgestritten wird, so ist das für die Opfer, die versuchen, sich davon zu heilen, extrem schmerzlich. Überlebende sind tatsächlich in zweifacher Weise Opfer, und zwar der Kultgruppen, die sie mißbrauchten, und der Gesellschaft, die dies zuließ und ihnen selbst heute noch nicht Schutz und Anteilnahme bietet. Drei Frauen aus unserer Studie wurde gesagt, sie seien besessen, als sie über ihren rituellen Mißbrauch sprachen. Eine sagte, jemand habe sie beschuldigt, weiterhin Mitglied einer Kultgruppe zu sein, und sie bei der Polizei angezeigt. Sie schrieb:

»Manchmal hasse ich mich selbst, denn es gibt nicht viele Leute, mit denen ich reden kann, die das gleiche wie ich erlebt haben. Ich hasse es einfach, Opfer eines Kults zu sein. Es macht einen sehr einsam. Ich bin in dieser Gesellschaft eine Außenseiterin. Eine Frau in einer Selbsthilfegruppe hatte Angst, meine Kultgruppe könne hinter ihr her sein. Die Horrorbilder, die die Gesellschaft mit Satanismus verbindet, sind sehr intensiv. Ich bin froh, mehrere Persönlichkeiten zu haben. Manchmal ist meine Innenwelt der einzig sichere Ort für mich.«

Eine andere Überlebende sagte:

»Man kann mit niemandem in dieser Gesellschaft darüber sprechen, es sei denn, der Betreffende ist selbst mißbraucht worden. Man wird so von oben herab behandelt. Als Gesellschaft sind wir ein gutes Stück davon entfernt, Kindesmißbrauch zu begreifen, ganz zu schweigen von rituellem Mißbrauch... Wenn man einmal Opfer ist, ist man es immer, bis man endlich frei wird.«

Überlebende werden nicht nur durch die Haltung der Gesellschaft gegenüber mißbrauchten Menschen erneut zu Opfern, sondern sie werden auch von Kirche und Psychiatrie bestraft. Wir hörten bei unserer Studie auch:

»Ich ging zu einem Psychiater, weil ich so depressiv war, und begann mit ihm über meine Kindheit zu sprechen. Da machte er Bemerkungen wie: ›Kinder phantasieren oft von einem Trauma und übertreiben stark.‹ Ich hatte das Gefühl, er glaubte mir kein Stück, und ich hatte Angst, weiter mit ihm darüber zu reden. Ich war sicher, daß niemand mir glauben würde. Dieser Vorfall und einige andere hatten einen sehr schlechten Einfluß auf meine Heilung.«

»Ich wurde durch die katholische Kirche einem Exorzismus unterzogen. Ich habe keine bösen Wesen in mir – ich habe mehrere Persönlichkeiten! Darauf erlebte ich eine noch tiefergehende Persönlichkeitsspaltung.«

Seit Jahrhunderten werden Menschen zu Opfern gemacht, indem man ihnen eine Geisteskrankheit zuschreibt. Im sechzehnten, siebzehnten und achtzehnten Jahrhundert sperrte man diese Menschen in »Irrenhäuser« ein, kettete sie an, schlug sie und gab ihnen gerade genug zu essen, daß sie am Leben blieben. Sie wurden ausgestellt wie Tiere im Zoo.[2] Eine Überlebende schreibt: »Ich habe das Gefühl, daß diese Leute immer Macht haben werden und anonym bleiben, weil die Dinge, die sie tun, so bizarr und furchtbar sind. Da es keine tatsächlichen Beweise gibt, wird die Gesellschaft es nie glauben, daß so etwas existiert. Wir sind die Überlebenden, aber immer noch Opfer, denn die anderen wollen und brauchen unanfechtbare Beweise. Daher bleiben wir in unserem Versteck und versuchen, uns allein davon zu erholen. Es ist, als sei man Kriegsgefangener in einem Lager, an dessen Existenz keiner glaubt.«

»Ich kann wegen meiner intensiven Erinnerungen immer noch nicht wieder zur Arbeit gehen. Ich suche eine neue Stelle und muß überall erklären, warum ich acht

Monate nicht beschäftigt war. Ich kann doch nicht sagen: ›Ich erlebte die zuvor unterdrückten Erinnerungen an rituellen Mißbrauch.‹ Daher muß ich lügen. Es war finanziell sehr hart. Die Therapie ist teuer, und ich hatte sogar Probleme, eine passende Gruppe zu finden. Die meisten Therapeuten in dieser Gegend scheinen eine Menge Ahnung von rituellem Mißbrauch zu haben, aber es gibt nur zwei Therapiegruppen! Als ich nach einer Gruppe suchte, sagte mir eine Therapeutin einer Inzest-Selbsthilfegruppe, ich würde die anderen Überlebenden dort mit meinen Erfahrungen nur erschrecken. All dies ist für mich wie fortgesetzte Bestrafung. Ich bin, seit ich sechzehn war, immer wieder in Therapie gewesen, aber habe erst jetzt eine Therapeutin gefunden, die mich versteht... Die Gesellschaft leugnet die Existenz von rituellem Mißbrauch fast vollständig ab, und es gibt kaum Hilfen für die Überlebenden.«

Die meisten Überlebenden haben gelernt, ihren Schmerz nicht zu empfinden. Um sich finanziell abzusichern, entwickeln sie verschiedene Persönlichkeiten, die ihnen helfen, sich an die Erwartungen der Umwelt anzupassen. Wenn sie sich erlauben, den Schmerz des Mißbrauchs zu spüren, können sie über längere Zeit kein Alltagsleben führen.

Einige Überlebende lernen nie, sich wirksam von den Schmerzen zu dissoziieren. Sie konnten nie normal innerhalb der Gesellschaft funktionieren. Diese Opfer sind den größten Teil ihres Lebens immer wieder in psychiatrischen Anstalten. Sie landen entweder auf der Straße oder bei der Fürsorge. Ein mir bekannter Therapeut bezeichnet diese Menschen als »professionelle Mehrfachpersönlichkeiten«.

Nur wenige haben Mitgefühl oder Hilfe für diejenigen übrig, die den Mut haben, die Wahrheit über ihre Vergangenheit auszuhalten – eine Wahrheit, die natürlich schmerzhaft ist. In unserer Gesellschaft wird man als Versager eingestuft, wenn man finanziell nicht unabhängig sein kann, egal aus welchem Grund. Emotionale Probleme werden als Entschuldigung für finanzielle Schwierigkeiten nicht gewertet.

Die Anzeige bei der Polizei

Überlebende, die in unserer Untersuchung angaben, sie hätten den rituellen Mißbrauch bei der Polizei gemeldet, stießen auf unterschiedliche Reaktionen. Ein Opfer sagte, sie sei zur Polizei gegangen, nachdem sie »unmittelbar zuvor dreimal vergewaltigt, verbrannt und gefoltert worden sei und die Beweise noch sichtbar waren. Sie glaubten mir nicht...« Eine andere Frau hingegen berichtete von einer Reihe von Morddrohungen, die jemand auf ihrem Anrufbeantworter hinterlassen hatte, und wurde sehr ernst genommen. Man glaubte ihr, als sie angab, diese Drohungen hätten mit einer Kultgruppe zu tun, und unterrichtete sie, wie sie sich schützen könne.

Ob die Polizeibeamten einem Überlebenden glauben oder nicht, hängt von der Einstellung des Bezirks zu rituellem Mißbrauch ab und von der Person, die die Meldung entgegennimmt. Einige Polizeireviere sind über rituellen Mißbrauch unterrichtet, andere nicht. Einige Beamte haben Mitgefühl und sind hiflsbereit, andere behandeln die Opfer respektlos.

Nur 18% der an dieser Untersuchung beteiligten Überlebenden meldeten den rituellen Mißbrauch der Polizei. Einige fürchteten, daß sich Kultangehörige bei der Polizei befänden. Eine Frau gab an, die Freunde ihres Vaters, die sie mißbrauchten, seien der Richter und der Staatsanwalt gewesen. Eine andere gab an, ihre beiden Onkel, beide des rituellen Mißbrauchs schuldig, seien Polizeibeamte gewesen.

Überlebende haben auch Angst, daß sie albern wirken könnten, wenn sie den Mißbrauch bei der Polizei melden. Einige von ihnen haben eine bekannte Tendenz zu selbstzerstörerischem Verhalten und fürchten, die Beamten würden diese Vorfälle in ihrem Leben als Beweis für ihre Unglaubwürdigkeit heranziehen. Polizeibeamte sollen die Öffentlichkeit schützen. Überlebende, die Schutz suchen, sollten nicht verhört werden, als hätten sie selbst ein Verbrechen begangen. Sie haben das Recht, von den Beamten und dem Rechtssystem ernst genommen zu werden.

Überlebende, die frei sprechen, beziehen damit eindeutig Stellung gegen die Grausamkeit und Gewalt in den Kultgruppen. Eine Überlebende, die den Mißbrauch der Polizei meldete, sagte:

»Mein Sohn hatte kurz zuvor in der Therapie preisgegeben, daß meine Eltern ihn auf bestimmte Weise mißbraucht hätten. Ich fühlte mich stark genug, aufzustehen und das zu melden.«

Eine andere erstattete Anzeige, weil ». . . ich glaube, wir Überlebenden können ihren kriminellen Aktivitäten und der Organisation mehr Schaden zufügen als andere. Wir wissen einfach mehr. Ich hasse es, zu wissen, daß Kinder auf schreckliche Weise mißhandelt oder ermordet werden. Ich muß einfach etwas dagegen tun. Wer sonst könnte das?«

Andere Frauen, die der Polizei nicht trauen, haben Bücher darüber geschrieben oder öffentlich vor rituellem Mißbrauch gewarnt. Sie sagen:

»Es gibt keinen Grund mehr, warum ich nicht über das sprechen sollte, was mit mir geschehen ist.

Ich rede nun offener darüber, denn ich meine, es sollte mehr über rituellen Mißbrauch bekannt werden. Damit gehe ich vermutlich ein Risiko ein, aber es gibt mir eine Möglichkeit, meine Wut auszudrücken. Ich sage aber nichts, wenn ich den Eindruck habe, ich stehe vor einem Täter und vor gefährlichen Personen.«

Jeder Überlebende muß selbst entscheiden, wem und wie weit er seine Erinnerungen anvertrauen will. Überlebende haben das Recht, über den Mißbrauch zu reden, ohne erneut bestraft zu werden. Sie haben auch das Recht, zu schweigen, wenn sie sich nicht sicher genug fühlen. Sie haben das Recht, sich davor zu schützen, von anderen verletzt zu werden, die ihnen nicht glauben.

Angst vor der Kultgemeinschaft

Ein weiterer Grund, warum man in der Öffentlichkeit nur wenig über rituellen Mißbrauch erfährt, ist, daß viele Opfer durch Drohungen zum Schweigen gebracht werden. Überlebende machen sich mit Recht Sorgen, daß die Gruppen ihnen oder geliebten Menschen schaden, wenn sie über den Mißbrauch sprechen. 58 % der Überlebenden in unserer Untersuchung gaben an, sie fühlten sich gegenwärtig keineswegs vor den Tätern in Sicherheit. Eine Frau, die, bis sie über dreißig war, mißhandelt wurde, gab an, die Gruppe beobachte sie noch immer:
»Die Hierarchie hat jemanden bestimmt, mich zu überwachen. Je weniger sie wissen, um so sicherer sind meine Familie und ich.«
Sie spricht nur mit Menschen, denen sie völlig vertraut, über den rituellen Mißbrauch. Eine andere Überlebende sprach ausführlich über ihre Ängste:
»Auch wenn mehr Verständnis herrschte, würde ich nicht in größerem Rahmen darüber reden, weil... ich nicht will, daß Kultleute das erfahren, indem jemand sagt: ›He, ich habe eine aufgespürt. Wir sollten sie zurückholen‹, und dann versuchen sie wieder, mich zu benutzen. Ich habe genug Probleme mit meiner Kultgruppe

und anderen in Kultgemeinschaften, die darauf aus sind, Leute wie mich zu finden. Es dauert lange, bis man dahinterkommt, und ich habe nicht die Absicht, es ihnen leichtzumachen.«

Einige Überlebende gaben zwar an, sich in ihrer Therapiegruppe für Opfer von rituellem Mißbrauch wohl zu fühlen, aber andere hatten Angst, sich an einer solchen Gruppe zu beteiligen. Sie meinten, dort herrsche das gleiche System wie in der Kultgruppe. Einige gaben an, sie hätten in solchen Hilfsgruppen Menschen kennengelernt, die sie zurück in die Kultgemeinschaft locken wollten. Sie müssen sich also nicht nur darum kümmern, eine Gruppe zu finden, die ihnen erlaubt, die Wahrheit über ihre Vergangenheit zu sagen, sondern auch Angst haben, dort auf Kultangehörige zu stoßen, die wieder Zugang zu ihnen gewinnen wollen.

Das tagtägliche Überleben

In der Kultgruppe wird jedem Kind vermittelt, sich wie ein Außenseiter zu fühlen. Es wird ausgegrenzt, geschnitten und verletzt. Man verbündet sich gegen die Kinder und foltert sie seelisch und körperlich. Es herrscht kein Gefühl von Gerechtigkeit. Diejenigen, die andere nicht verletzen und dadurch verletzlich sind, werden angegriffen.

Aber auch in unserer Gesellschaft kann man ein ähnliches Muster erkennen. Die schwächsten Mitglieder unseres Systems werden angegriffen und ausgegrenzt. Meistens haben diese Außenseiter niemandem etwas getan, werden aber zum Sündenbock für die Aggression und Unsicherheit der anderen gemacht. Die Außenseiter, gegen die man sich verbündet, können gewöhnlich nicht für sich selbst einstehen. Sie haben keine Freunde und leiden so sehr unter den Angriffen, daß sie nichts unternehmen können, um sich gegen die Grausamkeiten zu wehren.

Zu sehen, wie in der Gesellschaft Opfer gemacht werden, erinnert die Überlebenden an das Dasein in der Kultgruppe. Manchmal wachen sie morgens auf und wollen nicht mehr aufstehen. Sie haben Angst, in die Welt hinauszugehen, in der sie einen Schutzpanzer tragen müssen, der sie doch nicht vor allem bewahren kann.

Jeden Tag erleben Betroffene von rituellem Mißbrauch die Intoleranz der Gesellschaft, nehmen daran teil oder werden zum Opfer davon. Das ist zwar nicht so grausam wie ritueller Mißbrauch, aber wenn es Überlebende auf diese Weise trifft, taucht der unterdrückte Schmerz des alten Mißbrauchs wieder auf. Man kann sich nicht vollständig vor Verletzungen schützen, kann jedoch den Schmerz lindern, wenn man die Verbindung zu den eigenen traumatischen Erinnerungen erkennt.

Überlebende von rituellem Mißbrauch, die sich ihrer Vergangenheit nicht bewußt sind und den unterdrückten Schmerz nicht spüren, können oft Gegenwart nicht von Vergangenheit unterscheiden. Wenn sie ein Baby weinen hören, empfinden sie unbewußt den Kummer, den sie als Kind empfanden, wenn sie zusahen, wie ein Kind in der Kultgruppe gefoltert oder getötet wurde.

Man kann sich jedoch auch bewußt selbst vor den Grausamkeiten anderer schützen. Es gibt Menschen in der Welt, die andere ausnutzen, und man muß lernen, seine Gefühle vor bestimmten Menschen zu verbergen, die einem vielleicht weh tun. Sich so verhalten zu müssen ist eine unangenehme Notwendigkeit und die Folge davon, daß man in einer unsicheren Welt lebt. Wenn man aber keine Maßnahmen ergreift, um sich zu schützen, so sollte das nicht als persönliches Versagen betrachtet werden.

Ich meine, daß Experten des Rechtswesens und der Psychologie besser über rituellen Mißbrauch informiert werden müssen. Überlebende brauchen Unterstützung von Menschen, die ihnen glauben und die ihnen nicht die Schuld an dem Mißbrauch geben. Sie müssen wissen, daß die Gesellschaft als Ganzes sie unterstützt und ihnen helfen will. Sie müssen daran erinnert werden, daß sie keine Schuld an dem Geschehen tragen und sich nicht mehr zu schämen brauchen. Sie brauchen ihren Schmerz nicht länger zu verbergen.

Hilfe für die Betroffenen

Überlebende brauchen eine Therapie, die sie sich leisten können. Wenn sie spüren, wie eine Erinnerung auftaucht, brauchen sie einen sicheren Ort. Es müssen Hilfszentren für die Erwachsenen mit multipler Persönlichkeitsstörung und posttraumatischem Streß zur Verfügung stehen. Diese Zentren sollten den Opfern Unterstützung bieten, wenn sie ihre Erinnerungen durcharbeiten. Es sollten dort jederzeit Therapeuten zur Verfügung stehen, und die Zentren müssen vor Kult-Infiltration sicher sein. Die Überlebenden brauchen auch Heime, in denen sie bleiben und seelische Hilfe finden können, wenn die Erinnerungen zu überwältigend für sie werden, um an einem einzigen Tag verarbeitet zu werden.

Der Weg in die Öffentlichkeit

Unsere Gesellschaft verleugnet rituellen Mißbrauch, weil die Anerkennung seiner Existenz uns zwingen würde, Maßnahmen zu ergreifen. Die meisten wollen nicht mit dem Wissen leben, wie andere leiden. In die Öffentlichkeit zu gehen kann viel bewirken. Man muß diejenigen unterstützen, die sich trauen, mit der Stimme des verletzten Kindes zu sprechen. Streiten wir es nicht länger ab! Man kann an seinem Platz viel tun, um die Welt zu einem sichereren Ort zu machen. Gewalt und Verurteilung werden rituellen Mißbrauch nicht verhindern, sondern vielmehr herausfordern. Nur weltweite Programme, die Kindern Rechte geben und sie beschützen, können den rituellen Mißbrauch beschränken.

Disziplinierung oder Mißbrauch – wo sind die Grenzen?

In den Vereinigten Staaten und anderswo ist es schwierig, Gesetze gegen Kindesmißhandlung durchzusetzen, denn man ist sich über die genaue Grenze zwischen Disziplinierung und körperlicher Mißhandlung nicht sicher. Disziplin soll Kindern angeblich nutzen und ihnen Selbstkontrolle beibringen. Mißbrauch hingegen liegt vor, wenn Erwachsene ihre Macht so einsetzen, daß Kinder verletzt werden. Körperlicher Kindesmißbrauch ist gesetzlich als ein Angriff auf ein Kind definiert, der Male hinterläßt. Unter dem Deckmantel der Disziplin brechen viele Eltern dieses Gesetz.

Kinder müssen ihre Rechte kennen. Sie müssen wissen, daß Erwachsene nicht mit ihnen tun dürfen, was sie wollen. Kinder müssen sich darüber im klaren sein, daß Schläge, Einsperren und sexuelle Belästigung gegen das Gesetz verstoßen. Kinder müssen ermutigt werden, es zu melden, wenn ein Erwachsener gegen diese Regeln verstößt. Ein guter erster Schritt dazu wäre in Schulen die Pflichtvorführung eines Films, in dem die Kinder über Mißbrauch informiert werden. Die Botschaft muß eindeutig sein: Dieses Land unterstützt keine Gewalt gegen Kinder. Kinder, die mißhandelt werden, müssen wissen, daß es Menschen gibt, die sich um sie kümmern und ihnen helfen wollen.

Alle Personen mit Kontakt zu Kindern sollten über die Symptome von Kindesmißbrauch informiert werden. Um die Berichte zu standardisieren, sollten Personen, die mit Kindern arbeiten, ein Formular benutzen können, wenn sie auf Kinder mit Mißbrauchssymptomen stoßen. Jedes Symptom sollte mit einer bestimmten Punktzahl bewertet werden. Ein körperliches Mal, für das eine windige Erklärung gegeben wird, sollte eine hohe Punktzahl erhalten, Störung im Unterricht eine niedrigere. Wenn die Summe eine bestimmte Zahl erreicht, müßten die Verantwortlichen Anzeige erstatten. Das Formular müßte jährlich überarbeitet werden, um die Zuverlässigkeit und Anwendbarkeit zu gewährleisten.

Therapien für die Täter

Personen, die wegen Kindesmißbrauchs verurteilt werden, müssen gesetzlich gezwungen werden, sich einer langfristigen Therapie zu unterziehen. Nur auf diese Weise kann der Teufelskreis durchbrochen werden. Die Therapie muß so strukturiert sein, daß der Täter mit den folgenden Themen konfrontiert wird: Zum einen muß der Täter gezwungen werden, sich in die Lage des Opfers zu versetzen. Er muß sich den Betroffenen stellen, die ihre Wut darüber ausdrücken, daß ihnen das Leben geraubt wurde. Sie müssen den Schmerz des Opfers, den sie verursacht haben, erkennen.

Zum anderen muß der Täter einen Eindruck davon bekommen, wie der Mißbrauch das Leben der Opfer beeinträchtigt hat und es noch tut. Man darf dem Täter nicht erlauben, sich von den körperlichen und emotionalen Schmerzen, die er einem anderen Menschen zugefügt hat, zu distanzieren.

Zum dritten müssen Therapeut und Klient die Kindheit des Täters bearbeiten, die vermutlich von Traumata und Mißbrauch geprägt war. In diesem Prozeß lernt der Täter, daß er als Kind verletzt wurde und daß der eigene

Mißbrauch die Ursache für seine gegenwärtigen Probleme war.

Die Therapie sollte auch andere gegenwärtige Lebensprobleme des Täters bearbeiten, von denen Belastungen ausgehen. Mißhandler greifen Kinder aus den gleichen Gründen an, aus denen Alkoholiker trinken, nämlich um negative Gefühle zu vermeiden. Die Konfrontation mit gegenwärtigen Problemen hilft dem Täter auch hier weiter.

Und schließlich muß der Täter Fähigkeiten erlernen, die ihm helfen, sein Leben zu ändern. Er muß lernen, seine gewalttätigen Impulse in den Griff zu bekommen, und muß erfahren, wie es ist, eine gesunde Beziehung zu leben.

Anmerkungen

1 Zitiert in Arthur Lyons: Satan Wants You. New York, S. 160.
2 B. R. Hergenhahn: An Introduction to the History of Psychology. Belmont 1986, S. 319–320.

Anhang

Anschriften von Selbsthilfegruppen und Hilfsorganisationen

Deutschland

Evangelische Zentralstelle für
Weltanschauungsfragen
Hölderlinplatz 2a
70193 Stuttgart
Tel.: 0711 – 2262281/–282

Beratungsstelle Zartbitter e. V.
Stadtwaldgürtel 89
50935 Köln
Tel.: 0221 – 405780

Arbeitsstelle für
Weltanschauungsfragen
Gymnasiumstr. 36
70174 Stuttgart
Tel.: 0711 –
2068237/–236/–276

Schweiz

infoSekta
Verein Informations- und
Beratungsstelle für Sekten-
und Kultfragen
Schweighofstr. 420 Postfach
8055 Zürich
Tel.: 01 – 4515252

Selbsthilfegruppe
SADK (Schweizerische
Arbeitsgemeinschaft gegen
destruktive Kulte)
für Informationen: Frau Bates
Postfach 18
8156 Oberhasli
Tel.: 071 – 756107

Österreich

Gesellschaft gegen Sekten-
und Kultgefahren
Obere Augartenstr. 26–28
1020 Wien
Tel.: 01 – 3327537

Literatur

BASS, ELLEN / DAVIS, LAURA –Trotz allem. Wege zur Selbstheilung für sexuell mißbrauchte Frauen. Berlin, 1990.

ELLIOT, MICHELE – So schütze ich mein Kind vor sexuellem Mißbrauch, Gewalt und Drogen. Stuttgart, 1991.

ENDERS, URSULA (Hg.) – Zart war ich, bitter war's. Sexueller Mißbrauch an Mädchen und Jungen.
Erkennen – Schützen – Beraten. Köln, 1989.

GIL, ELIANA – United We Stand. A Book for People with Multiple Personalities. Walnut Creek, 1990.

HEMMIGER, HANSJÖRG – Das therapeutische Reich des Dr. Ammon. Eine Untersuchung zur Psychologie totalitärer Kulte. Stuttgart, 1989.

HEYNE, CLAUDIA – Tatort Couch. Sexueller Mißbrauch in der Therapie – Ursachen, Fakten, Folgen und Möglichkeiten der Verarbeitung. Zürich, 1991.

PUTNAM, FRANK W. – Diagnosis and Treatment of Multiple Personality Disorder. New York, 1989.

HUDSON, PAMELA – Ritual Child Abuse: Discovery, Diagnosis and Treatment. Saratoga, 1991.
Bezugsadresse: R&e Publishers, P.O.B. 2008, Saratoga, Ca. 95070, USA.

SACKHEIM, DAVID K. / DEVINE, SUSAN E. – Out of Darkness. New York, 1992.

VAN DEN BROEK, JOS – Verschwiegene Not: Sexueller Mißbrauch an Jungen. Zürich, 1993.

WIRTZ, URSULA – Seelenmord. Inzest und Therapie. Zürich, 1989.